Eine junge Frau hat sich verliebt, geheiratet, ein Landhaus umgebaut, ein Baby gekriegt. Alles entwickelt sich bestens, und ein zweites Kind kommt zur Welt. Wenige Tage später ist alles anders. Die Frau, die Anfang der Woche überglücklich mit ihrem Baby nach Hause gekommen ist, ist Ende der Woche nicht mehr dieselbe Person. Sie kann nicht mehr aufhören zu weinen. Will nicht mehr essen. Dunkle Verzweiflung überschwemmt sie. Warum, weiß sie nicht. Der Arzt wird geholt. Er diagnostiziert eine schwere Depression und weist sie mit ihrem Baby in die Mutter-Kind-Abteilung einer psychiatrischen Klinik ein. Zeit der Dunkelheit.

Fiona Shaw erzählt mit schmerzlicher Eindringlichkeit, in einer berührenden Sprache, wie sie diese Zeit während ihrer langen postnatalen Depression überwunden hat und wie ihr in der Therapie die Auseinandersetzung mit ihrer Lebensgeschichte geholfen hat, sich selbst wiederzufinden.

Mit ihrem schonungslosen, mutigen Bericht ist es Fiona Shaw gelungen, die kleinen, für die Beteiligten oft kaum wahrnehmbaren Quellen der Depression aufzuzeigen, aus denen unvermutet – und für die Betroffenen oft aus heiterem Himmel – ein reißender Fluß wird, in dem sie hilflos treiben. Jede Depression hat eine individuelle Geschichte, und die zu erkennen ist überlebenswichtig.

Fiona Shaw ist in London aufgewachsen und lebt heute im Norden Englands.

Unsere Adresse im Internet: www.fischer-tb.de

Fiona Shaw
Zeit der Dunkelheit
Der Weg aus einer Depression

Aus dem Englischen von
Esther Kinsky

Fischer Taschenbuch Verlag

Die Frau in der Gesellschaft
Herausgegeben von Ingeborg Mues

Veröffentlicht im Fischer Taschenbuch Verlag GmbH,
Frankfurt am Main, September 2001

Lizenzausgabe mit freundlicher Genehmigung
des Verlags Antje Kunstmann GmbH, München
Die englische Originalausgabe erschien 1997 unter dem Titel
›Out of me. The Story of a Postnatal Breakdown‹
bei Viking, London

Druck und Bindung: Clausen & Bosse, Leck
Printed in Germany
ISBN 3-596-14591-0

Inhalt

Halt mich fest 7
Tränen pflanzen 97
Auf der Suche nach einer Krankheit 147
Mein Schreibtisch 193

Literatur 205

Für Eliza und Jesse

Halt mich fest

Was siehst du, wenn du die Haustür öffnest? Das hängt davon ab, wohin du schaust. Natürlich, das ist eine Küche, die du jetzt betrittst. Mit allem Drum und Dran, aber doch ganz eigen. Es ist still, die Bewohner sind weg, du bist dir selbst überlassen, damit du sie nach Belieben betrachten kannst. Du sollst einfach diesen Raum beschreiben – eine merkwürdige Aufgabe, findest du vielleicht. Was kann man damit zum Ausdruck bringen?

Vielleicht gehörst du zu denen, die schon verstohlen mit der Fußspitze die abblätternde grüne Farbe des Spritzschutzes gestreift haben, bevor sie die Haustür öffnen. Dann fällt dir vielleicht der Anstrich auf, wenn du den Raum betrittst, dir fällt auf, daß er hastig aufgetragen worden ist und daß hier keine Fachleute am Werk waren. Dein Blick fällt auf die kleinen Flecken, wo die Farbe nicht richtig deckt, und die kleinen Schmierstreifen, die nie ordentlich vom Rand der Fensterscheiben abgewischt worden sind. Dann schaust du nach unten, betrachtest das gelbliche Rosa der Terrakottafliesen, fährst mit dem Finger prüfend über die Oberfläche. Sie sind verstaubt und offenporig, nie richtig versiegelt worden. Die Flecken, die Öl, Wein, Kaffee und Speisereste darauf hinterlassen haben, zeichnen die Wege durch die Küche nach, die unregelmäßig geformten Tropfen bilden kleine Inselgruppen.

Du gehst die ganze Länge des Raumes ab, dir fällt der alte Putz auf den Wänden auf, die Risse und Beulen darin, und du kannst dir denken, daß man sich ausgerechnet hat, wieviel es kosten würde, die Küche neu verputzen zu lassen. Mit einem Blick erfaßt du die Nischen, in denen später einmal Schränke stehen sollen, die jetzt noch nicht da sind, und wo jetzt der Kinderwagen, der Katzennapf und ein Gemüsekorb Platz finden. Am Verlauf der Tragebalken über die ganze Länge des Raumes kannst du rasch feststellen, daß dieser Raum früher, und wahrscheinlich sogar bis vor kurzem, aus zweien bestand. Da ist die alte Tür, jetzt eine Fenstersitzbank. Das Zwischenfenster, das in die gegenüberliegende Wand eingelassen ist, ist eine geschickte Idee, die den langen Raum mit der niedrigen Decke heller wirken läßt. Und so fährst du fort, berechnest und schätzt die Form der Dinge ab, die einst da waren.

Jetzt öffne die Tür wieder – was siehst du jetzt? Diesmal sind es die Spinnweben in den Ecken, die deine Aufmerksamkeit auf sich ziehen, und die getrockneten glänzenden Striemen auf dem Boden neben dem Fenster, wo die Schnecken nachts hervorgekrochen kommen und spielen. Du bleibst mit dem Fuß am Katzenkorb hängen, der dicht an den Herd geschoben ist, und störst dabei eine Handvoll Silberfischchen in ihren Meditationen auf; sie zucken schnell davon und verschwinden in ein anderes Dunkel. Auf dem Tisch neben dem Herd liegen Brotkrümel, sie sind noch weich, wenn man mit der angeleckten Fingerspitze ein paar davon aufnimmt.

Und alle möglichen Bücher liegen herum, Zeitungen. In der Spüle, so ein riesiges, weißes altes Ungetüm, wie man es in Bauernhäusern findet, wartet ein Stoß Geschirr. Frühstück für zwei Personen. Eine davon muß klein sein, der unzerbrechliche Teller verschwindet fast unter dem Porzellan, und ein Plastiklätzchen steht aufrecht an eine halbvolle Tasse mit Kaffee gelehnt, in der Auffangrinne schwimmt noch eine Lache verschlabberter Milch, darin liegen Müslireste und ein Stückchen Toast mit einem roten Marmeladefleck.

Ganz offensichtlich kocht jemand hier in diesem Raum, obwohl nichts richtig zusammenpaßt. Sogar eine Speisekammer gibt es, und auf einem hohen Regal stehen Töpfe und Pfannen offen herum, zwei altertümliche Waagschalen und Küchengeräte hängen an der Wand. Als breite man seine Unterwäsche in aller Öffentlichkeit aus, so wirkt diese Ausstellung von Messern und Schälern, Schneebesen und Trichtern, Reiben, Fischmessern,

Palettenmessern und Kellen. Warum hier nicht Einbauschränke angebracht sind, in denen man alles ordentlich verstauen kann, das kannst du nicht begreifen. Und die Uhr an der Wand ist stehengeblieben. Es ist nicht mehr eine Minute vor zwölf.

Du wirfst einen prüfenden Blick in die Waschküche, in die man durch das Zwischenfenster sehen kann. Was für eine Frau führt diesen Haushalt? Das ganze Zubehör eines geordneten Lebens ist vorhanden und steht bereit, den Schmutz und Staub aus dem alten Cottage hinauszufegen, zu schrubben, zu putzen und zu waschen. Daß man hier in diesem Haus an einem sicheren Ort ist, kann man allerdings ruhig annehmen, auch wenn es für deinen Geschmack zu staubig ist und all die Dinge offen zur Schau gestellt sind, die du gern hinter verschlossenen Türen hältst.

Öffne die Tür noch einmal – was siehst du diesmal? Jetzt bist du ein anderer Betrachter, der durch die Küche wandert. Die Wände in diesem langen Raum sind gelb – ein blasseres Gelb als draußen auf dem weichen Stein der Außenwand. Und die Türen sind alle grün. Weiter unten sind die Abdrücke von kleinen Fingern auf dem Anstrich, als hätte eine winzige Person da auf ihrem Weg durch den Raum Halt gesucht. Flaschen mit Öl auf der Fensterbank – Oliven-, Sonnenblumen- und Walnußöl –, eine Schale mit Knoblauchzehen, verschiedene Essigsorten und Senf. Irgendwo müssen die Gewürze aufgereiht stehen. Kleine Regale, die in der Nähe hoch an der Wand hängen, sind vollgepackt mit Büchern. Ein paar Bücher über Vögel, Wildblumen und Bäume, alle anderen drehen sich ums Essen: italienische, indonesische, französische, englische, irische Rezepte, die Geschichte des Brots und der Fischküche.

Eine Tür neben der Spüle führt in eine Speisekammer, in der sich die Köstlichkeiten stapeln. Am anderen Ende eine Marmorplatte, Käse ruht auf der sanften, glatten Kühle. Darunter ein Regal mit Wein und anderen hochgeistigen Tropfen. Und vor dir eine Palette von Gewürzen, Kräutern, Pasten und Extrakten, Reis,

Nudeln, Mehl und Aromen. Eingelegtes, Getrocknetes und Eingemachtes in allen erdenklichen Variationen. Fern von den strengen Regeln der klassischen Nationalküche finden sich hier die Zutaten für viele Festgelage. Wie Aladin, der mitten in seinem Staunen überrascht wird, hältst du in dieser Höhle der Köstlichkeiten den Atem an. Aber hier ist kein Flaschengeist zu Hause, der deinen Wunsch hören könnte.

Wenn du ans andere Ende des Raums schaust, fallen dir die Bilder an der gegenüberliegenden Wand auf. Ein Holzschnitt von Eule und Kätzchen, Kinderverse tanzen ringsherum. Das Bild ist Eliza gewidmet, wer immer das sein mag. Ein anderer Holzschnitt, der nur ein paar Zentimeter hoch ist, sieht von weitem aus wie eine Weihnachtsszene: fein ziselierte Umrisse von drei winzigen Königen auf der Flucht. In zwei größeren Rahmen stecken alte satirische Drucke – untersetzte, aufgeblasene Gestalten, die sogar von weitem unansehnlich sind. Du gehst näher heran und kannst dir schon denken, wer der Zeichner war. Dabei kommst du an der Kredenz vorbei, in der sich alte und neue Teller und Tassen in allen Größen und Farben stapeln. Ein Tisch, an dessen einem Ende sich Zeitschriften und Bücher türmen. Ein rot gestrichener Hochstuhl steht in einer Ecke. Daneben ein Dreirad mit einem Sitz so dicht über dem Boden, man kann sich kaum vorstellen, daß Beinchen so kurz sein können.

Postkarten stecken in jedem Scheibenviereck des Zwischenfensters, zwei Reihen von je sechs Stück. Ein buntes Sammelsurium. Drehst du eine Karte um, tanzt da eine unbekannte Schrift eine Pirouette um deine Gastgeber. Lies jede einzelne, den Strich und die Neigung der verschiedenen Tinten, und belausch den Tonfall von zwölf verschiedenen Unterhaltungen, die alle vor der jeweiligen Karte begonnen haben und nach ihr fortgeführt wurden. Dann zieht etwas anderes deine Aufmerksamkeit auf sich: eine Fotografie mit einem Datum auf der Rückseite. Mann, Frau und kleines Kind bilden eine Gruppe mit Strand im Hintergrund. Das

Blau des Meeres ist anders als das des Himmels, der von der sinkenden Sonne wie von hinten angestrahlt erscheint. Sie stehen da und sehen kühn aus vor den Elementen, wie sie sich so fest an den Händen halten und zugleich Eimer und Schaufel umgreifen. Die Latzhose der jungen Frau spannt sich gelb über der Wölbung ihres Bauchs. »Sie muß bald soweit sein, diese Frau mit dem Baby im Bauch«, denkst du.

Jetzt will ich zu einem Abend zurückblenden, der gut viereinhalb Jahre zurückliegt. Es ist Februar, zwei Leute kommen hier an diesem Cottage an. Hugh sieht jünger aus, als er ist, und ich sehe noch jünger aus. Lachend packen wir in strömendem Regen und grollendem Donner einen vollgepackten Wagen aus. Das Cottage soll unser Zuhause werden. Auf Hughs Gesicht spiegeln sich Übermut und Bangigkeit wider. Ich gehe durch die leeren Räume, und mein Eifer wächst, ich brenne darauf, dieses Haus zu bewohnen.

Es riecht nach einem anderen Menschen. Nach der Frau, von der wir es gekauft haben. Sie sah aus wie ein Walroß und hatte hier dreißig Jahre lang gelebt. Alles hat sie mitgenommen, außer ihrem Geruch. Der Geruch sitzt in den Vorhängen und Teppichen und dem abgenutzten Linoleum in der Küche. In dieser ersten Nacht schlafen wir auf einem grellrosa Teppich, in der nächsten Nacht auf den Fußbodendielen. Wir reißen den Geruch aus dem Haus, und der Staub des abgelegten Lebens eines anderen Menschen steigt vom Boden auf und gleitet von den häßlichen Preßspanblenden, die wir vorsichtig von den Fenstern ablösen.

Ein Jahr zuvor hatten wir andere Pläne gehabt. Wir wollten nach London ziehen und in einem abgelegenen Viertel der Großstadt leben, in einer engen, kleinen Wohnung, vollgestopft mit Hughs Büchern. Hugh sollte sich dort nach einem neuen Posten an einer Universität umsehen und ich – ja, das wußte ich selbst nicht. Ich wollte nicht mehr studieren. Nur noch meine Magisterarbeit zu Ende schreiben, und dann würde sich etwas in einem

Verlag oder beim Fernsehen oder Rundfunk finden. Hugh machte eine kleine Zeichnung: zwei Cartoon-Figuren, er und ich, und ringsherum vier Häuser: ein Reihenhaus, eine Souterrainwohnung in London, eine Doppelhaushälfte und – die unwahrscheinlichste Möglichkeit – ein rosenumranktes Cottage. Bedenkt man, wie unerwartet unsere eigene Beziehung gewesen war, hätten wir vielleicht ahnen sollen, daß wir die Rosen kriegen würden (auch wenn wir sie selbst pflanzen mußten).

Dozent trifft Studentin – das ist ein Klischee. Schwuler Mittdreißiger trifft zwanzigjährige christliche Fundamentalistin – diese Verbindung hört sich schon weniger wahrscheinlich an. Aber wir verliebten uns schnell ineinander, und als wir unsere Überraschung erst einmal überwunden hatten, gingen wir auch schnell ins Bett. Das geschah auf traditionelle Weise. Wir hatten einen Abend in London verbracht, und ich hatte die letzte U-Bahn nach Hause verpaßt. Hugh wohnte bei einer Freundin. Sie suchte mir ein Nachthemd heraus und richtete uns getrennte Betten her. Als sie feststellte, daß nur eins zerwühlt war, war sie entrüstet. Wir hatten ihr nicht gesagt, wie es zwischen uns stand. Und dann prophezeite sie uns zu unserem Erstaunen, daß wir eines Tages heiraten würden. Das war das letzte, an das wir an diesem Morgen dachten.

Unsere gemeinsame und doch so unterschiedliche Jungfräulichkeit kam uns beiden komisch vor und war Anlaß für viele Witze. Wie konnten wir Erfahrungen austauschen, wenn ich mich nur auf Gott berufen konnte und Hugh auf eine solch beeindruckende Schar sterblicher Männer? Man hatte mich erfolglos vor ihm gewarnt: »Verlieb dich nicht in ihn, er ist charmant und witzig, aber schwul.«

Irgendwann, wir waren schon einige Zeit zusammen, gab Hugh mir einen neuen Namen. Er nannte mich »Finn«. Der Name gefiel mir sehr. Seit meiner frühesten Kindheit hatte ich mir einen Namen gewünscht, der mein Geschlecht nicht verriet.

Es scheint fast paradox, daß derjenige, der mich zum ersten Mal als Frau entdeckte, mir einen Namen gab, der meinen sexuellen Zwiespalt zum Ausdruck brachte.

Als ich mich einmal verliebt hatte, stellte ich fest, daß ich in der Liebe keine Rücksicht kannte. Weder spielte der Altersunterschied zwischen uns eine Rolle noch die Tatsache, daß er seit zehn Jahren in einer festen Beziehung mit einem Mann zusammenlebte. Ich hatte im Unterschied zu anderen keine Angst, daß er von seinem früheren Leben nicht Abschied nehmen würde, und es kümmerte mich nicht im geringsten, ob seine schwulen Freunde seinen Fahnenwechsel mißbilligten oder nicht. Seine guten Freunde waren auch nicht überrascht.

Und was war mit meiner Religion? Es erschien mir ganz natürlich, daß ich, ebenso wie Hugh auf seine Art und Weise, in Ungnade fiel. Meine endgültige Ernüchterung hatte sich lange angebahnt. Hugh bot mir etwas, das mehr wert war als alles, was ich aufgab. Nur die Freunde zu verlieren war schmerzlich. Sie blieben alle weg. Die eine Beziehung – mit Gott – ging zu Ende, die nächste entstand, nicht aus der Asche der vergangenen, sondern ihr zum Trotz. Und weil es so schön war, dachte ich nicht lange darüber nach, was für einen Tausch ich da gemacht hatte.

Eines Tages, nicht lange nach der Zeichnung mit den vier Häusern, las mir Hugh im Bett ein Gedicht vor. »Es ist ein kalter Abend / doch unten an einem der Fischerhäuser / sitzt ein alter Mann und flickt Netze.« Während er las, verliebte ich mich noch einmal. Diesmal, so altmodisch das auch heutzutage klingt, waren es Gedichte. Was mich diesmal verführte, war der Rhythmus, die transparente Phrasierung der Gedichte von Elizabeth Bishop. Noch etwas anderes berührte mich daran, etwas, das noch weit hinten in meinem Kopf lag, hinter meinem Blickfeld. Das sollte mir erst Jahre später klar werden, als mein Leben mich auf eine Art und Weise durch die Mühle gedreht hatte, wie ich es mir an diesem Morgen im Bett mit Hugh nie hätte vorstellen können.

Wir zogen nicht nach London, sondern lebten noch einige Zeit in Provisorien. Hugh unterrichtete seine Studenten weiter an der Universität, und ich schrieb weiter über meine Dichterin. Und bald darauf entschieden wir uns für das Cottage mitsamt seinen Rosen und Dornen und der Art, in der wir darin gemeinsam leben wollten.

Das Cottage bestand aus zwei Teilen. Zwei Häuser, zwei Haustüren, dazwischen eine Wand, die einen Meter dick war. Wir lebten in der einen Hälfte, die andere stand leer. In der leeren Hälfte standen noch ein rostender Boiler, ein stinkendes Klo und eine schmutzige, senffarbene Kücheneinrichtung, die noch nicht alt genug war, um Charme zu haben. An den Wänden klebten schief verschiedene Tapeten, alte Muster mit Blumen, Tieren, sogar ein Ziegelmuster, eine muffige Schicht auf der anderen. Wenn man mit dem Fingernagel an der Oberfläche kratzte, kam unter den Fetzen der obersten Schicht vielleicht ein Hündchen zum Vorschein oder Veilchen unter dem Ziegelimitat, das bis heute dem Verfall widerstanden hatte. Wenn man zu lange an die Wände starrte, wurde man ganz wirr im Kopf. Die Decken mit ihrem alten Kalkverputz strömten einen altertümlichen Charme aus. Die leeren Räume darunter wurden zu Aufbewahrungsstätten, Kammern für Bücher, Trödel und Dunkelheit.

Wir bekamen Besuch von Freunden, die, jeder für sich, ein bißchen entsetzt waren. Natürlich verlieh unsere Begeisterung dem Ganzen einen gewissen Zauber. Aber wenn das ein Traumcottage war, dann saß dieser Traum ausschließlich in den Köpfen der beiden Bewohner. Vielleicht war es ja ganz malerisch, aber es war auch schäbig, voller Furnier, dem billigen Imitatstoff der sechziger Jahre, eine Moderne, die jetzt schon prähistorisch aussah. Es mußten neue Fenster und neue Elektroleitungen her, das Haus war kalt und zugig, der Boden kahl und nackt. Und nichts als Hartfaserplatten, Sperrholz, Styropor und Tapete. Vieles davon konnte man abreißen, aber manches war auch, wie ich feststellen mußte, fest eingebaut. Ich kaufte zwei Overalls, und gemeinsam machten wir uns daran, die Vergangenheit auszutreiben. Nach und nach eroberten wir uns das Haus, Raum für Raum, und es gab viele. Oft war ich selbst verblüfft, daß ich mein Leben nicht in der Stadt verbrachte, in der ich aufgewachsen war, sondern in einem langgestreckten, niedrigen Cottage in einem kleinen Dorf. Tagelang saß ich in meinem Arbeitszimmer oder steckte in meinem Arbeitsanzug, und ich fand es wunderbar. Ich habe immer ein Faible für Abwegiges gehabt, und daran herrschte kein Mangel.

Zum Cottage gehörte ein Garten voller Büsche, Nadelbäume und Beton, den eine Steinmauer umschloß. Den Morgen verbrachte ich im Arbeitszimmer über den Büchern und am Computer, nachmittags vergnügte ich mich mit Vorschlaghammer und Spitzhacke. Zum Entsetzen von ein paar alten Männern, die nie aus ihrem Dorf herausgekommen waren, genoß ich es geradezu, mich körperlich bis an die Grenzen des Möglichen zu verausgaben. Einige meiner Zuschauer, die jetzt an ihren verbliebenen Zähnen nuckelten, waren wahrscheinlich begeistert gewesen, als der Beton seinen Einzug ins Dorf hielt – damals, als ich noch nicht einmal auf der Welt war. Ich zertrümmerte graue Pfade und Terrassen und machte eine Garage mitten im Garten dem Erdboden gleich. Während ich mich an der Zerstörung berauschte, wurde Hugh zum Gärtner, der jetzt genauso verstohlen und heimlich nach neuen Pflanzen stöberte wie früher nach Büchern und Platten. Im Lauf der Jahre entstand so allmählich ein wilder Winkel der vielfältigsten Farben, ein Garten voll heimlicher Freuden, offen und abgeschirmt zugleich.

Freunde kamen und gingen, Verwandte besuchten uns, wir aßen gut, und es war immer genug Wein im Haus. Wir kochten leidenschaftlich gern. Ich hatte vieles von meiner Mutter gelernt und erfand jetzt meine eigenen köstlichen Gerichte. Meine Mutter kocht für Hunderte von Menschen – für alle möglichen Parties, bei Hochzeiten und Leichenschmäusen –, aber selbst ißt sie wie ein Vögelchen. Sie ist klein und dünn und gönnt sich nur das Notwendigste. Selbstgenügsam, wie sie ist, entzieht sie sich dem Diktat ihrer Eßgelüste. Ich habe nichts gegen meinen Appetit, leide aber an dem Erbe meiner Mutter. So erfand ich meine eigene kleine Maskerade der Selbstverachtung: In der Küche richtete ich ein Festmahl an und in meinem Magen eine Katastrophe, wie sich noch zeigen sollte.

Alles in allem war es ein bewundernswerter Entwurf. Unser Leben hatte etwas von der Unwirklichkeit eines Märchens – zumindest für uns, wenn auch nicht unbedingt für andere. Manchmal konnten wir unser eigenes Glück nicht fassen. Natürlich gab es viel, das wir gern gehabt hätten und nicht haben konnten. Aber wir liebten einander und das Leben, das wir uns entwarfen, auch.

Bis jetzt habe ich Distanz gehalten und von mir fast so erzählt, als sei ich gar nicht da. Ich bin über die Oberfläche meines Lebens mit Hugh geschlittert und habe dabei schwierige Schrittkombinationen geübt. Jetzt muß ich die einzelnen Fäden ruhen lassen und mich dazu zwingen, in diese flüchtige erste Person zu schlüpfen, die so gründlich, so ordentlich weggepackt worden ist, irgendwo hinter die Fassade einer tüchtigen jungen Frau, die in einer englischen Idylle lebt. Also, komm noch einmal in das Cottage. Jetzt im März ist es noch frisch und kalt. Dieses Mal gehst du neben mir her, und ich habe ein kleines Wesen im Arm.

Neun Monate lebte ich mit einem Kind in meinem Bauch. Ungläubig sah ich zu, wie es den Herbst über aus einem kleinen harten Knoten in der Tiefe meines Beckens hervorwuchs, sich über meine Hüften hinaus nach oben ausdehnte, bis es meinen Brustkorb erreicht hatte und mein Herz umklammerte. Am ersten Tag, nachdem wir entdeckt hatten, daß dieses neue Leben entstand, saß ich in der Julisonne in unserem Garten, betäubt, als hätte mir jemand einen Schlag verpaßt, der eher meinem Herzen und meinem Denken gegolten hatte als meinem Körper. Ich wollte schwanger sein, von Hugh ein Kind haben. Aber ich konnte kaum glauben, daß jetzt eine unaufhaltsame Reise angebrochen war. Wenn alles gutging, würde im Frühling ein Mensch zur Welt kommen, der mich nur als Mutter kennen würde. In gewissem Sinne würde dann auch mein Leben neu beginnen. Über jede andere Identität hinaus würde die Mutterschaft meine tägliche Wirklichkeit sein.

Für uns nannten wir diesen kleinen Punkt, der da tief in meiner Gebärmutter lag, den Strandläufer, ein Vogel, dessen zarter, zuckender Schnabel stets »nach etwas sucht«, wie es bei Elizabeth Bishop heißt. Das Bild dieses in seine rastlose Suche vertieften Vogels in dem unsteten Gelände, wo Sand und Wasser zusammentreffen, ließ uns beide nicht los. Und sobald ich die Bewegungen des Kindes in meinem Bauch fühlen konnte, machte unser Strandläufer mit seinen ständigen Drehungen und ruckartigen Bewegungen seinem Namen alle Ehre.

Ich genoß meine Schwangerschaft. Mein Haar war dicker und glänzender, meine Energie unerschöpflich. Mein Appetit war grenzenlos, außer bei Blumenkohl, grünem Salat, Pinienkernen, Hühnerleber, Kaffee, Whisky (eine alte Liebe) und Rosinen. All diese Dinge lösten bei mir Brechreiz aus. In der Schwangerschaft trug ich meist schwarze oder gelbe Latzhosen und feste Leinenschuhe und marschierte herum, als wollte ich allem und jedem die Stirn bieten. Es gab nichts, wozu ich mich nicht fähig fühlte. Ich saß an meinem Schreibtisch und arbeitete an einer Dissertation, die nie und nimmer vor dem Baby fertig würde, mit der einen Hand auf dem Bauch, während ich mit der anderen in Büchern blätterte. Das beunruhigte mich nicht. Die Dissertation hatte ihre eigene Dynamik, und erstaunlicherweise zweifelte ich keinen Moment daran, daß ich sie abschließen würde, und sei es mit einem Baby im Arm.

Es erschien angeraten, die Arbeit mit der Spitzhacke gegen etwas anderes einzutauschen. Ich wählte einen weiten grünen

Badeanzug. Ehrgeizig wie eh und je arbeitete ich nun mehrmals pro Woche daran, meine Technik im Brustschwimmen zu verbessern. Als ich etwa im achten Monat aufhörte, schwamm ich meine Bahnen schneller als am Anfang. Meist ging ich um die Mittagszeit schwimmen und fand mich in der Gesellschaft von ein paar Siebzigjährigen wieder. Ab und zu kamen ein paar junge Männer, die eitel ihre Schwimmkünste zur Schau stellten. Ich neckte sie gern ein bißchen – zuerst trumpfte ich mit meiner Schnelligkeit auf, dann stieg ich mit meinem gewaltigen grünen Bauch wie ein kleiner Wal aus dem Wasser.

In diesem Sommer beschlossen wir, daß es jetzt an der Zeit war, unsere beiden Häuschen zusammenzulegen, auch wenn das fast schon allzu symbolisch schien. Die Bauarbeiten begannen im Januar, das Baby sollte im März kommen. Den größten Teil des Februar über bis weit in den März hinein lag hoher Schnee. Das war jener März, für den ich dich noch einmal zu kommen bat. Draußen vor unserem Cottage hatte sich der Schnee mit dem Schutt vermischt und bildete einen grauen Morast. Ich balancierte meine kostbare Last auf Zehenspitzen über ausgelegte Bretter, wenn ich das Haus verlassen wollte. Drinnen war alles mit Baustaub bedeckt. Sogar auf die Gläser mit frischer Marmelade, Zeichen der sturen Energie in meiner Schwangerschaft, hatte sich eine dünne Schicht gelegt, bevor ich den Deckel daraufschrauben konnte. Als das heiße Wasser abgestellt wurde, wurde jeder Besuch im Schwimmbad zu einem Reinigungsritual, bei dem ich den Staub des alten Hauses aus meinen Haaren spülte.

Je hektischer mein Leben wurde, desto ruhiger und stärker war ich selbst. In all dem Durcheinander strampelte sich mein ungeborenes Kind in eine günstige Lage. Da ich ja die meiste Zeit zu Hause war, überwachte ich die Bauarbeiten, besorgte Lampenfassungen, Fußbodenkacheln und so weiter. Zwischendurch ging ich zu Vorsorgeuntersuchungen und kaufte Babykleidung und alles, was dazugehört. Stundenlang kratzte ich Farbe ab und strich an, gleichzeitig arbeitete ich weiter an meiner Dissertation und hinterließ Farbspuren auf der Computertastatur. Eine Taste ist immer noch blau. Ich fühlte mich wie eine Frau der Renaissance, ich ging nicht nur schwanger mit unserem Strandläufer, sondern mit der ganzen Fülle meiner Kräfte und Möglichkeiten.

Unsere Küche und unser Schlafzimmer wurden zur Baustelle, und wir lebten, kochten und schliefen im Wohnzimmer, umringt von Möbelstücken, die sich in ungewohnten Positionen türmten. Auch unsere Kochfreuden blieben von den Umwälzungen nicht verschont, da wir unsere Mahlzeiten im Wohnzimmer auf dem Fußboden zubereiten mußten, über einen Elektrokocher gebückt.

Wir aßen vor allem Eier und Tortellini. Als Freunde von uns die Spuren von Rührei im Badezimmer entdeckten (wo wir mit heißem Wasser aus dem Wasserkocher spülten), erbarmten sie sich unser. Und wie Kinder, die dabei erwischt worden sind, wie sie sich an einem verbotenen Ort eine Höhle bauten, folgten wir ihnen kleinlaut in ihr Haus, wo es warmes Wasser und rühreifreie Waschbecken gab.

Die Arbeiter schufteten hart, weil auch sie selbst fertig sein wollten, bevor das Baby kam. Sie wußten besser als wir, was die Ankunft eines Neugeborenen bedeutete. Am Tag vor der Geburt unseres Strandläufers hockte ich, wie üblich in meinem Overall, in der Kälte draußen vor der Haustür, nicht um mein Baby im Hocken zur Welt zu bringen, sondern um Beton von den Granitplatten abzumeißeln. Seit Wochen war mein Bauch schon in erwartungsvoller Anspannung, deshalb schenkte ich dem Rumoren darin nicht mehr Beachtung als dem Wetter.

An diesem Abend kam Hermione zum Abendessen. Wir gaben uns große Mühe und kochten auf dem Fußboden Nudeln mit Anchovis und Broccoli, wir rieben sogar ein wenig frischen Parmesan für unseren Besuch. Mißtrauisch hockte sie auf der Kante eines Möbelstücks, das sie für einen Stuhl hielt, und beobachtete verblüfft unser häusliches Arrangement. Wie in einer Ecke dieses

Zimmers ein Neugeborenes gewickelt werden sollte, konnte man sich kaum vorstellen.

Hugh schlief in dieser Nacht sehr fest, und ich lag neben ihm, hellwach und unruhig. Als ich ihn schließlich weckte, weil ich nun sicher wußte, was da im Gang war, fühlte ich mich schuldig und auf eine merkwürdige Weise verantwortlich für den ungünstigen Zeitpunkt. Das Baby erschien eine Woche zu früh, scherzten wir, damit kam es eher nach der Mutter als dem Vater. Es gibt ein Foto von mir im Badezimmer in dieser Nacht, mein Körper sieht verkürzt aus, der Bauch ragt zwischen meinen Beinen und Brüsten hervor wie eine flache Bergkuppe. Ich sehe ganz ruhig aus, fast engelhaft, obwohl zu diesem Zeitpunkt die Krämpfe in meinem Bauch schon anfingen zu schmerzen.

Ich hinterließ den Arbeitern einen Zettel in der Küche: »Tut mir leid, daß ich die Fliesen nicht mehr fertig machen konnte, aber ich mußte weg, ich kriege mein Baby. Finn.« Wir fuhren durch die Nacht zu dem kleinen Landkrankenhaus, das zehn Kilometer entfernt liegt. Die Felder und Straßen waren leer. Wir sahen keinen Menschen. Dann diese merkwürdigen Stunden außerhalb aller Zeit im Entbindungsraum. Nur Hugh und ich. Wir hatten eine bunt zusammengewürfelte Auswahl von Kassetten mitgebracht, etwas für jede Stimmung. Selbst für plötzliche Geschmacksausrutscher war vorgesorgt, für die hatten wir meine alte Simon and Garfunkel-Kassette aus einer Kiste ausgegraben. Aber ich konnte nichts ertragen, weder Beethoven noch Bob Dylan, keinen Schubert und keine Aretha Franklin. Nicht mal die edle Fadheit von Paul und Art. Während meine Wehen stärker wurden, war jeder Ton und jede Berührung wie ein Nadelstich. Merkwürdig, sogar wenn der Schmerz in meinem Bauch anstieg, selbst wenn er mich in diesem schrecklichen rhythmisch pressenden Klammergriff hielt, hätte ich noch aufschreien können, wenn Hugh mich auch nur sanft berührte. Mir war so heiß, aber Hugh konnte kaum meine Stirn mit einem Tuch abtupfen, ohne bei mir einen Wutausbruch zu provozieren.

Nur mit dem kurzen Krankenhausnachthemd bekleidet und ohne Unterhosen, gab ich in diesem Klammergriff, der meinen Körper in der Mitte zerriß, in meinen Unterleib hinunter- und meinen Rücken hinaufstach, jede Bemühung um Würde und Anstand schnell auf. Hughs Befürchtungen, er könnte zu zimperlich sein, um bei der Geburt seines Kindes im Raum zu bleiben, verflog ebenso schnell. Er sprach mir ganz rücksichtslos zu, trieb mich an, als wisse er im Innersten genau wie mein eigener Körper, was jetzt notwendig war. In diesen Stunden vor der Geburt war mein Baby ganz vergessen. Zum ersten Mal seit so vielen Monaten verdrängten andere Gedanken dieses Wesen in mir, es erschien mir als ein Teil dieses fremden Dings, zu dem mein Körper jetzt geworden war, und nicht mehr als ein Teil meiner selbst.

In den letzten Wochen meiner Schwangerschaft hatte ich »Dombey und Sohn« gelesen und das Buch auch mit ins Krankenhaus gebracht. Es lag auf einem Tisch neben dem Bett, die ganze Zeit auf Seite 245 aufgeschlagen. In diesen sieben Stunden schaffte ich nicht eine einzige Seite, aber ich brachte es auch nicht fertig, das Buch zuzuklappen. Der Morgen kam, und ich ging in dem Zimmer auf und ab, krümmte mich alle paar Minuten vor Schmerz, obwohl es keine Position gab, die irgendeine Erleichterung brachte. Das Bett in der Mitte des Entbindungszimmers sah aus wie ein Folterinstrument. Ich machte so weit wie möglich einen Bogen darum, nur ab und zu bohrte ich mein Gesicht in die Matratze, als wollte ich irgendwohin entkommen. Die Hebamme Fran sprach von »guten Schmerzen«, nicht aus aufgesetzter Fröhlichkeit, sondern weil die Wehen um so besser vorangingen, je stärker es schmerzte. Ihr Birminghamer Tonfall war mir aus den Geburtsvorbereitungsstunden vertraut. Sie war jung, lustig und überhaupt nicht herablassend. Ich war sehr erleichtert gewesen, als sie erschienen war und in gespieltem Entsetzen verkündet hatte, daß wir sie jetzt bis zum bitteren Ende behalten müßten.

Als ich dachte, ich könnte den Schmerz nicht mehr ertragen,

und meinte, mein Körper würde jetzt bersten oder ganz in sich zusammensacken, untersuchte Fran mich noch einmal, jetzt im Hocken auf dem Boden. Sie sagte, die Geburt stehe kurz bevor. Plötzlich fühlte sich mein Unterleib an, als würde er nach unten gerissen, und jeder Muskel wollte die Last hinausdrücken. Ich kniete auf dem Boden und dachte, ich würde in zwei Teile zerspringen, und Fran mußte mir immer wieder beruhigend zureden, daß das nicht passieren würde. Als der Kopf des Kindes hervorkam, dunkel, mit filzigem Haar und blutverschmiert, wurden Hughs Worte des Zuspruchs an mich, seine Gefährtin und Geliebte, zu gemurmelten Liebesworten, die an sein Kind gerichtet waren. Und dann sagte mir Fran, ich solle aufhören zu pressen. »Hör auf zu pressen, warte, halt alles zurück.« Wie sollte ich aufhören? Niemand hätte mehr von mir verlangen können. Die Nabelschnur hatte sich fest um den Hals des Babys gewickelt, und während ich den Druck zurückhielt, durchschnitt Fran die Nabelschnur und klemmte sie ab. Es dauerte nur einen Augenblick, schien mir aber wie eine Ewigkeit.

Wenige Minuten später wurde unser Baby geboren, und Hugh nahm es in die Arme. Sein Hemd war blutbeschmiert, seine kleine Tochter voll Blut und Schleim, aber er, der vor seiner eigenen Zimperlichkeit so viel Angst gehabt hatte, sah nichts davon. Er hatte nur Augen für das kleine Geschöpf, das, noch immer ganz zusammengerollt, in seinen Armen lag.

Der Schmerz hörte auf. Nicht langsam, sondern auf der Stelle. Und zum ersten Mal fühlte ich jetzt, wie mir die Knie weich wurden. Fran half mir in den Stuhl, an den ich mich gelehnt hatte, und ich hielt mein Baby. Es hatte die Augen fest geschlossen, die Händchen geballt und suchte mit dem Mund nach meiner Brust. Mein Körper fühlte sich ganz aufgelöst an, als hätten meine Arme und Beine, mein Rücken und meine Füße vorläufig den Geist aufgegeben. Bevor ich es noch gestillt hatte, hatte mein Baby meinen Körper schon ausgetrunken und mir nichts als meine Liebe gelassen.

So kam Eliza auf die Welt. Ich blieb zehn Tage im Krankenhaus, während Hugh und alle möglichen Freunde rund um die Uhr anstrichen und die Baustelle, die ich verlassen hatte, in ein Heim für unser neues Baby verwandelten. Als ich an jenem Sonntag im März mit Eliza durch die Haustür trat, hatte ich das Gefühl, ich käme in ein neues Haus. Die Küche war mit all der frischen Farbe genausowenig trocken hinter den Ohren wie Eliza. Doch das war nun mein neues Leben, mit meinem Baby und einem schönen gelben Zimmer.

Eliza war unersättlich vom ersten Tag an und in ihrem Windelverbrauch ebenso maßlos wie später beim Reden. Selbst als winziges Wesen, das ganz und gar dem Willen anderer Menschen unterworfen war, legte sie schon diese grenzenlose, sprunghafte Neugier an den Tag, was bedeutet, daß sie selten still war. Wenn sie an meiner Brust trank, waren ihre Augen ruhig und fest auf meine gerichtet, aber ihre Füße und Hände vollführten einen unentwegten Tanz. Ich fühlte mich wohl in meiner neuen Rolle. Mutter zu sein stand mir gut.

Irgendwie ließ mir mein neues Leben Raum dafür, sowohl Mutter als auch Doktorandin zu sein. Sobald Eliza tagsüber schlief, ließ ich nasse Windeln und Stilltücher hinter mir und tauchte ein in die Welt des Schreibens. Während ich früher einen halben Tag gebraucht hatte, um meine Gedanken allmählich in Gang zu bringen, begann ich mich jetzt schon zu konzentrieren, wenn ich die Treppe zu meinem Arbeitszimmer hinaufstieg. Solange ich in meinem Arbeitszimmer war, ließ ich meine Mutterrolle draußen vor der Tür. Wenn Eliza ein oder zwei Stunden später ihre ersten Aufwachlaute von sich gab, war ich wieder unten bei ihr, noch bevor sie die Augen geöffnet hatte.

In Elizas erstem Lebensjahr erwarteten mich allerhand Enttäuschungen, aber das war nichts Neues für mich. Trotz alledem, im Februar – und, noch ohne es zu wissen, wieder schwanger – saß ich in meinem Rigorosum. Danach war ich promoviert – allerdings nach einem der beklemmendsten Gespräche, die ich je über meine Arbeit geführt habe. Meine Prüfer sagten mir gleich zu Anfang, daß ich meinen Doktortitel zwar bekommen würde, doch den Rest des Prüfungsgesprächs verwandten sie darauf, mir zu sagen, wie enttäuschend die Dissertation sei. Die Arbeit bestand aus zwei Teilen. Sie ließen den ersten Teil, der sich der Biographie widmete, völlig außer Acht und sagten, der zweite Teil – eine kritische Auseinandersetzung mit der Dichtung von Elizabeth Bishop – enthalte nicht genug Theorie. Die Dissertation mit dem Titel »Eine Kunst« handelte zum Teil von der Synthese, die wir als Kritiker zwischen Leben und Schreiben herstellen können. Ich hatte das Gefühl, daß sie die Hauptsache nicht verstanden hatten oder absichtlich ignorierten.

Dennoch war ich erleichtert und glücklich über den Abschluß. Freunde buken mir zu Ehren eine Torte mit einem Strandläufer aus Zuckerguß obendrauf. Und im Juli, im sechsten Monat schwanger und ganz in Lila gekleidet, mit Talar und Hut, bestieg ich ein Podest, um meine Doktorurkunde in Empfang zu nehmen.

Versuchsweise schrieb ich in diesem Sommer verschiedene Verlage an, ob sie an meiner Arbeit interessiert seien. Mehrere Leute wollten sich die Sache einmal ansehen. Unter meinem Schreibtisch liegen noch immer Hunderte Seiten meiner Arbeit, die ich dann vor der Geburt des Babys doch nicht mehr hatte abschicken können.

Wir machten einen Monat Ferien in Irland und spazierten jeden Tag zum Strand von Cappagh oder Ballyguin. Wenn ich in den kalten Atlantik hinausschwamm, schnürte es mir den Atem ab. Ich beobachtete die Kormorane, die weiter draußen dicht über das Wasser glitten, manchmal war nur ihr Flügelschlag über den Wellen sichtbar. Und die Seeschwalben, die wie Bleigewichte ins Meer tauchten, auf dem jedes Mal kurz ein kleiner Schaumfleck erschien.

Dann drehte ich um und schwamm aufs Land zu. Im Hintergrund Berge, deren Kämme oft von Wolken abgeschnitten waren, dann Heideland, kleine Felder mit brüchigen Mauern und schließlich der Strand. Das eiskalte Wasser zu treten erleichterte die Last in meinem Bauch. Hugh und Eliza waren weit entfernt und winzig neben ihren Sandburgen. Ich fühlte mich ruhig und bereit. Ein Teil dieser unbeschwerten, gedankenlosen Natur, genauso wie die Vögel und das Moor. Es gibt ein Foto von uns, das am letzten Abend an unserem Lieblingsstrand aufgenommen wurde. Ich trage gelbe Latzhosen und ein Hemd gegen die plötzliche Kühle des Septemberabends. Ich schaue direkt in die Kamera, habe nichts zu verbergen.

In diesen letzten Monaten der Schwangerschaft kreisten meine Ängste nur um Eliza, diese kleine, weißblondgelockte, pummelige, eigensinnige Quasselstrippe, die sie inzwischen war. Sie wußte, was in meinem Bauch vor sich ging, soweit man so etwas wissen kann, wenn man eineinhalb Jahre vorher noch selbst darin gesteckt hat. Aber die Verwandlung meiner Figur schien sie ebenso wenig zu bekümmern wie die möglichen Folgen dieser Veränderung. Sie sprach früh und ebenso gern wie ihre Eltern, doch ihr geschicktes Nachplappern täuschte eine Verständigkeit vor, die sie noch gar nicht haben konnte. Ohne an meine eigene Vergangenheit zu denken, trauerte ich für sie, weil sie ihre Eltern bald mit jemandem würde teilen müssen. Man konnte sich kaum vorstellen, wie sie es ertragen würde.

Wieder einmal fuhren Hugh und ich durch die Nacht zu demselben kleinen Landkrankenhaus – diesmal war es Oktober. Wir brachten Eliza zu Freunden, wo sie bis zum Morgen schlafen sollte. Als ich sie küßte, hatte ich die Vorstellung, daß ich ihr etwas fortnahm, etwas, das sie nie wieder haben würde. Im Vorbeifahren sahen wir eine kleine Eule auf einem Pfosten sitzen. Das Licht der Scheinwerfer ließ sie völlig ungerührt. Wir hielten das damals für ein gutes Omen. Aber die ganze Weisheit dieses Vogels hätte mich nicht auf das vorbereiten können, was mich erwartete.

Diesmal las ich »Die kleinen Mädchen« von Elizabeth Bowen, und es machte mir keinen Spaß. Anders als bei »Dombey und Sohn« wußte ich bei diesem Buch, daß ich es nie auslesen würde, wenn ich es bei meinen Wehen nicht schaffte. Es war eine Sprache, auf die ich mich auch dann noch irgendwie konzentrieren konnte, wenn die Schmerzen schlimm wurden. Sonderbarerweise sprach das nicht für das Buch. Ich ging in dem Gebärzimmer mit dem Buch in der Hand auf und ab, knallte es hin, wenn eine Wehe kam, und nahm es danach mit schweißnassen Fingern wieder auf. Ich las es dort in diesem Zimmer zu Ende, kurz bevor unsere zweite Tochter Jesse zur Welt kam.

Sie kam an einem Donnerstag ganz früh am Morgen zur Welt, ihre Nabelschnur war kurz wie bei ihrer großen Schwester, aber diesmal lag die Schnur wenigstens nicht um ihren Hals. Und wieder sah ich Hugh mit seinen zärtlichen Gebärden, wie er sein winziges, nur wenige Minuten altes Kind im Arm wiegte und ihm sinnlose kleine Koseworte ins Ohr flüsterte, das noch an keinen Laut gewöhnt war. Ein Stunde nach der Geburt wurde der Blutfluß stärker. Die Binden waren in dieser Flut wie Papiertaschentücher, meine beiden Nachthemden bald blutgetränkt, und meine Bettücher blühten rot. Schließlich rang ich mich dazu durch, eine Hebamme anzusprechen. Ich bat darum, noch ein Krankenhausnachthemd leihen zu können, es tat mir wirklich leid, daß ich solche Umstände machte. Plötzlich standen lauter Hebammen in ihren blauen Kitteln besorgt um mein Bett herum. Alles war in Ordnung, nichts tat weh. Aber als Eliza, nun nicht mehr Einzelkind, an diesem Nachmittag kam, durfte sie meinen Körper nicht mit ihrem Gewicht belasten.

Nachdem ich sie so gezwungenermaßen von mir abweisen mußte und sie zum ersten Mal nicht auf ihrer Mutter herumklettern durfte, warf Eliza ihrer Schwester nur einen flüchtigen Blick zu und machte sich davon, den Krankenhausflur hinab. Sie rannte hin und her, von dem Glaskasten mit den Goldfischen am einen

Ende bis zu den Babys in ihren Plastikkästen am anderen Ende, und war zugleich in Hochstimmung und auf der Flucht. Ich blieb noch ein paar Tage im Krankenhaus, und allmählich gewöhnte sich Eliza an den neuen Anblick. Sie hielt Jesse im Arm, streichelte ihre Stirn, sah beim Wickeln zu und starrte auf meine Brust, während ich stillte. Jesse nahm die Brust sofort an, genauso wie Eliza. Ich genoß das Stillen, sogar den Schmerz und das Austreten der Milch, wenn ich darauf wartete, daß sie aufwachte und trank und sich meine Brüste anfühlten wie zwei stramm gespannte Trommeln.

Als ich am Sonntag nachmittag das Krankenhaus verließ, war ich überglücklich über mein Baby und konnte es nicht erwarten, wieder bei meiner kleinen Tochter zu sein. Hugh hatte für Eliza ein kleines Kinderbettchen aus Holz gemacht. An diesem ersten Abend zu Hause bekam sie es, zusammen mit einer kleinen Puppe, die in den Kissen lag. Sie nahm die Babys, das echte und das aus Plastik, besser und mit mehr Begeisterung an, als Hugh und ich zu hoffen gewagt hatten. Tage später, als ich mit Jesse wieder weg war, stand das kleine Bettchen noch immer im Wohnzimmer, ihr Spielzeug, ein leeres Bild zur Erinnerung für das verstörte Kind und den unglücklichen Vater.

Unsere Freundin Kate blieb nach meiner Heimkehr über Nacht bei uns. Sie gab mir ein Geschenk, das immer noch in unserer Küche hängt. Es ist ein Weihrauchgefäß aus dunklem Metall, für Votivgaben, die sich an fremde Götter des Fernen Ostens richten. Es ist mit Pferden, Löwen und Elefanten verziert, die den Göttern mit ihrem Tanz ihre Ehre erweisen. Hätten wir in dieser ersten Nacht, die ich zu Hause verbrachte, gewußt, welche dunklen Geister auf uns lauerten, vielleicht hätten wir den Weihrauch entzündet, in einem nutzlosen Versuch, etwas zu beschwichtigen, das wir selbst nicht kannten und von dem wir nicht einmal ahnten, was es war.

Die ersten paar Tage nach Jesses Geburt erheben sich wie ein Bollwerk vor allem, was dann folgte. Eine kurze Zeit verspürte ich dieses unvergleichliche Entzücken und die ganz gewöhnliche Müdigkeit, die mir von Elizas Geburt her noch vertraut waren. Die Blumen, die eintrafen, dufteten süß, die Glückwunschkarten auf der Anrichte kamen von Herzen. Aber im Laufe von nur wenigen Tagen wurde all diese Freude leer und fremd. Sie gehörte nicht zu mir.

Die Frau, die am Anfang dieser Woche triumphierend mit ihrem zweiten Kind nach Hause zurückgekehrt war, war am Ende der Woche nicht mehr dieselbe Person. So schien es jedenfalls. Wo ging ich hin, wo kam ich her? War diese Verzweiflung, die ich spürte, als Jesse zehn Tage alt war, etwas, das ich in mir getragen hatte, ohne es zu wissen? Oder war es aus heiterem Himmel in dieser kurzen Spanne des Lebens meines Kindes entstanden? Zu diesem Zeitpunkt fragte ich gar nicht mehr danach, wohin mein anderes Ich verschwunden war. Es hatte nie existiert. Da war nur dieses düstere Land der Schatten, in dem ich jetzt lebte, für etwas anderes war kein Platz. Wie der Suppenkaspar im »Struwwelpeter«, der seine Suppe nicht esssen will, war ich am Montag noch ganz wohlauf, und am Sonntag darauf hatte ich alles fahrengelassen. Mein Blickwinkel verengte sich, bis ich vor meinem inneren Auge nur noch ein abstoßendes Zerrbild meiner selbst sah.

Am Montag war ich nur ein wenig daneben, eine etwas beklommene Stimmung hatte mich erfaßt, die ich nicht abschütteln konnte. Dann fing ich an zu weinen, ich weinte immer häufiger, ohne zu wissen, warum. Ich weinte vor einer Nachbarin, mit der ich vorher nur heitere Banalitäten ausgetauscht hatte. Wenn Hugh mich fragte, wie es mir ging, weinte ich, und mir fehlten die Worte. Mein neues Baby im Dorf spazierenzufahren, wie es Mütter zu tun pflegen, kam gar nicht in Frage. Ich wollte niemanden sehen. Meine Mutter beruhigte mich am Telefon und versicherte mir, das sei normal nach einer Geburt. Dabei dachte sie wahrscheinlich an eine allgemeine Weinerlichkeit, die gemeinhin als »Baby-Blues« bezeichnet wird. Ich konnte ihr nicht klarmachen, was ich hatte, vielleicht weil ich es nicht wagte, es vor mir selbst beim Namen zu nennen. Was auch immer »normal« sein mag – ich hatte den Bereich des Normalen verlassen.

Am Mittwoch zog Hugh Eliza zu einem kurzen Spaziergang an, während ich Jesse oben im Badezimmer badete. Als ich hörte, wie sich die Haustür öffnete, schrie ich los, mein Herz raste vor Angst bei dem Gedanken, allein gelassen zu werden. Hugh rannte herbei, er wußte, daß irgend etwas Schreckliches passiert war. Einen solchen Schrei hatte er noch nie gehört. Es war der Laut einer schrecklichen Verwundung, doch ich wußte beim besten Willen nicht, wie oder wo ich verwundet war. Der Spaziergang fiel flach, und er blieb von da an immer in Hörweite.

Ich redete mir ein, daß ich keine Depressionen hatte. Es gab keinerlei Grund dafür. Ich verachtete mich. Ich machte Lärm um nichts, ich stellte mich an. Warum konnte ich nicht einfach einen Strich darunter ziehen, mich zusammenreißen, wie es in dieser schrecklichen Redensart heißt? Ich rang mit Worten, kämpfte immer wieder darum, zu begreifen, was vorging. Aber so viele Menschen ich auch kannte, ich fand keinen, der mir sagen konnte, was ich fühlte. Die Hebammen, die jeden Tag kamen, zeigten sich allmählich besorgt. Hugh war äußerst besorgt. Ich zog mich immer weiter in mich selbst zurück, mein Gesicht wurde leer vor Verzweiflung. Mein Körper erschien mir träge, schwer, eine Last. Jede Gebärde war anstrengend. Ich spielte nicht mehr mit Eliza. Es wurde immer schwerer, ihre kindliche Ausgelassenheit zu sehen, für die ich in mir selbst keinen Widerhall fand. Ich klagte mich selbst an, spannte mich selbst in den Schraubstock der Schuld. Wie konnte ich mich meinem eigenen Kind entziehen, warum verweigerte ich ihr das Lächeln, das sie brauchte?

Am Freitag bat ich Hugh, den Arzt zu rufen. Ich konnte das Haus nicht verlassen, und er kam zu uns. Ein leichter Fall von postnataler Depression, sagte er. Man konnte auf zweierlei Weise vorgehen. Entweder konnte er mir Antidepressiva verschreiben, doch dann würde ich wohl aufhören müssen, Jesse zu stillen. (Mein Arzt hatte mir einmal gesagt, er sei kein Freund des Stillens). Die andere Methode war »Augen zu und durch« – mit einem Lächeln. Irgendwann würde es mir besser gehen. Dieser Besuch half mir nicht weiter. Mein Baby zu stillen war das einzige, was mir noch geblieben war. Wenn mir das genommen wurde, würde ich meinen letzten Halt verlieren. Aber »Augen zu und durch« war auch keine Möglichkeit für mich, erst recht nicht lächelnd.

Am Samstag gab ich auf. Die Laken und Kissen, Stangen und Verzierungen unseres Messingbetts wurden zu meinem Gefängnis. Ich konnte es nicht mehr verlassen. Meine Existenz war fast auf ein Nichts geschrumpft, nur noch der Selbsthaß war da, der mir die Augenhöhlen und den Hals wundrieb, mir den Magen umdrehte und meine Zunge zu einem großen, rauhen Wesen in meinem Mund werden ließ. Ich setzte mich auf, um Jesse zu stillen, aber sonst lag ich zusammengerollt und bewegungslos da und kämpfte vergeblich gegen den Schmerz an. Ich sehnte mich danach, daß jemand alles in die Hand nahm, daß jemand mich bemutterte. Meine Gedanken krümmten und wanden sich. Sie ließen sich nicht zum Schweigen bringen, obwohl sie nichts fanden, was mir Erleichterung verschaffen konnte. Warum hatte ich diese Gefühle, und warum konnte ich nicht erklären, was für Gefühle ich hatte? Wenn ich nur so tun könnte, als sei alles gut, vielleicht würde dann alles gut. Aber das konnte ich nicht, oder ich tat es nicht. Ich sprach mit Hugh, und mit großer Klarheit versuchte ich zu ergründen, warum ich aufgehört hatte zu leben. Und zum ersten Mal, seit ich denken konnte, blieb mir das Herz fast stehen bei der Erkenntnis, daß Worte nichts bewirken.

Hugh spielte unten mit Eliza. Ihre Geräusche drangen zu mir hinauf wie die Splitter von etwas, das ich einmal gekannt hatte.

Aber das alles war mir jetzt fern. Meine Liebe zu ihnen mischte sich mit dem Haß auf mich selbst, und es fühlte sich an wie grober Sand unter der Haut. Und ich drehte und wand mich auf meinem Bett, unfähig, meinen Wunden Linderung zu verschaffen.

Ich konnte nicht mehr schlafen. Ich konnte mich selbst nicht mehr ertragen und hörte auf zu essen. Es war kein Ekel, ich wollte einfach keine Nahrung mehr. Hugh brachte mir Essen und trug es wieder hinunter. Ich trank nur Milch, in der Hoffnung, daß ich Jesse so würde weiter stillen können. Mich selbst konnte ich nicht ernähren. Ich war von allem abgeschnitten, sah mir selbst dabei zu, wie ich mein Leben verweigerte, und war nicht in der Lage, etwas daran zu ändern. Ich kapitulierte vollständig und verwandelte mich selbst in eine schreckliche Parodie des Babys, das ich nur neun Tage zuvor zur Welt gebracht hatte. Wie mein Neugeborenes war ich unfähig, mein Bett zu verlassen, wie Jesse trank auch ich nur Milch.

Spät an diesem Abend, als Hugh neben mir schlief, schrieb ich auf, was ich konnte. Es brachte mir keine Erleichterung; vielleicht riskierte ich es in den folgenden Monaten deshalb nicht noch einmal. Ich hatte seit Jahren kein Tagebuch mehr geführt, aber jetzt fühlte ich den Zwang zu schreiben, Zeugnis von meinem Rückzug abzulegen. Ich schrieb:

> 24. Oktober 1993 (23 Uhr): Jesse ist fast zehn Tage alt, und ich liebe sie leidenschaftlich. Meine Gefühle, was mich selbst angeht:
> Selbstüberdruß – Sehnsucht danach, bemuttert zu werden – große Angst, daß ich mir das alles einbilde – daß ich jede Initiative zu handeln verloren habe – wünschte, jemand käme, der alle Entscheidungen trifft & meine Hand führt – möchte weg von alledem, sogar zurück ins Krankenhaus. Aber Schrecken vor der Trennung von Eliza – Angst, den Kontakt zu Eliza zu verlieren – Angst, daß Hugh nicht damit fertig

wird – Verständnislosigkeit – Verzweiflung – Wunsch nach einem engen Freund – Angst, daß ich aus diesem Zustand nicht mehr rauskommen kann – Langeweile & Erschöpfung, weil ich endlos darüber grübeln muß, unfähig, eine andere Sichtweise zu finden. Alles saugt diese Depression mit ihrem düsteren Glimmen ein – die Zeit vergeht so langsam – ich verstehe mich selbst nicht mehr – versuche mein Denken freizuschreiben, aber es bringt ohnehin nichts – Angst vor der Welt draußen.

Ich will keinen sehen außer Hugh, Eliza, Jesse & den Hebammen...

Alles, was andere sagen, ist eine weitere Demütigung.

Was will ich? – Die Tatsache, daß das alles vielleicht nur eine Störung des hormonalen Gleichgewichts ist, ist kein Trost – für mich – es bringt nichts – und es bringt auch nichts, wenn andere sagen, sie hätten auch an postnataler Depression gelitten oder daß es schnell vorübergeht – all diese Tränen – Phasen des Weinens, über alles und jedes – dann Phasen ausgedörrter Taubheit – Wunsch danach, mich selbst zu versorgen, aber wozu – kein Appetit – kein Schlaf tagsüber – Versuche, in meiner Erinnerung meiner Rücken-»Krankheit« nachzuspüren & zu ergründen, ob mein Zustand damals ähnlich war – Dr C. sagte, ertragen oder Antidepressiva nehmen, was vielleicht heißt, daß ich nicht mehr stillen kann. Das tue ich nicht. Ich kann mich nicht zum Essen zwingen, das ist schlimm wegen Jesse.

In dieser Nacht fand ich keinen Schlaf. Früh am nächsten Morgen versuchte ich wieder, für mich selbst eine Erklärung zu finden.

25. 10. (6 Uhr 45): Bilde ich mir das alles ein, vielleicht, um mich zu bestrafen? Und wenn ja, warum? Ich kann es nicht ertragen, an meine zwei kleinen Mädchen zu denken – warum sollte ich ihnen das antun wollen? Ich esse nicht, weil ich mich

irgendwie reinigen will, aber das wird Schwierigkeiten geben, wenn ich Jesse stille. Warum also tue ich es, warum finde ich es so schwierig, nur einen Bissen zu schlucken?

Depression ist wie eine Amöbe, die ihre Form verändert, um jeden Winkel meines Lebens auszufüllen; wenn man denkt, sie ist nicht mehr da, taucht sie an einer anderen Stelle auf. Was ist das, was ist dieser Zwang, nichts zu essen, obwohl ich weiß, daß ich essen muß, Jesse zuliebe? Wie kann ich so wortreich über das alles mit meinem geliebten Hugh sprechen und trotzdem unfähig sein, zu essen oder zu schlafen? – Es reißt mich entzwei, daß ich nicht in der Lage sein werde, meine kleine Jesse zu stillen, wenn ich so weitermache, aber ich kann nicht anders.

Jetzt war es Sonntag, eine Woche nach meiner Heimkehr aus dem Krankenhaus. Das Leben, in das ich so gern mit unserem neuen Baby hatte zurückkehren wollen, war verschwunden. Meine Selbstachtung war dahin, und all meine Fassung. Schiffbrüchig und erschöpft lag ich auf einem Felsen der Abscheu, unfähig, mir selbst zu entkommen. Ich wollte aller Verantwortung entsagen. Ich sehnte mich danach, daß jemand anders die Dinge in die Hand nahm, mich versorgte, so wie ich mein kleines Kind versorgte.

Weder Hugh noch ich wußten, was wir tun sollten. Wir wußten uns keinen Rat mehr und beschlossen, daß er noch einmal einen Arzt anrufen sollte. Der Hausarzt hatte uns zwar keinerlei Lösung geboten, aber wir wußten nicht, an wen wir uns sonst wenden konnten. Diesmal kam ein anderer praktischer Arzt. Er war nachsichtig und freundlich. Er sagte mir nicht, was ich denken oder tun sollte. Er redete eine Zeitlang mit mir, hörte aufmerksam zu, während ich meine ganze Beschämung vor ihm ausbreitete. Er sagte mir nicht, ich müßte es ertragen, und versuchte auch nicht, mir alles auszureden. Dann ging er aus dem Schlafzimmer.

Fiona wurde am Montag nach der Entlassung (aus der Entbindungsabteilung) weinerlich, und im Laufe der vergangenen Tage hat sich ihr Zustand stetig verschlechtert. Gestern Mittag hat sie zum letzten Mal gegessen – zwei Scheiben Brot – und nimmt jetzt nur noch Flüssigkeit zu sich. Sie scheint für ihr Baby sehr gut zu sorgen und stillt weiter.
Sie ist eine sehr wortgewandte, intelligente Frau und weiß genau, daß es hier ein Problem gibt. Sie hatte in der Vergangenheit bereits mit Depressionen und Eßstörungen zu tun. Depression und Gewichtsverlust, als sie in ihrer Jugend wegen eines orthopädischen Rückenleidens im Krankenhaus lag und später (Eßstörungen) als Studentin. Sie hatte das Gefühl, daß diese Probleme mit ihrer ersten Schwangerschaft beseitigt waren.
Sie weinte die ganze Zeit während meiner Visite und gibt sich selbst die Schuld für alle Schwierigkeiten.

Der Arzt verließ mein Schlafzimmer, machte ein paar Anrufe und sprach mit Hugh. Dann kam er wieder herein und sagte mir, seiner Meinung nach sollte ich wieder ins Krankenhaus. Er hatte Hugh einen Brief für den diensthabenden Arzt gegeben. Zuerst verstand ich ihn nicht und dachte, er meinte die Entbindungsstation. Aber dann begriff ich. Er redete von der Mutter-Kind-Abteilung in einer psychiatrischen Klinik. Ich sah meinen Zustand nicht als einen Fall für die Psychiatrie. Ich wußte nicht, was ein Fall für die Psychiatrie war. Es war ein furchtbarer Schock, als ich begriff, daß ich in dieses finstere Schloß am Rand der Stadt eingeliefert werden sollte, an dem ich so oft vorbeigefahren war. Später erfuhr ich, daß der Arzt meinen Zustand für suizidal hielt und meinte, ich sei eine Gefahr für mich selbst. Ich sah mich selbst nicht in diesem Licht, obwohl die Nahrungsverweigerung doch ein beträchtlicher Akt der Aggression ist, der sich sowohl gegen die eigene Person wie gegen andere richtet.

Zehn Tage zuvor hatte ich Zahnbürste, Nachthemd, Babyausstattung und Bücher gepackt, mein Bauch war vor Erwartung hart und gespannt gewesen. Jetzt war mein Bauch schlaff und leer, und es gab anderes zu packen. Wieder stemmte ich den roten Koffer auf das Bett. Wieder packte ich ihn sorgfältig, diesmal unter Tränen statt unter Wehenkrämpfen. Hugh und ich gingen durchs Haus wie Personen in einem Stück, die ihre Auftritte und Abgänge nicht kennen und nicht wissen, ob sie einander oder eine andere Person in den Kulissen ansprechen sollen. Nur Eliza sorgte für ein wenig Ordnung, weil sie essen und spielen wollte und beruhigt werden mußte.

Es war ein kalter Sonntag Ende Oktober, und der Regen strömte unaufhörlich aus einem hellen grauen Himmel. Auf den leeren Straßen dauerte die Fahrt zum Krankenhaus vielleicht fünfundzwanzig Minuten. Niemand, der bei Verstand war, würde an einem solchen Tag aus dem Haus gehen. Diesmal heiterten uns keine kleinen Eulen auf. Wir näherten uns der Klinik über eine lange, schnurgerade Allee. Niemand schien da zu sein. Hugh ließ mich mit den Kindern im Auto und suchte nach dem Eingang. Ich betrachtete den riesigen viktorianischen Bau mit seinen vielen Fenstern. Aber die Fenster sahen leer aus und schienen keinem Austausch zwischen Drinnen und Draußen zu dienen. Niemand war dahinter zu sehen. An einem solchen Ort geschah bestimmt nichts Gutes.

Eliza plapperte eine Frage nach der anderen heraus. Ich versuchte, bei meinen einsilbigen Antworten die Tränen in meiner Stimme zu unterdrücken. Während sie vom Regen und den Bäumen redete, konnte ich nur an eines denken – an das, was ich ihr nicht sagen konnte. Daß sie in wenigen Minuten wegfahren und ich hierbleiben würde. Wir würden getrennt werden, und es war meine Schuld. Dort, im Auto auf dem Parkplatz, auf diesem Niemandsland, wollte ich um mich selbst und mein Kind klagen oder davonlaufen. Aber ich blieb einfach sitzen. Schließlich kam Hugh in Begleitung einer jungen Frau zurück, der Assistenzschwester, die an diesem Tag in der Mutter-und-Kind-Abteilung Dienst hatte. Sie führte uns um ein paar Ecken und an der Längsseite des Gebäudes entlang hinein.

Wir schoben uns durch eine schwere Tür. Sie fiel mit einem dumpfen Laut hinter uns zu, war aber nicht abgeschlossen. Im Foyer stand in der einen Ecke eine Telefonzelle, am anderen Ende eine Bank. Zwei Schilder zeigten rechts und links die Stationen an. Wir gingen in die rechte Abteilung. Ein langer Gang mit einer hohem Decke, rechts und links Türen. Ein paar Menschen sahen uns vorbeigehen, keiner machte einen glücklichen Eindruck. Der Boden war mit einem dünnen braunen Teppich ausgelegt, die Wände hellgrün gestrichen. Ich glaube, es hingen kleine Bilder an der Wand, Bilder, die man nach einem flüchtigen Blick vergißt. Wir gingen an einem kleinen, verglasten Büro vorbei in eine Abteilung mit mehreren Zimmern. Das war die Station, die vor vielleicht zehn Jahren angebaut worden war.

Das Babyzimmer war groß, leer und trist, es schien alle Farbe zu verschlucken. An den Wänden klebte eine braune Tapete mit einem sich endlos wiederholenden Muster grotesker, puppenartiger Homunculi in verschiedenen Bewegungen. Der Raum hatte zwei Fenster, eins in die Außenwelt und eins zum Schwesternzimmer. Das zweite Fenster, das nur auf der Seite des Schwesternzimmers einen Vorhang hatte, diente nicht als Lichtquelle, sondern war aus Sicherheitsgründen da. Der Gedanke, daß man mir mit meinem Kind nicht trauen konnte, war mir noch nicht gekommen. An den Wänden des Raums standen vier Kinderbettchen in einer Reihe, über jedem ein Mobile, das so hoch hing, daß kein Baby es sehen konnte, eine Kommode mit vier Schubladen für Kleidung, vier Babywannen, ein Waschbecken, vier tiefe Lehnstühle und zwei weiße Resopaltische dazwischen. Das Zimmer sah aus, als sei es für einen Kampf freigeräumt worden, aber ich sah mich noch nicht als eine der Teilnehmerinnen.

Unser Kinderzimmer zu Hause war klein und gemütlich, mit

hellen Wänden, bunten Bildern, Mobiles, wo man hinschaute, und einer niedrigen Schrägdecke. Ich war völlig verwirrt in dieser halbherzigen, spitalsmäßigen Imitation eines Kinderzimmers. Als wir erfuhren, daß Jesse hier würde schlafen müssen und nicht in einem Zimmer mit mir, wären Hugh und ich fast umgekehrt. Aber selbst diese Trennung, die allem die Krone aufsetzte, war erträglicher als eine Rückkehr nach Hause, und in unserem Schrecken, den wir gemeinsam und doch so verschieden empfanden, blieben wir.

Die Krankenschwester brachte eine große Plastikkiste mit Spielsachen für Eliza. Ein paar Spielsachen hatten dieses Wartezimmerflair an sich, zu viele Teile fehlten, um damit richtig spielen zu können. Trotzdem machte sich Eliza mit wilder Freude ans Werk. Wir redeten, während sie spielte, und tranken Tee. Auf meiner Untertasse lag ein Keks, den ich nicht aß.

Eine junge Psychiaterin kam für die Aufnahme. Sie war aufmerksam und intelligent, redete lange mit uns und beruhigte uns. Sie machte sich Notizen, hörte sich alles an, was ich über meine Vergangenheit und Gegenwart zu sagen hatte, und sagte, sie habe Verständnis für unsere große Angst und Sorge. Natürlich konnte ich gehen, wann ich wollte, natürlich hatte jeder bei der Ankunft hier dieses Gefühl. Natürlich war die Einrichtung deprimierend. Wenn mich irgend etwas davon überzeugte zu bleiben, dann war sie es.

Wir gingen zusammen zu dem Zimmer, in dem ich schlafen würde. Es war ein düsterer Raum gleich neben dem Schwesternzimmer und nicht in Hörweite des Kinderzimmers. Obwohl sie mir versicherten, sie würden mich sofort wecken, wenn Jesse nachts weinte, erschien es mir als ein willkürlicher Akt der Grausamkeit, mich in ein Bett so weit von ihr entfernt zu zwingen. Links von der Tür war auf Kopfhöhe die Tapete abgerissen und hing in Fetzen herab. Es war keine hübsche Tapete, aber an dieser Stelle, die man sofort bemerkte, sah sie noch viel schlimmer aus.

Ich wollte nicht wissen, was damit geschehen war, als sei es ein Zeichen aus einem Ort der Zukunft, der zu beängstigend ist, um ihn sich vorzustellen. In der Nähe der Tür war ein Kontrollfenster, wieder mit einem Vorhang auf der anderen Seite, im Zimmer standen zwei Betten und die nötigsten Möbelstücke. An diesem finsteren Ort konnte ich doch nicht bleiben. Sie konnten doch nicht denken, daß ich hierhergehörte?

Schließlich rangen wir uns dazu durch, daß ich erst mal eine Nacht hier verbringen sollte. Es war nur der Schatten einer Entscheidung. Es gab keinen anderen Ort, wo ich hin konnte. Als Hugh mit Eliza im Arm hinausging, dachte ich, der Brustkorb würde mir zerspringen. Im Geiste sah ich Eliza diesen langen blaßgrünen Gang hinunter von mir weggehen, kleiner und kleiner wurde sie, bis sie schließlich nur noch eine winzige Gestalt war und dann verschwand. Ich haßte mich selbst, weil meine Selbstverachtung mein Kind in Mitleidenschaft zog.

An diesem Abend war ich auf der Station mit der Krankenschwester allein, und ich redete stundenlang. Irgendwann brachte sie mir einen Teller mit Essen und trug ihn später unberührt wieder fort. Ich redete von meiner Familie, meinem Vater, meinem Wunsch zu schreiben. Tränen strömten mir aus den Augen und durchnäßten meinen Kragen. Ich stellte immer und immer wieder dieselben Fragen, inzwischen war ich zu erschöpft, um sie anders zu formulieren. Warum ging es mir so? Warum konnte ich nicht aufhören zu weinen? Warum war ich hier? Warum fühlte ich mich so allein? Warum war mein Vater gestorben und hatte mich allein gelassen? Warum hatte er mich nicht bei sich haben wollen? Warum war alles egal? Warum wollte ich einfach aufgeben? Zwischendurch sprach ich ganz klar und einsichtig, zumindest kam es mir so vor. Aber wie zuvor konnten auch noch so viele Worte nichts ausrichten.

Ich ging durch die einzelnen Zimmer der Station – Schlafräume, Badezimmer, Aufenthaltsraum, Wäscherei, Kinderzimmer –, die an diesem ersten Abend alle leer waren, und kam mir wie ein Eindringling vor. Dieser Ort mußte für eine andere Art von Schmerz erbaut worden sein. Ich konnte ja schließlich nicht sagen, wo es mir weh tat, wenn man mich fragte. Und meine Verletzungen sah man nicht, das dachte ich jedenfalls. Ich konnte nicht krank sein. Nicht richtig krank. In der folgenden Woche graute es mir davor, entlarvt zu werden, unter meiner Scharlatansmaske entdeckt und nach Hause geschickt zu werden. Wie konnte mein Leiden berechtigt sein, wenn es mir so sinnlos erschien?

Ich weiß nicht, wie viele Stunden und Tage ich damit verbracht habe, über das zu reden, was mir nach Jesses Geburt zustieß und warum, und ich weiß nicht, wie viele Monate ich an diesem Buch geschrieben habe. Sowohl das Reden als auch das Schreiben waren für meine Heilung wesentlich. Sie haben mich so weit gebracht. Sie haben alles bewirkt, was ich erreicht habe. Jemand hat mir einmal gesagt, es sei ein Segen, möglichst wenige Erinnerungen an diese Zeit zu haben. Das stimmt nicht. Ich kann mich an kaum etwas erinnern; teilweise liegt es an meiner Depression, aber mehr noch an der Behandlung, die ich bald bekommen sollte. Ein großer Teil des ersten Jahres nach Jesses Geburt ist in meiner Erinnerung ganz leer. Ich kann dieser Leere nichts mehr abringen, und das ist wie ein Fluch. Manchmal wird meine Darstellung zusammenhanglos und einseitig erscheinen, wenn ich an dieser dünnen Staubschicht der Erinnerungen kratze, um diese Zeit und die darauffolgenden Monate wieder heraufzubeschwören. Indem ich aufschreibe, was mir noch in Erinnerung ist, will ich diesen Bann lösen und aus diesem zersplitterten, leergefegten Alptraum eine richtige Geschichte zusammenfügen. Keine Enthüllungsgeschichte, die darauf wartete, geschrieben zu werden, sondern eine Geschichte, die ich aus dem Kern der furchtbaren Verwirrung, die über mich hereinbrach, und aus meiner bleiernen Rückkehr in ein normales Leben schäle.

Während ich auf dem Papier und in Gesprächen eine Schilderung der zerbrochenen Tage und Monate zusammenstückelte, stieß ich immer und immer wieder an die Grenzen meines eigenen Erinnerungsvermögens – und an die unterschiedliche Schärfe der Erinnerungen anderer. Nachdem ich meine Geschichte aus allem, was mir mit Lücken und Leerstellen noch im Gedächtnis war, zusammengesetzt hatte, habe ich hier und da auch die Stimmen anderer eingestreut. Dazu gehören Teile aus meinen Krankenberichten, größtenteils von den Krankenschwestern geschrieben, die die Aufgabe hatten, mich zu bewachen und zu pflegen, und auch Erinnerungen, die Freunde notiert haben. Ich war an einem einsamen Ort eingesperrt, und die Worte anderer Menschen stehen im Gegensatz zu der Isolation, die mein Geist und meine Erinnerung mir aufgezwungen haben. Sie vergegenwärtigen mir immer wieder, wie weit ich mich in meinem Kopf selbst von denen entfernt hatte, die mir am nächsten standen.

Das, was mir in Erinnerung geblieben ist, steht scharf und klar vor mir. Da gibt es keine trüben Schatten, wie sie aus Kindheitserinnerungen vertraut sind, die nur darauf warten, ergriffen und ans Licht gezerrt zu werden. Am Tag nach meiner Ankunft zum Beispiel war das Wetter draußen vor dem Fenster hell und schön. Meine Schwester Lucy kam mit Hugh und Eliza zu Besuch. Lucy ging mit Eliza nach draußen, und sie liefen im Wind, wühlten und wirbelten die Blätter auf und bildeten Hügel und Furchen in den Farben des Herbstes. Ich stand drinnen am Fenster, und was mich von ihnen trennte, war mehr als das Glas. Ihr Spiel war wie eine Sprache, die ich einst gekannt, aber längst vergessen hatte. Dann waren sie Flugzeuge, mit ausgebreiteten Armen brummten sie über den Klinikrasen. »Komm, wir gehen raus zu ihnen.« Hughs Vorschlag verblüffte mich. Diese Idee war mir nicht gekommen. Kein Flugzeug drang bis zu dem Land, in dem ich war. Aber wir gingen hinaus, und ich streckte meine Arme aus, ein armseliges Imitat meines Kindes, ich spielte nicht, ich tat nur so.

Hugh kam jeden Tag mit Eliza zu Besuch, und jeden Tag graute mir vor ihrem Abschied. Eliza machte aus der Not eine Tugend und kehrte immer wieder zu denselben Spielsachen und demselben kleinen Stapel Bücher zurück, die unter Jesses Kinderbettchen aufbewahrt wurden. Wie ihre Eltern fand auch sie alles schwer zu ertragen. Sie hatte oft Wutausbrüche. Die Besuche endeten oft damit, daß sie zu schwierig wurde, vielleicht war das ihre Art, einen auch noch so kleinen Rest von Eigenständigkeit zu bewahren. Sie konnte nicht bestimmen, wann sie kam, und sie konnte ihre Mutter nicht mitnehmen, aber sie konnte bestimmen, wann sie ging. Wenn sie weg war, saß ich da, die Knie bis an die Brust hochgezogen, in meiner Kehle und hinter meinen Augen pochte es, und mein ganzer Körper bebte, während ich die Liebe zu meiner Tochter beweinte.

In den ersten Tagen kümmerte ich mich um Jesse. Ich stillte, liebkoste, wickelte und badete sie. Ich saß im Aufenthaltsraum der Station, unfähig zu lesen oder fernzusehen, oder ich lag zusammengekrümmt auf meinem Bett. Hugh und Eliza kamen jeden Tag, Hugh manchmal zweimal. Er kam nicht nur meinetwegen, sondern auch, um seine geliebte winzige Tochter zu sehen. Er versteckte seinen Kummer vor mir (was damals nicht schwer war) und hielt sein Kind im Arm, das, kaum zu Hause, kaum bei ihm, wieder entführt worden war, nicht von Elfen oder Hexen, sondern von der eigenen Mutter, verschluckt vom Auge eines unsichtbaren Wirbelsturms. Mein Blick war damals so nach innen gerichtet, daß ich gar nicht wahrnahm, wie sehr er sie vermißte.

Ab und zu ging ich spazieren. Und zwischendurch redete ich immer weiter, wo und wie ich konnte. Meine Furien waren immer bei mir und peinigten mich ohne Unterlaß. »Du bist es nicht wert, ernährt zu werden. Du mußt verhungern.« »Aber wenn ich verhungere, bringe ich mein Kind um, und ich kann ihm kein Leid zufügen«, erwiderte ich. »Ich kann den Gedanken nicht ertragen, daß ich ihr ein Leid zufüge. Nichts will ich mehr als sie stillen.« Das hieß, ich mußte essen. Aber ich war es nicht wert, ernährt zu werden. Ein schrecklicher Teufelskreis.

Dann wandten sich die Furien von dem einen Kind ab und richteten sich auf Eliza. »Du tust ihr weh, sie leidet wegen dir. Du bist doch gescheit genug, du mußt raus aus dem, was du da angerichtet hast. Du bist nicht krank. Du hast hier nichts zu suchen.« Mir graute davor, daß man mir sagte, ich solle gehen, und während diese Gedanken unentwegt in meinem Schädel kreisten, wollte ich mich nur noch in einer Ecke zusammenrollen und nie wieder hervorkommen. Ich wollte zu meinem Vater, der seit acht Jahren tot war und auch vor seinem Tod nicht für mich dagewesen war. Ich wollte bemuttert werden. Manchmal erschütterte ein Schluchzen meinen Kopf und meine Brust, und ich ging mit gesenktem Kopf durch die Station, weil ich mich meiner rotgeweinten Augen schämte. An anderen Tagen waren meine Augen trocken, und das war schlimmer. Als hätte ich ein riesiges Geschwür in mir, aber nichts, womit ich es öffnen konnte. Was würde passieren, wenn es platzte?

Ich ging von einem Raum zum anderen, von einer Tageszeit zur anderen, und wünschte, ich könnte mich aus meiner Haut winden und auf der Stelle erlöschen. Wenn Leute mir zu verstehen gaben, daß es keinen Grund für meine abgrundtiefe Abscheu vor mir selbst gab, schienen mir ihre Worte sinnlos und leer. Ich war ein stumpfer Klotz, eine Gespött, ich verdiente keine Selbstachtung. Vor allem war ich schrecklich allein, verloren an einem rauhen und fernen Ort, in einem furchtbaren Gelände, das allein für mich bestimmt war. Es gab keinen Ort, wohin ich gehen konnte, nichts, was ich vor mir sah, keinerlei Ausblick. Obwohl mich diese endlose öde Landschaft umgab, konnte ich den erdrückenden Grenzen meines bleiernen Körpers und meiner niedergeschlagenen Augen nicht entkommen. Ich wollte nicht leben, aber ich konnte es auch nicht ertragen zu sterben. Wie die fernsten Ausläufer des Grauens hallten die Namen meiner Kinder ständig in meinem Schädel wider. Immer wieder sagte ich tonlos: »Ach, Eliza, Eliza, mein Liebling, ich kann dir das nicht antun. Jesse, mein Baby, meine kleine, unschuldige, wunderbare Jesse.«

Die Krankenschwestern schienen geduldig zu sein und bereit zuzuhören. Ich dachte, mit ihrer Hilfe könnte ich vielleicht einen Halt an den glatten Mauern finden, die sich gläsern um diesen wachen Alptraum erhoben. Vielleicht konnte ich Steighaken hineinschlagen, mich selbst in das lange Seil einer Geschichte wickeln, das halten würde, und verzweifelt an die Haken geklammert könnte ich mich selbst aus dieser grausamen Echokammer hieven, die nur der Widerhall meiner eigenen Gedanken füllte. Wer weiß, ob irgend jemand mir das nötige Rüstzeug hätte geben können, das ich für meinen Fluchtversuch brauchte. Ich stellte jedenfalls bald fest, daß die Krankenschwestern mir beim Klettern nicht helfen würden. Es dämmerte mir, daß sie nur nach Symptomen Ausschau hielten. Sie hörten nicht mir zu, sondern horchten auf Gefahrenzeichen unter meinen Worten. Irgend etwas, das verraten könnte, daß ich eine Gefahr war – für mich selbst, mein Baby oder jemand anderen: »Verschwenden Sie nicht soviel Energie aufs Reden«, sagte eine von ihnen nach einer Woche. »Damit kommen Sie überhaupt nicht weiter.«

Ein oder zwei Tage nach meiner Ankunft erschien unangekündigt Dr A., meine Psychiaterin. Sie setzte sich mir gegenüber und begann Fragen zu stellen. Ich mochte sie, aber sie schüchterte mich ein. Sie war intelligent und hatte ihre eigene Art Witz, aber ich war noch nie zuvor einer Frau unter so ungleichen Umständen begegnet: Schwer depressive Patientin sitzt Psychiaterin gegenüber. Wir befanden uns nicht auf der gleichen Ebene. Ihr Selbstbewußtsein war vom ersten Augenblick an spürbar, während sich meine Selbstachtung inzwischen vollends verflüchtigt hatte.

In meiner Vorstellung haben die ersten beiden Begegnungen mit Dr. A. die Form klassischer Verhöre angenommen, wobei sie die beiden typischen Rollen des Verhörenden spielte. Nach der anfänglichen verständnisvollen Masche verfolgte sie eine härtere Linie. Als sie mich zuerst mit Jesse an der Brust sah, hielt sie ihre Schärfe im Zaum. Sie hatte erfahren, daß ich nicht aß. Natürlich würde ich essen müssen, vorläufig müßte ich stark proteinhaltige Getränke trinken, die die Krankenschwestern mir zubereiten würden. Antidepressiva wären nicht schlecht, ich sollte sie allmählich nehmen. Sie hatten bei Frauen mit postnataler Depression gute Erfolge erzielt, obwohl es leider drei Wochen dauerte, bis sich die Wirkung zeigte. Sie befürwortete das Stillen von ganzem Herzen, und das Medikament konnte man bedenkenlos auch dann nehmen, wenn man stillte. Wenn sie mich so ansah, hätte sie selbst gern ein Baby. Ob ich Wahnvorstellungen hatte? Ungewöhnliche Gedanken in bezug auf Jesse oder andere? Ich sollte Verständnis dafür haben, daß sie ein wenig Zeit brauchte, um die Schwere meiner Depression beurteilen zu können.

Wie lange blieben Mütter denn gewöhnlich in der Klinik, fragte ich.

Im Durchschnitt zwei Monate – wenige kamen früher heraus, viele blieben länger – das war ihre Antwort. Ich hörte starr vor Schrecken zu. Es erschien mir unmöglich, daß ich so lange würde bleiben müssen. Der Gedanke, eine so lange Zeit in diesem Gebäude verbringen zu müssen, traf mich wie ein Keulenschlag. Als nächstes fragte ich sie, was ihrer Meinung nach die Gründe für postnatale Depressionen seien. Was die Ursachen anginge, so sei sich niemand sicher, antwortete Dr. A., als rede sie über das Wetter und nicht über mein Leben. Wahrscheinlich sei es eine Kombination verschiedener Faktoren, fuhr sie fort: eine traumatische Erfahrung (die Geburt), die eine Reaktion auf etwas in der Vergangenheit auslöse, das Ganze wahrscheinlich verschärft durch die hormonellen Veränderungen während der Schwangerschaft und bei der Geburt. Und reden Sie ruhig über sich, das ist eine gute Idee.

Mir wurde jedoch bald klar, daß Dr. A. nicht meinte, ich solle mit *ihr* reden. Ihr Ruf beruhte einzig und allein auf ihrer Fähigkeit, Medikamente zu verschreiben.

Bald darauf hatten wir ein weiteres Gespräch. Ich hatte immer noch keine feste Nahrung zu mir genommen. Offenbar hatte ich im Scherz gesagt, daß die Krankenhauskost nicht gerade dazu angetan sei, mich wieder zum Essen zu verlocken. Dr. A. sagte mir, wenn ich nicht bald essen würde, müßte ich sektioniert werden und eine Elektroschocktherapie bekommen. Dann würde ich auch wieder essen. Meine Angst kann man sich unschwer vorstellen. Ich wußte nicht, was Sektionierung war, und Elektroschocktherapie war mir nur verschwommen aus Schreckensgeschichten bekannt.

Gestern Dr. A. gesehen – fühlt sich jetzt beruhigt, weil man ihr gesagt hat, daß sie essen muß. Dr. A. erwähnte Elektroschocktherapie, falls Fiona weiter nichts ißt.
Gestern Chlorpromazine 50 mg X2 genommen – leichter Schwindel, ist aber bereit, nachts Chlorpromazin zu nehmen.

Sie fragte mich, ob ich jemals Eßstörungen gehabt hatte. Ich sagte, ja, ich hätte ein paar Jahre an Bulimie gelitten, aber das wäre schon länger her. Dr. A. hielt das anscheinend für unwichtig, vielleicht weil ich nie damit zu einem Arzt gegangen war. Da Bulimie von der Heimlichkeit lebt, suchen nur wenige Bulimiker ärztliche Hilfe, aber ich war nicht in der Verfassung, das zu erwähnen.

Dann richtete sich ihre Aufmerksamkeit auf meine Angst vor der Klinik an sich. Ihre Fragen hörten sich jetzt wie Drohungen an. Ich fürchtete mich vor den anderen Irren und wollte nicht in ihre Nähe. Ich wollte nicht mit ihnen im Speisesaal der Abteilung essen. Ich verstand ihre Blicke nicht, und ihr Unglück versetzte mich in Schrecken. Zur Küche oder zum Telefon ging ich durch den langen, L-förmigen Korridor des Hauptgebäudes, bemüht, die Gebärden der anderen nicht wahrzunehmen und so zu tun, als sei ich nicht da oder als seien sie nicht da. Meine Welt war aus den

Fugen. Ich konnte es nicht ertragen, andere Menschen zu sehen, die wie ich auf Nadelspitzen gingen.

Dr. A. verfälschte nie etwas, lauerte aber immer darauf, ob mir in meiner Darstellung Fehler unterliefen. Sie schien nicht viel Geduld mit meinen Angstzuständen zu haben. Wie viele Menschen, die seit langem an die Arbeit in solchen Kliniken gewöhnt sind, schien sie vergessen zu haben, was für Gefühle sie selbst gehabt hatte, als sie ihre Stelle an diesem Ort hier antrat. Vorläufig gestand sie mir zu, daß ich meine Mahlzeiten im Aufenthaltsraum der Station einnahm. Was ich aß, sollte überprüft und aufgeschrieben werden, und ich sollte regelmäßig gewogen werden. Bulimiker, Magersüchtige und Babys erleben, ebenso wie die Verhungernden und die Übersättigten, die Logik der Ernährung in ihrer extremsten Form. Ich steckte in einer seltsamen negativen Nahrungskette, bemüht, mich selbst auszuhungern und mein Baby zu ernähren.

Die »Drohung« tat ihre Wirkung, und ich begann zu essen, in winzigen Mengen. Die Kehle schnürte sich mir nicht zu, und ich versteckte mich nicht auf der Toilette, um zu erbrechen. Ein halbes belegtes Brot, eine Schale Müsli, ein Apfel, ein paar Gabeln Krankenhauscurry, wenn jemand zusah, nichts, wenn keiner zusah, und so weiter. Immer noch trank ich jeden Tag literweise Milch, als könnte mein Körper das, was ich von der Kuh bekam, in das verwandeln, was Jesse von mir bekam. Wie dumm war ich gewesen, wenn es doch so einfach war, wieder zu essen.

Nur wenige Tage nach meiner Ankunft kamen zwei andere Mütter auf die Station, mit stumpfen, unglücklichen Alltagsgesichtern, was über die Wahnbilder in ihren Köpfen wenig aussagte. Merkwürdig, daß ich zu ihnen gehören sollte. Verglichen mit Jesse, die sozusagen frisch aus dem Bauch kam, kamen mir ihre drei Monate alten Babies wie Veteranen vor. Cathy trug den ganzen Tag Plüschpantoffeln und meinte, ihre kleine Tochter verfüge über geheime Kräfte. Sie sprach nicht viel, vielleicht wollte sie den Klang ihrer eigenen Stimme nicht hören. Sie führte ihr Leben auf der Station, als sei eine psychiatrische Klinik ein ganz normaler Ort, um ein Baby großzuziehen.

Ich teilte das Zimmer jetzt mit Paula, der Frau eines Berufssoldaten. Sie hatte das Bett unter der zerfetzten Tapete. In einer anderen Situation hätten wir vielleicht zusammen Witze gemacht. Statt dessen tauschten wir uns bald über die verschiedenen Taktiken aus, den Schmerz aus uns herauszuschneiden. Die Krankenschwestern meinten, wir stachelten uns gegenseitig an. Sie wollte ihre beiden anderen Kinder sehen, aber anfangs war ihr Mann nicht bereit, sie mitzubringen. In seinen Augen war ich auch eine von den Verrückten.

Ich mochte Paula gern, aber eine Zeitlang haßte ich ihr Baby. Es schrie zuviel. Dieser flache Laut, auf den die Mutter überhaupt nicht achtete, quälte mich. Während ich mit Jesse in dem Sessel saß, der am weitesten von Carolines Bettchen entfernt war, und sie stillte, fraß sich dieses monotone Heulen in meine Gedanken und ließ meine Muskeln vor Wut ganz steif werden. »Warum bringt sie keiner zum Schweigen?« murmelte ich leise. »Ich kann hier nicht raus, und davon werde ich wahnsinnig.« Sie heulte, als wäre es das einzige, was sie mit ihrem Leben anfangen konnte.

Wenn ich meine Erinnerungen vergleiche, stelle ich fest, wie wenig mir von dem Jahr nach Jesses Geburt haften geblieben ist, verglichen mit dem, was ich von Elizas erstem Lebensjahr weiß. Es ist, als sei jemand mit einer schwarzen Bürste über mein Gedächtnis gefahren und habe alles mit einer teerigen Finsternis überzogen, als seien die wenigen Flecken auf der Leinwand, die ich noch sehen kann, nur aus Versehen verschont geblieben. Obwohl ich zwei Monate im Krankenhaus war, muß ich mich auf die Darstellungen anderer verlassen, wenn ich wissen will, was in dieser Zeit geschah. Und wenn ich ein Bild von den folgenden sechs Monaten malen sollte, würde auch das größtenteils leer bleiben. Das schlimmste daran ist, daß ich mich nicht an mein Baby erinnern kann. Ich glaube, ja, ich kann nur daran glauben, daß ich in ihrem ersten Jahr genauso eng mit ihr verbunden war und sie genauso leidenschaftlich liebte wie jetzt; daß ich auch dann, wenn scheinbar nichts da war, Eliza und sie hatte. Aber ich kann in meinem Kopf kein einziges Bild festmachen.

Ich habe meine Krankenblätter nach Beweisen durchforscht. Nach Beweisen dafür, daß ich trotz allem mein kleines Kind liebte. Einmal, als ich davon sprach, eine ganze Packung Tabletten zu schlucken, fragte mich die Krankenschwester: »Willst du Jesse auch mitnehmen?« Und ich antwortete ganz entschieden: »Nein, sie ist zu schön, um mit mir zu gehen.« Ansonsten gibt es nur Vermerke darüber, daß ich Jesse manchmal mehr, manchmal weniger gut füttere, wickele oder beruhige. Ich kann meine Verbundenheit mit ihr deshalb nur anhand meiner späteren Beziehung zu ihr rekonstruieren, und die könnte nicht enger sein.

Es gibt ein Spiel, das Jesse mit einer Besessenheit spielt, die Eliza nie hatte. Es ist weniger das Spiel als ihre Hartnäckigkeit dabei, die Hugh und mir die Sprache verschlägt. Wir müssen ihr die Geschichte ihrer Geburt erzählen und mit ihr nachspielen. Das ist etwas, was kleine Kinder gern tun. Aber Jesse läßt uns oder denjenigen von uns, der gerade mit ihr spielt, dieses Spiel nicht ein- oder zweimal, sondern noch einmal und noch einmal wiederholen. Stundenlang, wenn wir uns dazu hergeben. Meine Schwangerschaft, die Fahrt durch die Nacht zum Krankenhaus, die Eule, die Geburt. Jede Einzelheit der Geburt muß immer wieder vorkommen: wie die Nabelschnur durchschnitten wird, wie Hugh sie im Arm hält, meine Umarmung, ihr erstes Bad, wie sie in Decken gewickelt wird, wie sie zum ersten Mal an der Brust trinkt. Aber der wichtigste Teil der Geschichte, der Teil, der sie in Entzücken versetzt und uns Schauer den Rücken hinunterjagt, ist unsere Freude. Wir müssen immer und immer wieder sagen, wie glücklich wir waren, daß wir das neue Baby hatten, wie froh wir waren, wieviel Freude sie uns gebracht hat. Mit voller Überzeugung kann ich das von den ersten vier Tagen sagen. Aber trotzdem ist mir mulmig dabei zumute, denn ich weiß ja, was dann kam. Vielleicht weiß Jesse es irgendwie auch. Aber es wird für uns alle schmerzlich sein, wenn wir ihr Spiel weiterführen müssen.

Tagsüber spielte sich das öffentliche Leben in der Hauptabteilung der Klinik in dem L-förmigen Gang ab. Man drückte die Tür zur Hauptabteilung auf und stand in dem zentralen Korridor, rechts und links sah man mit einem Blick die Küche und den Speisesaal. Von Anfang an mochte ich die Küche und verabscheute den Speisesaal. Die Putzfrauen waren die Königinnen der Küche, sie waren immer fröhlich und zu mir immer freundlich. Als ich mich am ersten Morgen in der Küche am Boiler zu schaffen machte und in einer Plastikwanne nach Teebeuteln fischte, hörte ich, wie sie von dem Winzling sprachen, der am Tag zuvor angekommen war. Als ich sagte, daß es mein Kind sei, behandelten sie mich wie eine Königin. Ganz und gar wie eine junge Mutter mit einem Neugeborenen, nicht wie jemanden mit einer psychischen Krankheit. Die Putzfrauen waren eine Gruppe für sich, sie waren aktiv und hatten eine Aufgabe. Wir anderen mußten uns darin üben, uns zu fügen. Jedes andere Verhalten wurde mißbilligt. Vielleicht war das der Grund, weshalb es mir in der Küche gefiel. Dort geschah etwas, auch wenn es nur die Zubereitung von Tee und Toast war.

Der Speisesaal erinnerte mich an meine Schulzeit. Resopaltische, sechseckige Salz- und Pfefferstreuer aus dickem Glas und stapelbare Stühle. Das Essen kam auf einem großen Wagen in Metallkesseln und -behältern. Die Deckel wurden abgenommen, und die Patienten mußten dann selber sehen, wie sie zurechtkamen. Meistens kam ich später als die anderen, und das Essen, das ich ausgewählt hatte, war schon weg. Wer sollte bestimmen, wieviel Jubilee Pie oder Torte jedem zustand? Das Essen war uninteressant und ließ mich kalt, und deshalb aß ich genauso willig oder unwillig das, was übrig war, wie das, was ich bekommen sollte.

Als ich es schließlich wagte, zu den Mahlzeiten in den Speisesaal zu gehen, war es die Nähe anderer Patienten, die mich abwechselnd langweilte und erschreckte. Ein Mann, der etwa Mitte vierzig war, setzte sich oft an meinen Tisch. Er war klug und verächtlich und bezeichnete sich selbst als unverbesserlich schizophren. Er wollte jedes Gespräch an sich reißen, was ihm mit Leichtigkeit gelang, und sein eigenes »verrücktes« Benehmen schien ihn völlig kalt zu lassen. Aber wenn er seinen Sohn erwähnte, zitterte er vor Angst bei dem Gedanken, daß die Erbanlagen vielleicht das letzte Wort hatten und er seine Veranlagung an ihn vererbt haben könnte. Auch andere leisteten mir regelmäßig bei meinen Mahlzeiten Gesellschaft, aber ich kann mich an ihre Gesichter, geschweige denn an sie selbst, nicht mehr erinnern.

Hinter Küche und Speisesaal gingen auf der einen Seite des Korridors Fenster nach draußen, auf der anderen lagen Krankenzimmer. Dann ein halbverglaster Raum, der als das Visitenzimmer der Abteilung bezeichnet wurde, und Toiletten. Dahinter, wo der Gang einen Knick machte, führte eine breite Treppe hinauf. Oben waren weitere Krankenzimmer, ein Tagesraum, wahrscheinlich Badezimmer und eine Wäscherei. Die einzigen Besuche, die ich der oberen Etage abstattete, galten dem Bügelbrett. Der Raum war immer voll mit grauen, abgetragenen Kleidungsstücken, die sich auf den Waschmaschinen stapelten und über den Trockenständern hingen. Ich bügelte meine Sachen und, ein einziges Mal, auch meine Finger.

Am Ende des L-förmigen Gangs standen ein paar durchgesessene Sessel, die fast immer besetzt waren. Wenn sie leer waren, zeichneten sich die ungefähren Umrisse eines menschlichen Körpers darin ab – Kopf, Gesäß, Ellenbogen, Beine. Wie unblutige Stigmata verzeichnete die Polsterung an diesen Druckstellen den reglosen Schmerz der abwesenden Benutzer. Die Leute saßen meistens. Viel anderes tat man nicht, zumindest war es nicht sichtbar.

Neben dieser Ecke befand sich der große Tagesraum. Ich ging selten hinein. Meistens war das Fernsehen an, und die Luft war braun und verbraucht. Am anderen Ende waren Balkonfenster, durch die manchmal jemand zu fliehen versuchte.

Von hier aus um die Ecke lag das Büro der Krankenschwestern, das halb verglast war, und ein letztes Krankenzimmer – dasjenige, in dem ich anfangs geschlafen hatte – neben dem Eingang zur Mutter-Kind-Station. An der Tür zur Station stand, daß niemand außer Müttern und Krankenschwestern die Station betreten durfte, ohne vorher das Personal zu benachrichtigen. Ich war dort für mich, was in der Hauptabteilung völlig unvorstellbar war, und ich nutzte es aus. Freundlicher Umgang mit anderen Patienten wurde als ein Zeichen der Besserung des geistigen Zustands gesehen, und Dr. A. ermunterte nachdrücklich dazu. Aber ich hatte nie großes Interesse an freundschaftlichem Umgang dieser Art gehabt, und das Innere einer psychiatrischen Klinik war nicht der rechte Ort, um damit anzufangen.

Neben dem Kinderzimmer der Station lag ein kleiner Raum, der als Milchküche bezeichnet wurde. Die anderen Mütter bereiteten hier ihre Flaschen mit Babynahrung zu, und bald nach meiner Ankunft mußte ich dasselbe tun, allerdings mit Milch aus meiner Brust. Ich ermüdete zu sehr und sollte die Nächte durchschlafen, sagte man mir. Deshalb wurde aus dem Bezirkskrankenhaus nebenan eine riesige Milchpumpe gebracht. Ich sollte tagsüber Milch abpumpen, die die Krankenschwestern Jesse dann nachts geben würden, während ich schlief. Ich saß jeden Tag stundenlang an dieser Maschine, die die Milch aus meiner Brust lockte. Schieben Sie den Saugkopf etwas nach links, dann wird der Sog stärker. Winkeln Sie ihn ein wenig mehr an, dann erwischen Sie noch ein kleines Nebenrinnsal der matten Flüssigkeit, die so unwillig aus meiner Brust trat. Wo Jesse mit einem kurzen Saugen einen ganzen Strom bekam, erhielt ich nur ein dünnes Rinnsal.

Mit einem Schalter konnte man die Saugstärke von Stufe 1 bis

10 regulieren. Ich brauchte nie mehr als Stufe 4, aber einmal schaltete ich aus Versehen auf Stufe 8, und einen Moment lang sah ich Sterne, als meine rechte Brust fast in dem Rohr verschwand. Egal, wie voll die Flasche war, Jesse trank sie immer bis auf den letzten Tropfen aus. Sie wollte immer mehr, deshalb wurde ich häufig doch geweckt, um sie zu Ende zu füttern. Ich haßte diesen täglichen Druck der Milchpumpe und wehrte mich dagegen. Schließlich wurde sie wieder zurückgebracht.

Mein erster Eindruck von der Station wurde mit der Zeit nicht schwächer, sondern bestätigte sich. Vielleicht ist es gut, daß mein Blick so nach innen gerichtet war. Ich nahm diesen Ort und seine Eigenschaften bald nicht mehr wahr.

Am liebsten waren mir die Nächte. Obwohl ich von den Beruhigungsmitteln und meiner Schläfrigkeit oft benommen war, fütterte ich mein Baby gern, wenn niemand anders in der Nähe war (außer der Krankenschwester, die mich im Auge behielt). Die Dunkelheit war wie eine Atempause. Nachts sprach das Buch, das ich auf die Ränder der täglichen Schreckensgeschichte gekritzelt hatte, in einer melancholischen aber ruhigeren Stimme zu mir. Nachdem ich Jesse gestillt hatte, ging ich im trüben Licht der matten Glühbirnen über den Stationskorridor in die Küche. Wenn ich mir dort ganz allein meinen Tee machte, war ich ruhig, weniger aufgewühlt.

Als ich Fiona im Krankenhaus besuchte, war ich verblüfft, wie kompetent und zielgerichtet, aber dabei völlig gefühllos sie mit Jesse umging, sie aufhob, fütterte und wieder hinlegte, »wie eine Gabel in die Schublade«, wie einer unserer Freunde einmal sagte.

Obwohl ich allein sein wollte und tagsüber ständig von Menschen umgeben war, fühlte ich mich einsam. Ich sehnte mich nach Elizas kindlichen Gebärden, nach ihren Umarmungen und ihrer Zappelei, und ich brauchte Hugh. Aber wenn Hugh seine Arme um mich legte, schrak ich zurück. Jedesmal sprach seine Gebärde von etwas, das wir teilten, aber das ich nicht erwidern oder zu dem ich nicht zurückkehren konnte. Ich war zu weit weg. Hätte ich ihn umarmt, wäre das ein Verrat an unserer alten Vertrautheit gewesen. Nein, der Trost, nach dem ich mich sehnte, sollte von Menschen kommen, die mir relativ fremd waren. Ich wollte, daß Frauen mich umarmten, mich in einer noch so kurzen Gebärde der Beruhigung festhielten. Aber die Krankenschwestern faßten mich nie an, es sei denn, sie wollten mich an etwas hindern.

Alle Krankenschwestern haben die Aufgabe, ihre Patienten im Auge zu behalten, aber nirgendwo trifft das so zu wie auf die Krankenschwestern in einer Station für Menschen mit akuten psychischen Störungen. Ich wurde immer beobachtet, anfangs diskreter und mit einem gewissen Abstand, später aber nur zu genau. Die Blicke der Krankenschwestern schienen unvoreingenommen, und selten spiegelte sich eine Meinung darin. Aber was machten sie mit all den Dingen, die sie sahen? Sie überprüften, was ich aß, erhaschten Fetzen meiner täglichen Telefongespräche mit Hugh, suchten nach mir, wenn ich mich absondern wollte, saßen im Kinderzimmer, wenn ich Jesse stillte, badete, im Arm hielt. Sie wollten wissen, was für Gefühle ich für mein Kind hatte, und sie überwachten meine Liebkosungen. Sie rührten mich nicht an, bis ich mich selbst anrührte, ja, mehr als das. Als ich dann anfing, mich selbst zu schlagen, meine Haut zu versengen, meine Gedanken an der Wand stumpf zu hämmern, da griffen sie ein und hinderten mich daran. Sie begriffen nichts. Ich mußte mich selbst von dem Abscheu ablenken, der sich im Innern meines Schädels festgesetzt hatte.

Nahrungsaufnahme: Weizenflocken zum Frühstück, ein paar Gabeln Fleisch und Möhren zum Mittagessen. Ein Stück Kartoffel zum Abendessen. In 5 Tagen hat Fiona 4 Pfund abgenommen. Fiona sehr aufgeregt vorgefunden... Sprach von Träumen: Jesse schlafend in ihrem Arm & Fiona will sie in ihr Bettchen legen &

die Gestalt einer anderen Jesse liegt schon da und stiert sie an und verschwindet nicht. Konnte Jesse nicht auf diese Gestalt legen, die sie so seltsam ansieht. Traum hörte auf, weil wirkliche Jesse aufwachte. Mehrere Träume von ihr und Eliza, wie sie zusammen auf lange Reise gehen, die beiden auf einem Eisenbahngleis, wie sie davongehen, nur sie beide.
Sprachen über weitere Kinder. Fiona möchte ganz bald das nächste Kind. Ratschlag, noch ein paar Jahre zu warten. Die Frau macht mir Sorgen, ich rate zu genauer Beobachtung in den nächsten 24 Stunden.

Wenn ich außerhalb der Klinik spazierengehen wollte, mußte ich in Begleitung einer Krankenschwester oder von Freunden sein. Ich wollte nicht nach Hause und auch nicht aus der Klinik fliehen. Aber nach einer Woche unter dieser Beobachtung brauchte ich nichts so nötig wie Abstand von alledem, und sei es auch nur für einen kurzen Zeitraum. So sehr mich meine Gedanken quälten, ich sehnte mich danach, mit ihnen allein zu sein.

Der erste Spaziergang außerhalb der Klinik ist der einzige, an den ich mich gut erinnere. In Begleitung einer Krankenschwester verließ ich die Klinik und ging kurz wie alle anderen Menschen in der Stadt herum. Jesse lag in einem Kinderwagen der Klinik, eingehüllt in Decken mit der Aufschrift »Eigentum der…«, die sie vor dem kalten Herbstwind schützten. Nieselregen hing düster in der Luft. Wir gingen die lange Klinikallee hinunter, die Bäume raschelten mit ihren letzten Blättern. Die Jungen, die auf dem Rasen Fußball spielten, achteten nicht auf uns, aber wir waren auch ein Stück weit von ihnen entfernt. Als wir an der Straße anlangten, hatte ich die Wahl: Wohin wollte ich gehen? In die Stadt oder in die Vororte, fragte ich mich selbst. Ich hatte so große Angst, jemandem zu begegnen, daß ich mich für die Vororte entschied. Aber egal, wo ich war, sicherlich konnte jeder Passant sehen, daß ich aus der psychiatrischen Anstalt kam.

Ich hatte erwartet, daß der Spaziergang Jesse in den Schlaf wiegen würde, aber sie war unruhig in dem Kinderwagen. Ihre Augen waren geschlossen, aber sie fuchtelte mit ihren kleinen Fäustchen, und ihre Wangen zuckten. Was mich selbst anging, so atmete ich die Luft draußen mit Erleichterung, obwohl sie an der angstvollen Enge in meinem Schädel nichts änderte. Wir gingen an großen Straßen entlang, über die der Verkehr brauste, dann kamen wir allmählich zu kleineren Wegen und Hängen, die rechts und links von Häusern mit Rüschengardinen gesäumt waren. Irgendwann gingen wir am Fluß entlang, eine Strecke, die ich nicht kannte. Ich hatte ein unbehagliches Gefühl, als wären der Fluß und ich ein unausgesprochenes Bündnis eingegangen, das ich nicht zugeben wollte.

Bat um einen Spaziergang draußen; wir gingen am Fluß entlang. Fiona erzählte mir einen Traum, den sie letzte Nacht hatte und aus dem sie zum Glück aufgewacht war. Er handelte von zwei winzigen, boshaften Kindern, die sich verschworen hatten, ihre Eltern zu töten. Und sie hatte ein Buch über die Kinder gelesen und kannte den Plan, war aber nicht in der Lage, sie daran zu hindern.

In dieser ersten Woche in der Klinik waren viele meiner engsten Freunde weit weg. Die erste Freundin, die mich besuchte, war Sara, die ein paar Jahre zuvor selbst wegen Magersucht in einer Klinik gewesen war. Nur diese Gemeinsamkeit machte ihren Besuch möglich. Wir standen mitten in dem Kinderzimmer, in diesem großen leeren Flecken Raum, und sie legte ihren Arm um mich. Sie hielt mich fest, und ich weinte. Alles, was ich wollte, war, daß jemand mich hielt, aber gleichzeitig war es mehr, als ich ertragen konnte.

Sie saß auf einem Stuhl, die Knie an die Brust hochgezogen. Eine verzweifelte embryonale Stellung, die eher die Zurückweisung von

Trost als das Verlangen danach signalisiert. Diese Frau hatte sich in so kurzer Zeit so gründlich verändert, das ist es, was so besonders bestürzend war.
Jesse schlief in ihrem Bettchen – dünn und blaß unter einer tristen Decke, ich hatte Angst, daß Fiona ihr etwas antun würde. Obwohl sie sagte, das würde sie nie tun. Wie sollte sie nicht das Gefühl haben, daß Jesse irgendwie an allem schuld ist?

Sara gab mir ein Geschenk für Eliza. Es war ein Buch über Farben und Babys. Fröhliche Babys, fein angezogen in Rosa, Weiß, Schwarz, Rot und Gelb, spielten mit makellosen Spielsachen in Rosa, Weiß, Schwarz, Rot und Gelb, umgeben von Kinderstühlchen und Spielzeug, das keine Spuren von Benutzung trug. Mutterlos und glücklich sahen sie aus wie Babys aus einer Modezeitschrift. Eliza liebte das Buch. Jeden Tag mußte man es ihr vorlesen. Aber als ich es schließlich mit nach Hause brachte, steckte ich es in den Mülleimer. Es schien durchtränkt vom Geruch jenes Ortes. Die makellosen Konturen erinnerten mich zu sehr an den düsteren Raum, in dem das Buch und ich selbst zu Hause gewesen waren.

Während sie redete, hockte sie in einer Ecke des Kinderzimmers und hielt Jesse fest im Arm. Sagt, in dieser Ecke fühle sie sich sicher. Weint die ganze Zeit. Hat das Gefühl, daß sie sich alles einbildet. Erkennt aber, daß das nicht stimmen kann.
Heute abend feindselige Blicke und nicht mitteilsam. Phasenweise auf dem Boden kauernd in Küche, Kinderzimmer und Aufenthaltsraum.

In dieser ersten Woche besuchten mich auch zwei der Hebammen, die ich beide sehr gern mochte. Aber als sie sich neben mich setzten, brach in mir ein solcher Sturm der Bestürzung und Auflehnung los, daß sie meinten, ihre Anwesenheit mache alles nur schlimmer, und nicht wieder kamen. Ich weiß nicht warum, aber es überraschte mich nicht. Ihre Aufmerksamkeit stand mir nicht zu. Angesichts ihrer Zuneigung hatte ich meine Entfremdung herausgeweint. Ihr Trost war peinigend. Wie die süße Schale eines bitteren Apfels versprach er etwas, wovon ich höchstens einen Moment lang und nur zum Schein kosten konnte.

Etwa drei Tage nach meiner Ankunft auf der Station kam eine schlanke Frau auf mich zu, die Haare blond gefärbt, in teuren, eleganten Kleidern. Wie war sie hierher geraten? Es mußte sich um eine Verwechslung handeln. Sie saß auf dem Sofa mir gegenüber und eröffnete mir, sie sei die Beschäftigungstherapeutin. Ich fragte mich, warum sie zu mir gekommen war. Ich wollte keine Beschäftigung. Und in einem Stück Verstellungskunst, wie es mir damals selten gelang, präsentierte ich mich als völlig beherrscht. Ich hatte mich selbst im Griff und würde in wenigen Tagen wieder zu Hause sein. Es hatte kaum Sinn, jetzt mit Beschäftigungstherapie anzufangen. So viel ich auch vergessen habe, die Erinnerung an diese Begegnung ist mir geblieben, und jedesmal, wenn ich der Frau in den folgenden Monaten über den Weg lief, wurde ich rot. Seltsam, daß Gefaßtheit so viel peinlicher sein kann als Aufgeregtheit. Wie dem auch sei, ich kann mir nicht denken, daß sie meine Verstellung so überzeugend fand wie ich selbst.

Was meine Person angeht, so habe ich gegen meinen Kummer immer handfeste Kuren für richtig gehalten – ein langer Spaziergang, eine gute Unterhaltung, ein schöner Roman, ein starkes Getränk können den ärgsten Kummer vertreiben. Anderen Leuten würde ich das nicht unbedingt empfehlen, aber mich selbst nahm ich immer härter ran. Das liegt bei uns in der Familie, nehme ich an. Aber jetzt ließ der Druck in meinem Kopf nicht nach, und ich fand keine Ruhe. Acht Jahre zuvor, nach dem plötzlichen Tod meines Vaters, war mir monatelang beim Aufwachen todübel von etwas, an das ich mich nicht erinnern konnte. Sobald ich mir den Schlaf aus den Augen gerieben hatte, wußte ich, daß es Trauer war und daß ich nicht wollte, daß dieses Gefühl verschwand. Dieses Mal verstand ich den Kern der Trauer nicht, die ich in mir trug. Obwohl sie sich in mein Leben einpaßte wie eine Amöbe, entzog sie sich mir.

Am fünften Tag in der Klinik hatte ich eine Unterhaltung mit meinem Freund Adam, der aus London gekommen war, um Hugh und mich in unserer jeweiligen Notlage zu besuchen. Ich saß am Kopfende, Adam am Fußende meines Bettes. Er gab mir ein Leseexemplar des Buches, das er gerade geschrieben hatte, eine Sammlung von Aufsätzen zur Psychoanalyse. Der schmale Band lag während meines ganzen Aufenthalts ungelesen auf meinem Nachttisch. Er hielt eine Verbindung für mich aufrecht, er wurde zum Symbol für die Unterhaltungen, die ich eigentlich wollte, diejenigen, die mir geholfen hätten.

Ich umarmte dich wie immer, wenn wir uns trafen, aber dein Körper war schlaff, und dein Gesicht schien verhangen. Du führtest mich in dein Zimmer, als wolltest du mir etwas zeigen, aber unsere Begegnung unter so unglücklichen Umständen machte alles zunichte. Es ist schrecklich, mitansehen zu müssen, wenn Menschen, die man gern hat, sich daran freuen wollen, daß man da ist, und verwirrt sind, weil sie es nicht können. Du erschienst mir völlig normal und vertraut, aber eingefallen und langsamer.
Ich wollte deine Kraft wiedersehen; ich hatte das Gefühl, als bekäme ich die Schattenseite deiner selbst zu Gesicht, des strahlenden Wohlbehagens, das sonst von dir ausging, deiner extremen Unduldsamkeit und deiner extremen Großherzigkeit. Die Sanftheit, auf die dein Wesen hier geschrumpft war, kam mir fast unerträglich vor. Als ich ging, sagtest du: »Komm wieder, wenn du kannst … bald.« Und dieses »bald« erschien mir wie ein nachträglicher Gedanke, eine neue Idee.

Ich weiß nicht mehr, wovon Adam und ich gesprochen haben. Ich weiß nur, daß wir über meinen Vater sprachen. In diesen Wochen verfolgten mich zwei Vorstellungen: der Geist meines Vaters und das Gespenst meiner selbst, als ich so alt war wie Eliza. Damals hatten sich meine Eltern getrennt, mein Vater hatte mich verlassen. Und hier saß ich und hatte meine eigene Tochter verlassen. Vielleicht war es das, worüber ich sprach. Irgend etwas jedenfalls bildete sich in diesem Gespräch heraus, etwas, das immer noch lebendig ist, das in meinem Kopf ist, aber ganz knapp außer Reichweite. Wir achteten nicht auf das Papier, das in Fetzen von der Wand hing, aber was mir bewußt wurde, war die Gewalt meines eigenen Wunsches, die Gewalt, die sich gegen meinen eigenen Körper richtete.

Am Abend bevor meine erste ganze Woche in der Klinik zu Ende ging, hatte ich ein Samstagabendvergnügen ganz für mich allein. Als der Himmel allmählich dunkel wurde, öffnete ich eine Tür der Station und ging hinaus in den Park. Ich mied die offene Rasenfläche und hielt mich im Schatten. Ich drückte mich in Büsche und stellte mich unter hohe Bäume, meine Augen suchten nach den dunklen Formen, die ihre Zweige im Dämmer bildeten. Mein Unglück schien dieser Landschaft innezuwohnen. In den Schatten fühlte ich mich heimisch. Ich ging erst langsam, dann schneller, ganz unbeobachtet, erleichtert, daß ich mich in dieser Welt außerhalb meines eigenen Kopfes noch spürte. Nach einer halben Stunde kam ich zurück. Niemand hatte meine Abwesenheit bemerkt.

Am folgenden Abend tat ich dasselbe. Draußen war es warm. Der gewaltige Bau der Klinik verriet nichts von der gärenden Verzweiflung hinter seinen Mauern. Ich fühlte mich zutiefst allein, besessen von meinem Unglück, aber erleichtert, der unpersönlichen und seltsam lässigen Kontrolle meiner Klinikexistenz entronnen zu sein. Ich suchte nach einem Wendepunkt, aber ich wußte nicht, nach welchem. In der Tat war mein einsamer Spaziergang schon genug. Er überschritt das Maß des tolerierten Verhaltens. Ich glaube, es war weniger der Spaziergang selbst als der Ort, an dem sie mich fanden, der ihrer Toleranz ein Ende setzte.

An der einen Seite des Klinikgeländes verläuft eine Eisenbahnlinie. Als mich eine Krankenschwester fand, stand ich neben den Gleisen. Atemlos und aufgeregt kam sie angerannt. »Wo sind Sie gewesen, was um alles in der Welt machen Sie da?« fragte sie. »Warum gehen Sie hierher?« Ich antwortete, daß ich allein sein wollte und deshalb draußen spazieren gegangen sei. Sie dachte natürlich, ich spielte mit dem Gedanken an Selbstmord, und brachte mich wieder zurück, als wäre ich ein ungezogenes Kind.

Es war reiner Zufall, daß sie mich in der Nähe der Eisenbahngleise gefunden hatte statt unter einem Baum. Aber ich gab mir keine Mühe, ihren Vermutungen zu widersprechen. Ich sah die ganze Welt durch einen Schleier. Alles da draußen erschien mir unklar und unwichtig. In meiner Verzweiflung interessierte es mich nicht, was andere von mir dachten, ich war passiv angesichts der Entscheidungen, die plötzlich in meinem Namen getroffen wurden.

Puerperale depressive Erkrankung. Akut suizidgefährdet. Sektion 5 (2) ›A‹. obs 1. Die zugewiesene Krankenschwester muß immer nah genug sein, um eingreifen zu können, und die Patientin immer voll im Blick haben. 2. Bei Toilettenbenutzung darf die Tür nicht zugeschlossen werden, und die zugewiesene Krankenschwester muß direkt vor der Tür draußen warten. 3. Wenn Fiona verschwindet, Abteilung und Gelände durchsuchen, Oberschwester, diensthabenden Arzt und Polizei informieren. Verwandte benachrichtigen.

Ich wurde sofort sektioniert. Jetzt konnte ich natürlich überhaupt nicht mehr allein sein. Wohin ich auch ging, jemand war da, nahe genug, um mit einem Schritt bei mir zu sein. Wenn ich zur Toilette ging, durfte ich die Tür zudrücken, aber nicht abschließen, und in dem Bewußtsein, daß jemand so nah war, konnte ich mit meinen Darmgeräuschen nicht mehr entspannt dasitzen. Vorher hatte ich im Badezimmer für mich sein können, aber jetzt saß eine Krankenschwester bei mir. Wie konnte ich meinen Körper im Wasser behaglich ausstrecken, wenn jemand so dicht bei mir saß? Wenn ich ins Bett ging, blieb die Tür offen, und unmittelbar davor sah ich jemanden auf dem Stuhl sitzen, meine Träume voll im Blick.

Jeden Morgen ging ich den langen Korridor hinab, um Hugh von der Telefonzelle im Foyer aus anzurufen (Hugh brachte mir jeden Tag einen Vorrat Münzen). Hinter mir oder neben mir ging jemand. Wenn ich am Telefon sprach, kauerte ich mich hin und drückte mich, so weit es ging, gegen die Wand, meinen Rücken der Aufsicht zugewandt, die nur wenige Schritte hinter mir stand. Jedesmal, wenn ich jetzt an einer Tür nach draußen vorbeikam, wünschte ich mich weit weg. Ich verstellte mich, versuchte überall ein bißchen Privatsphäre zu erhaschen, gefangen zwischen einer gräßlichen Innenwelt, die ich allein bewohnte, und einer Welt draußen, die mich nicht in Frieden lassen konnte.

Einige Zeit steckte ich in der Falle der Wohlerzogenheit. Ich konnte mir meine Gesellschaft nicht aussuchen, ich wußte ja nie, welche Krankenschwester mir in der nächsten Schicht zugeteilt wurde. Manche Krankenschwestern mochte ich, andere haßte ich mit der Zeit, fand ihre Nähe unerträglich, ihre Bemerkungen blöde und die Blicke, die sie mir zuwarfen, heimtückisch und mißbilligend. Trotzdem fühlte ich mich verpflichtet, ihnen gegenüber höflich zu sein. Schließlich gehörte es sich ja nicht, stundenlang jemanden neben sich zu haben und kein Wort zu sagen. Wenn Hugh zu Besuch kam und die jeweilige Krankenschwester sich ein wenig zurückzog, versuchte ich zu beschreiben, wie bedrückend es war, solche Unterhaltungen führen zu müssen. Dann bröckelte auch diese Fassade. Mit der Unterhaltung war es vorbei, obwohl ich es nie fertiggebracht hatte, eine zu führen.

Ich saß meistens auf dem unruhig gemusterten Teppich im

Aufenthaltsraum, mit dem Rücken zur Wand und die Knie bis ans Kinn hochgezogen. Oder ich war in meinem Schlafzimmer, wo ich das Bett ein kleines Stück von der Wand abrücken konnte und auf dem Boden eine Nische hatte, in die ich genau hineinpaßte. So eingekeilt zwischen zwei Sesseln oder zwischen Sofa und Fernseher oder Bett und Wand hatte ich eine Art Wand um mich. Wenn niemand in der Küche war und ich nicht weitergehen konnte, drückte ich mich dort in eine Ecke. Meine Verfolger waren immer in der Nähe, aber sie hinderten mich noch nicht an dem, was ich tat. Manchmal klammerte ich meine Hände fest um meine Knie und ließ schließlich nur locker, um nach den Möbeln zu greifen, wenn die Schwestern von beiden Seiten an mir zerrten.

Jetzt fing ich auch an, meinen Kopf gegen die Wand oder das Bettgestell, den Schrank oder den Stuhl zu schlagen. Zuerst war es nicht viel mehr als eine Vibration, eine beruhigende Bewegung, wie eine Hand, die über meinen Kopf strich. Dann wurde es zu einer sanften Schaukelbewegung. »Warum machen Sie das Fiona? So kommen Sie doch auch nicht weiter, oder? Bitte tun Sie das nicht.« Wenn sie einmal anfingen, mich zu verhören, mußte ich schnell handeln, bevor ich daran gehindert wurde. Ich schloß die Augen und ließ mich gehen. Immer fester und fester ließ ich meinen Kopf an die kalte Wange der Wand prallen, bis ich nur noch die Verletzung meiner Haut spürte. »Hören Sie auf, Fiona, hören Sie jetzt damit auf. Hören Sie auf, Ihren Kopf an die Wand zu schlagen, sonst muß ich Sie daran hindern.« Die Krankenschwestern versuchten immer, ruhig zu bleiben, aber nur selten blieb der Ton ihrer Stimmen vom Rhythmus meiner Verzweiflung unbeeinflußt.

Wenn ich die scharfe Kante des körperlichen Schmerzes erreichte, bevor man mich daran hinderte, dann lenkte er mich kurze Zeit von meinem anderen Schmerz ab. Meine Muskeln waren angespannt – Arme, Beine, Bauch und Nacken steif, wenn ich um Erleichterung rang. Und ein paar herrliche Augenblicke lang konnte ich an nichts anderes denken als an meinen Kopf an der Wand. Dann griffen fremde Hände nach mir, zerrten an meinen Armen, zogen mich weg, hielten mich zurück.

Hat ihren Kopf gegen die Wand geschlagen und Fingernägel in Handrücken gekrallt.
Wurde mit großer Haarspange gefunden, die sie entzweibrechen wollte, um sich damit zu verletzen. Zerkratzt sich bei jeder Gelegenheit.
Sprach von ihrem Vater, der sie verlassen hat, als sie so alt war, wie Eliza jetzt ist; er geht ihr immerzu im Kopf herum.
Etwas ungehalten mit Jesse heute nachmittag; wollte ihre schmutzigen Windeln nicht wechseln und lieber die Nachrichten sehen.

Immer wieder ging ich zur Wand zurück. Ich hatte nur noch Augen für meinen eigenen Schmerz. Wenn ich davon abgehalten wurde, machte es mich zornig. Wenn ich im Umgang zu schwierig wurde, gab man mir früh meine Medikamente und lockte mich mit dem Schlaf wie ein Kind mit dem Lutscher, und schließlich schluckte ich die verhaßten Tabletten.

Erst bekam ich Beruhigungsmittel, dann, etwa eine Woche später, auch Antidepressiva. Die Medikamente schienen völlig unangemessen, aber widerwillig nahm ich sie trotzdem. Beim Stillen konnte man sie ohne Bedenken nehmen.

Jesse war ein schläfriges, verhutzeltes kleines Geschöpf, das von jedem Medikament, das sie mit der Muttermilch aufnahm, sofort einen Ausschlag bekam (obwohl man F. sagte, die Medikamente, die sie nahm, hätten keine Auswirkungen auf das Kind).

Als Jesse und ich nach ein paar Wochen beide einen stark juckenden Ausschlag bekamen, wurde mein Beruhigungsmittel gewechselt. Keiner entschuldigte sich dafür, und tief in meine depressive Trägheit versunken, erhob ich keinen Protest.

Ständiger Ausschlag am Rumpf – statt Chlorpromazin Trifluoperazin verabreichen.

Ich machte einen heimlichen Versuch, manche Tabletten nicht zu nehmen, ich steckte sie unter meine Zunge, statt sie zu schlucken, und wenn keiner hinsah, warf ich sie weg. Niemand sagte etwas dazu, aber die Tabletten wurden dann durch eine übelschmeckende Flüssigkeit ersetzt. Ich hatte keine Wahl, ich mußte sie schlucken. Sie hinterließ einen abscheulichen Geschmack und ein Brennen in der Kehle, das sich nicht wegspülen ließ. Ich versprach, nicht wieder ungezogen zu sein. Ich bat darum, wieder die Tabletten zu bekommen, und nach ein paar Tagen erhielt ich sie auch. Ich war gedemütigt. Sektioniert und zutiefst deprimiert, wie ich war, hatte ich keinerlei Möglichkeit, auf meine Behandlung unmittelbar Einfluß zu nehmen. Aber *sie* hätten sich unmittelbar mit mir befassen müssen, mit mir wie mit einem erwachsenen Menschen sprechen und mich warnen müssen, anstatt mich wie ein kleines Kind zu behandeln. Von den Medikamenten bekam ich Schwindel und Mundtrockenheit, und alle Abläufe verlangsamten sich. Vielleicht hinderten mich die Medikamente auch daran, mir einen ernsthaften Schaden zuzufügen, ich weiß es nicht.

Meine Taktiken der Selbstverletzung drangen nur bis in meine Haut ein, nie tiefer. Ich machte nie einen aktiven Versuch, mich umzubringen. Alles, was ich wollte, war dieser kurze Aufruhr meiner Nerven, der mich einen Augenblick lang vergessen ließ, so lange, wie der Körper versuchte, mit diesem kleinen Stachel im Fleisch fertigzuwerden. Deshalb kratzte ich mich mit den Fingernägeln, bis sich rote Striemen über meine Handrücken und meine Arme hinauf zogen. Diesen Schmerz konnte ich mit einer minimalen Bewegung meiner Hände erzielen, die die Krankenschwester kaum sehen oder verhindern konnte.

Fiona hat sich eine Windelklammer ins rechte Handgelenk gestochen. Sagte mir, das habe sie mit fünzehn Jahren auch gemacht, als sie im Krankenhaus lag; es helfe ihr dabei, nicht an ihre Probleme zu denken.

Bald nach Adams Besuch, als die ersten Striemen auf meinen Daumen schon verschorften, bat ich Hugh, mir eine Nagelschere mitzubringen. Er gab sie mir, aber dann war ihm nicht wohl dabei, und er sagte es den Krankenschwestern. Ich hatte sie in meine Nachttischschublade gelegt, eine Hilfe für Notfälle. Als man mich danach fragte, gab ich sie ab. Ich lag nicht mit den Krankenschwestern im Streit, sondern mit mir selbst, und ich fügte mich in den meisten Dingen.

Nur einmal gelang es mir, meine Kleider unbeaufsichtigt zu bügeln. Als ich mit dem letzten Hemd fertig war, bekam ich meine Belohnung. Ich setzte das heiße Metall auf meinen kleinen Finger, ließ es einen Augenblick lang dort ruhen und stöhnte auf. Die Verbrennung war erst am nächsten Tag sichtbar. Als man mich fragte, woher ich diese böse rote Blase hatte, die über die Knöchel von zwei Fingern verlief, sagte ich es. Ich bekam keine Gelegenheit zur Wiederholung, meine Aufsicht blieb mir von da an zu dicht auf den Fersen.

In der Küche war ein großer Heißwasserbehälter mit kochendem Wasser. Hier konnte man sich immer leicht und schnell eine Portion Schmerz holen. Meistens schaffte ich es nur, einmal kurz heißes Wasser über meine Hand laufen zu lassen, bis meine Wärterin hereinkam, die mißtrauisch wurde, wenn ich zu lange brauchte, um mir meinen Kaffee aufzubrühen. Aber auf meiner Negativskala der Selbstverachtung lohnte sich der Effekt der Verbrühung.

Fährt fort, den Kopf gegen die Wand zu schlagen, die Hände zu zerkratzen. Gibt zu, daß sie ihre Hände unter den Boiler in der Küche hält.

»Warum kriegt sie keine Elektroschocktherapie?« sagten die Krankenschwestern, den Tränen nahe, draußen vor meiner Tür. »Das hat bei diesen unglücklichen Müttern immer Erfolg.« Ich hörte es nicht, obwohl ich inzwischen so weit war, daß mich auch die Ankündigung einer Lobotomie gleichgültig gelassen hätte. Hugh trug alle Sorgen allein, und er erinnert sich noch an die Worte der Krankenschwestern.

Als ich für die Elektroschocktherapie eingeteilt wurde, wußte Hugh ebenso wie die Krankenschwestern nicht mehr ein noch aus. Die Elektroschocktherapie war ihm immer zutiefst verdächtig gewesen, und er kannte alle Einwände dagegen nur zu gut, doch jetzt fügte auch er sich der Klinik.

Keiner erklärte mir, welche Folgen es für mein Bewußtsein haben konnte. »Es tut nicht weh und kann vielleicht zu Störungen im Kurzzeitgedächtnis führen«, hieß es. »Das ist alles.« Das war bestenfalls irreführend. Was meinten sie mit »Kurzzeitgedächtnis«? Das, was ich von dem Tag selbst wußte oder von den vorangegangenen oder nachfolgenden Tagen? Oder bezog es sich auf ganze Wochen in der Erinnerung? Hieß »Störung«, daß ich verwirrt sein oder mein Gedächtnis verlieren würde? Würde ich die Erinnerungen, die verlorengingen, irgendwann zurückgewinnen, oder hieß Elektroschocktherapie, daß mir das egal sein würde? Jetzt habe ich tausend Fragen. Damals hatte ich keine.

Vielleicht war die zurückhaltende Informationspolitik der Klinik eine Art Schadensbegrenzung. Ich habe diesen Verdacht. Keiner weiß, wieviel an Erinnerung verlorengeht, aber wenn man das dem Patienten sagt, könnte er die Behandlung ablehnen. Wenn man vage von »Störungen im Kurzzeitgedächtnis« spricht, kann der Patient nicht behaupten, nicht gewarnt worden zu sein. Mich hat man jedenfalls nicht vor den verheerenden Auswirkungen gewarnt, die die Behandlung auf mein Gedächtnis haben würde. Die Elektroschocktherapie hat es weggeätzt.

ECT (1) Bilateral, 1 x 3 Sekunden. Modifizierter Grand-Mal-Anfall: 25 Sekunden. Heute morgen zornig, weil sie selbst ihre Krankheit in den Griff bekommen will – sagte, sie fühle sich heute morgen, als ginge sie zum Folterstuhl.

Vier Wochen lang brachte man mich zweimal in der Woche in einen speziellen Raum, wo man mir einen Elektroschock durch den Schädel jagte und einen Grand-Mal-Anfall einleitete. Dabei hielt jemand meine Hand. »Keine Angst«, beruhigte mich eine Krankenschwester. »Sie werden dabei schon nichts Komisches tun.« Als ob ich mir darum Sorgen machte, was *ich* in meiner Bewußtlosigkeit tat, und nicht um das, was man mit *mir* machte. Von Mitternacht an durfte ich nichts mehr essen und trinken, um mich auf die Vollnarkose am nächsten Morgen vorzubereiten. Das Essen war kein Problem. Aber weil ich Jesse stillte, hatte ich großen Durst. In den frühen Morgenstunden, wenn ich mein Baby an der Brust hatte, lechzte ich nach einem Glas Tee oder Wasser. Um neun Uhr am nächsten Morgen war mein Mund noch viel ausgetrockneter, nicht nur vor Durst, sondern auch vor schreckensstarrer Erwartung.

Zusammen mit dem Narkosemittel wird zwar ein muskelentspannendes Mittel eingespritzt, um die Zuckungen des Patienten unter Kontrolle zu halten, aber man muß sichergehen, daß jeder einzelne Krampf genügend Platz hat. Deshalb sagte man mir, ich solle »lockere Kleidung« tragen. Das war nicht schwer, denn alles, was ich seit Jesses Geburt trug, war »locker«. Ich wollte meinen Körper verstecken. Ich hatte einen Rock in der Klinik, der hinterher so mit Erinnerungen behaftet war, daß ich ihn bald nach meiner Entlassung wegwarf, und außerdem zwei Paar alte Cordhosen von Hugh. Meine Hemden und Pullover waren weit, so daß sie zum Stillen unauffällig hochgeschoben werden konnten. Und mein damaliges Selbstwertgefühl gestattete mir keinen Schmuck. Ich trage Schmuck nur, wenn ich mich mag.

Wenn ich aufgerufen wurde, ging ich mit den beiden anderen Müttern, die auch »lockere Kleidung« trugen, und mit unseren drei Wärterinnen den langen Stationskorridor hinab. Irgendwo schlossen sich uns andere Patienten aus der Hauptabteilung an, die auch zum »Schocken« gingen. Eine feine Dame um die sechzig kam oft mit. Ihre grenzenlose Höflichkeit brachte mich in Rage. Ich fühlte mich verpflichtet, mürrisch ihr »Guten Morgen« zu erwidern, obwohl ich sie am liebsten verflucht hätte. Wir waren ein bemitleidenswertes Grüppchen, wie wir voll Grauen unserem Termin entgegenschlurften, umgeben von den munteren Krankenschwestern, die uns vorantrieben.

Hinaus ging es durch die schweren Türen der Abteilung, durch das Foyer mit dem Telefon, und dann ganz kurz aus der Klinik hinaus. Vier Schritte über den Asphalt, dann durch eine Tür in das gegenüberliegende Hauptgebäude der Klinik. Wir gingen durch mehrere lange Flure, um ein paar Ecken herum bis zu einer Doppeltür. Hier war unser Ziel. Wie in einer Geisterbahn gab es eine Eingangstür und um die Ecke eine andere Tür für den Ausgang. Damit diejenigen, denen der Schock bevorstand, nicht die anderen sahen, die nach dem Schock herauskamen.

Drinnen farblose Polstermöbel. An den Wänden kein Gummi oder Schaumstoff, aber Teppich. Wir benahmen uns alle so gut. Im Wartezimmer Illustrierte und Lehnstühle. Es war ein Mittelding zwischen dem Wartezimmer in einer Arzt- oder Zahnarztpraxis und einem Wartesaal auf dem Flughafen. Als wären sie sich selbst nicht ganz sicher, ob wir abheben oder behandelt werden sollten. Wir saßen in den Lehnstühlen, keiner las in den Illustrierten, und nacheinander wurden wir zusammen mit der jeweiligen begleitenden Krankenschwester aufgerufen. Ich wollte am liebsten die erste sein, aber das wollten alle anderen auch. Die Krankenschwestern versuchten immer, für Gerechtigkeit zu sorgen.

Es war sehr merkwürdig – man ging in einen Operationssaal, obwohl der einzige Operationsgegenstand das Unglück der Patienten war. Drinnen stand ein hohes Behandlungsbett mit einer hellen Lampe darüber. Man wies mich an, mich darauf zu legen, und das anwesende Personal – ein Anästhesist, ein Psychiater und andere, wie ich meine – lächelte mich unterdessen beruhigend an. Dann bekam ich Angst. Ich bin ziemlich groß – fast 1 Meter 80 –, aber wie ich da unter all diesen wartenden Augen auf das Bett klettern mußte, fühlte ich mich klein und hilflos. Ich sollte meine Schuhe ausziehen, damit sie sehen konnten, wie meine Zehen wackelten, wenn der Anfall einsetzte. Meine Krankenschwester steckte meine Schuhe in einen Korb, der speziell zu diesem Zweck unter dem Bett angebracht war. Wenn ich dalag, konnte ich am rechten Rand meines Blickfelds einen großen Kasten mit lauter Zeigern darauf erkennen, die Quelle all meiner Angst. Das Kopfstück mit den Elektroden, die auf jeder Schläfe eine rote Stelle hinterließen, die Hugh noch sehen konnte, war nie sichtbar.

Die Krankenschwester hielt mir eine Hand, die andere nahm der Anästhesist. Mit einer leichten, geübten Bewegung führte er zwischen Knöchel und Handgelenk eine Nadel unter meine Haut ein, und das letzte, woran ich mich erinnern kann, ist ein intensiver Schmerz, der von meiner Hand aus den Arm hinaufstieg.

Das Bewußtsein kehrte in einem anderen Raum wieder. Die anderen Patienten von der Station lagen stöhnend und stammelnd rechts und links von mir. Sobald ich wieder zu mir gekommen war, beeilte ich mich, rauszukommen. Ich hatte sie in meinen Kopf hineingelassen, als ich bewußtlos gewesen war, und an diesem Ort wollte ich nicht bleiben. Mehrere Male überredete man mich, noch etwas auf dem Bett liegen zu bleiben. Die Kopfschmerzen waren oft schlimmer, wenn man zu früh aufstehen wollte, sagte man mir.

Manchmal suchte ich meine Schuhe selbst unter dem Bett hervor, manchmal war mir zu schwindlig dafür. Dann führte mich die Krankenschwester in einen anderen Raum. Mit den gleichen Lehnstühlen und dem gleichen Teppich war er wie ein Spiegelbild des ersten Zimmers. Hier saßen wir jetzt alle wieder, diesmal nach der Geisterbahn. Zu dem Raum gehörte eine kleine Küche, wo die Krankenschwestern Tee für ihre Schützlinge machten und eine große Familienpackung mit gemischten Keksen holten.

Wir saßen in diesem neuen Wartezimmer in einer Runde, durch unsere Schocks seltsam vereint, und doch weit voneinander entfernt. Kein Patient versuchte, höflichkeitshalber Konversation zu treiben, und die Krankenschwestern machten sich mit den Teebeuteln zu schaffen, um der fassungslosen Stille aus dem Weg zu gehen. Wir alle trugen die Zeichen der Komplizenschaft in diesem schrecklichen Schauspiel in Gestalt von zwei runden roten Druckstellen an den Schläfen. Ich weiß das nur, weil Hugh sie mir später beschrieben hat. Ich registrierte weder die Köpfe anderer noch meinen eigenen, außer wenn ich die Schmerzen hatte, die manchmal nach dem Schock in meinem Schädel hämmerten. Ich war in mir eingesperrt und hatte niemandem etwas zu sagen, und den anderen ging es ebenso.

Unterdessen brannte ich darauf herauszukommen und hatte kaum die Geduld, meinen Keks auszusuchen. Anderen schien diese Parodie eines gesellschaftlichen Rituals, das man uns da bot, Erleichterung zu verschaffen, und sie ließen sich Zeit bei der Wahl zwischen einer rosa Waffel und einem Vanillecremekeks.

Ich kann mich nicht erinnern, je mit den anderen Müttern auf der Station über die Elektroschocktherapie gesprochen zu haben. Wir tauschten nicht unsere Geschichten aus, wie man es sonst oft bei traumatischen Erfahrungen macht, bei Todesfällen, Geburten oder Herz-, Knie- und Krampfadernoperationen. Die Elektroschocktherapie war keine Erfahrung, die man teilen konnte. Natürlich kann es auch sein, daß diese Unterhaltungen einfach verschwunden sind, weil die Elektroden, die auf meine Schläfen gesetzt wurden, meine Erinnerungen zertrümmerten. Deshalb weiß ich nicht, ob auch sie im nachhinein verlorengegangen sind.

Klagte über Vergeßlichkeit und wußte nicht mehr, was sie tun mußte...

Den ganzen Tag über sehr vergeßlich und verwirrt.

Unmittelbar nach der Behandlung konnte ich mich nicht einmal mehr auf der Station orientieren. Einmal mußte mir Hugh den Weg zur Toilette zeigen. Ein anderes Mal fand er mich bei seiner Ankunft frustriert im Schlafzimmer sitzen, weil ich nirgendwo anders hingehen konnte. »Und der Aufenthaltsraum?« fragte er. »Da sind wir in den letzten Wochen jeden Tag mit Eliza gewesen. Da sind die Spielsachen.« Er führte mich dorthin, und ich stand verblüfft mitten auf dem Kreiselmuster des Teppichs. Irgend etwas an dem Zimmer erschien mir entfernt vertraut, aber ich war sicher, daß ich noch nie dort gewesen war.

Mag die Elektroschocktherapie nicht, findet den Gedächtnisverlust beunruhigend. Haßt sich immer noch selbst und fühlt sich nicht anders als bei ihrer Ankunft.

Als er erkannte, wie drastisch die Auswirkungen der Elektroschocktherapie waren, begann Hugh, regelmäßig Tagebuch für mich zu führen. So wußte ich, wer mich an den jeweiligen Tagen besuchen würde, wann ich einen Elektroschocktermin hatte und wann Stationsvisite war. Noch wichtiger aber war, daß ich so erfuhr, was am vorherigen Tag geschehen war. Ich konnte zumindest lesen, daß Hermione, meine Mutter, Kate, Tim oder Michael mich besucht hatten, obwohl ich in meinem Kopf keine Erinnerung an ihren Besuch finden konnte. Unterhaltungen waren verschwunden, noch bevor ich sie zu Ende geführt hatte. Sogar die Besuche von Hugh und Eliza fehlten, eine Litanei der Leerstellen in meinem Kopf. Ich brauchte sie, aber ich konnte mich nicht mehr an sie erinnern. Meine Tage waren verschwunden – auf Nimmerwiedersehen.

Hugh hatte mir klar und voll Mitleid und Grauen beschrieben, in welchem Zustand sie war, was geschehen war, und er hatte mir zum Beispiel erzählt, einmal sei er in die Klinik gekommen, als gerade zwei Krankenschwestern sie zu Boden zwangen, weil sie angefangen hatte zu toben und sich etwas antun wollte. Aber nichts von all dem, was er erzählte, hatte mich auf ihr Aussehen vorbereitet. Es war, als sei sie verwelkt. Sie sah eingeschrumpft aus, kleiner, bleich, ausgezehrt, gealtert und viel jünger zugleich, wie ein wehrloses Kind. Sie sah erschöpft aus und ganz verschreckt, in ihren Augen lag eine tiefe Panik. Und das war derselbe Mensch, mit dem ich wenige Wochen zuvor, als sie hochschwanger war, im herbstlichen Wald beim Pilzesuchen war. Ich hatte sie damals immer wieder voll Bewunderung und Freude angesehen, wie sie vor unerschütterlicher und sinnlicher Vitalität und Energie strahlte. Sofort sagte sie – als wollte sie mir etwas anvertrauen, das ich nie erraten würde: »Ich mache die schlimmste Zeit meines Lebens durch.«

Hartnäckig versuchte ich trotz alledem zu lesen. Immer wieder versuchte ich Michael Ondaatjes Roman »Der englische Patient« in mich aufzunehmen. Es war eine Farce, ich nahm einen Krimi und las dieselbe Seite immer wieder, weil ich mich nie daran erinnern konnte, wer zuvor wen umgebracht hatte. Ich versuchte mich sogar an Adams Aufsätzen zur Psychoanalyse (seine Abhandlung über die Kunst des Vergessens), aber nichts fand Halt in meinem erschütterten Bewußtsein.

Erinnerung setzt immer Vergessen voraus. Es wäre unmöglich, Erinnerungen zu bilden, könnten wir, wie der Mnemoniker bei Luria, nicht vergessen. Diesen Mann, der von seinem unfehlbaren Gedächtnis lebte, behinderte die Fülle seiner Erinnerungen. Er konnte das Durcheinander in seinem Kopf weder loswerden noch verdauen oder interpretieren. Doch im Unterschied zu dem Mnemoniker sind wir mit unserer Fähigkeit, zu erinnern und zu vergessen, in der Lage, unser Leben zu einer Geschichte zu formen, den Augenblick der Gegenwart mit der Gestalt der Vergangenheit zu verbinden. Es ist eine Sprache, die man als Kind erlernt, wenn wir die Silben der Erinnerung so anordnen, daß sie zusammenpassen.

Der Verlust, den ich durch die Elektroschocktherapie erlitt, ging weit über gewöhnliches Vergessen hinaus. Als litte ich an einer Form von Aphasie, verlor ich die Sprache des Erinnerns, die Fähigkeit, meinem Leben eine narrative Gestalt oder Kontinuität zu verleihen. Ich fühlte mich meiner Autonomie beraubt, gezwungen, mich auf andere Menschen zu verlassen, die mir das Material für meine eigene Geschichte lieferten. Hugh kam zum Beispiel am Abend zu Besuch, und ich fragte ihn, wen ich an diesem Tag gesehen und was ich getan hatte. Aber auch wenn er es mir gesagt hatte, war ich nicht viel klüger. Manchmal spürte ich so etwas wie das ferne Echo eines Wiedererkennens, aber dabei blieb es dann auch. Nichts war da, mit dem ich meinen Gedanken Gestalt geben konnte. Ich hatte keinerlei Möglichkeit, meinen Zustand irgendwie zu begreifen.

Ach, wenn doch Elektroschocktherapie bei den Patienten einen massiven Ausschlag oder Haarausfall bewirken würde! Vielleicht nähmen die Ärzte die Folgen dann ernster. Wie die Dinge stehen, werden die meisten Leute auf dieselbe Weise abgefertigt wie ich. Nachfragen werden nicht als berechtigte Vorbehalte gegen die Behandlung und ihre Nebenwirkungen betrachtet, sondern als das furchtsame Produkt der Depression der Betroffenen abgetan. Noch ein Grund mehr, die Elektroden anzulegen. Wenn ich jemanden nach den möglichen langfristigen Auswirkungen der Elektroschocktherapie auf mein Gedächtnis fragte, bekam ich zu hören, die gäbe es nicht. Dennoch hinterließ sie in meinem Bewußtsein und meinem Gedächtnis noch eineinhalb Jahre, vielleicht sogar länger, ein schreckliches Brandmal.

Zwei Wochen, nachdem der erste Elektroschock in meinem Schädel gedröhnt hatte, ging mir jede Kontinuität verloren. Was mir geblieben ist, sind größtenteils zufällige und beiläufige Momentaufnahmen, farblose Erinnerungen, ohne Atmosphäre oder Ausdruck. Ohne jede affektive Färbung, wie ein Psychiater es ausdrücken würde. Sie haben weder einen scharfen Schwarzweißkontrast noch eine farbige Wärme. Sollte ich sie zu einem Bild meiner selbst zusammenfügen, so erschiene darin bloß die statische Haltung eines Menschen, dem jede Lebhaftigkeit abhanden gekommen ist, der völlig mechanisch lebt. Vom Anfang meines Zusammenbruchs an war Hugh entsetzt, wie sehr ich bei alledem ich selbst zu bleiben schien. Es kam ihm viel schlimmer vor, als wenn ich mir selbst unähnlich geworden wäre. Aber dieses verengte, sich selbst hassende, minimale Ich, fragil wie eine Giacometti-Skulptur, das er jeden Tag besuchte, ist in meiner Erinnerung nach Beginn der Elektroschocktherapie wie ausgelöscht. Ich kann mich nicht mehr an die Gestalt meiner Verzweiflung erinnern. Da ist nur eine Gestalt in Grau, ohne Gedanken oder Handlungen, ja sogar ohne Stimme. Keine Wut mehr, die steigt und fällt.

Mein Leben in der Klinik ging genauso weiter wie zuvor, das sagen mir meine Freunde und die Krankenblätter. Aber in meinem Bewußtsein wurde ich zu einer Chiffre meiner selbst. Ich verfüge nur noch über wenige stumme Bilder, die so vage und ungenau sind, daß ich nicht einmal sicher bin, ob es Erinnerungen an ein tägliches Leben sind: Ich sitze auf einem Bett mit einer Freundin, ich bade Jesse im Kinderzimmer der Klinik, ich sehe Eliza beim Spielen im Aufenthaltszimmer der Station zu, ich esse im Speisesaal.

Es ging mir nach der Elektroschocktherapie nicht besser. Aber irgendwann hörte ich mehr oder weniger auf, mir Verletzungen zuzufügen. Und irgendwann krümmte ich mich nicht mehr so zusammen. Jetzt durfte ich die Klinik in Begleitung von Hugh oder Freunden als meinen Leibwächtern verlassen. Ich erinnere mich an den ersten dieser Ausflüge. An einem Sonntag im November, einen Monat nach meiner Ankunft in der Klinik, ging ich mit Hugh, Eliza und drei Freunden in die Stadt, um eine Pizza zu essen. Als wir über die Brücke gingen, war nirgendwo Farbe. Das Wasser hatte keine Farbe und der Himmel auch nicht. Ich sah meinen Rock an, der auch farblos war. Ich bekam große Angst. Hier endet dieser Tag in meinem Kopf. Nach dem, was Hugh und die anderen mir sagen, ist das vielleicht gut so. Meine Konfrontation mit der Welt dort draußen bei diesem Spaziergang schien über das Maß des Erträglichen hinauszugehen. Nicht, daß ich irgend etwas Drastisches getan hätte, aber noch bevor die Mahlzeit vorüber war, sah jeder, daß ich so schnell wie möglich wieder in die Klinik zurück mußte. Hugh sah, wie mein Körper in sich zusammensackte und in meinen Augen diese Todesangst erschien, die er jetzt nur zu gut kannte. Die Alltagswelt draußen war zuviel gewesen. Danach fiel ich wieder in eine Phase zwanghafter Selbstverletzung zurück – denn Angriff war die einzige Verteidigung, die ich gefunden hatte – und wurde wieder ständig überwacht.

Die Dinge, an die ich mich mit Sicherheit noch erinnern kann, sind rasch genannt: Beschäftigungstherapie, die wöchentliche Stationsvisite, ein Weihnachtsausflug zum Mittagessen. Der Beschäftigungstherapie konnte ich zwar einige Zeit aus dem Weg gehen, aber schließlich machte man mir unmißverständlich klar, daß ich zu irgendeiner Art dieser Therapie gehen sollte. Meine Rekonvaleszenz würde teilweise nach meiner Fähigkeit beurteilt, diese Tätigkeiten auszuführen. Offensichtlich galt es als ein Zeichen der Genesung, wenn ich es fertigbrachte, einen Morgen mit Fremden zu verbringen, an denen ich keinerlei Interesse hatte, und mich völlig sinnlosen Beschäftigungen zu widmen. Ganz davon abgesehen, daß der Umgang mit anderen Menschen, erst recht unter solchen Bedingungen, das letzte war, was ich wollte. Dennoch machte ich mich im Interesse meines Entkommens auf den Weg durch die einzelnen Klinikkorridore und wurde pflichtgemäß beschäftigt. Wie alle anderen stellte ich einen dreibeinigen Hocker her, indem ich die Beine in vorgebohrte Löcher steckte.

Mein einziger Ausdruck von Autonomie war es, diesen Hocker rot anzustreichen (Klarlack war die Norm). Ich gab ihn Eliza. Er war zu leicht, und sie kippte immer damit um. Wir reparierten ihn ein paarmal, bis er schließlich unwiderruflich kaputt war und weggeworfen wurde. Den anderen mechanischen »handwerklichen« Tätigkeiten ging ich aus dem Weg. Ich sehe immer dieselben Frauen vor mir, wie sie auf denselben Stühlen sitzen und wiederholt dieselben Gegenstände herstellen, aber ich weiß nicht mehr, was es war. Vielleicht Stickereien oder Korbwaren.

Der Verantwortliche für den Handarbeitsraum sah aus wie ein strammer Turnlehrer. Er war ein freundlicher Mann in den Fünfzigern, der keinen Zwang ausübte und, soweit ich mich erinnere, den Menschen, die man zu ihm schickte, gut zusprach. Mit seiner Hilfe nahm ich Buchstützen in Gestalt von Elefanten in Angriff, die für Jesse und Eliza sein sollten. Nachdem ich den Entwurf mit Hugh gezeichnet hatte, schnitt ich sie mit einer Laubsäge aus Sperrholz aus. Dann schmirgelte ich sie ab, versah sie mit einem Voranstrich und Lack. Zuhause schließlich malten wir Gesichter und Schwänze auf. So leicht und kippelig der Hocker war, so schwer wogen diese Sperrholzfiguren. Sie trugen so viel Hoffnung auf ihren breiten Elefantenrücken. Wir wußten, daß das alles auch seine komische Seite hatte, aber Blicke des Einverständnisses konnten wir uns nicht leisten.

Ich ging zu ein paar Kochstunden in der »Küche«, die an demselben Krankenhauskorridor lag, denn ich mußte mein Plansoll an Beschäftigungstherapie zusammenbekommen. Es war Dezember, und man machte Weihnachtsgebäck. Die anderen Teilnehmer waren fast alle Männer in mittlerem Alter, und der Kurs war auf sie abgestimmt. Man erklärte mir, wie ich Mehl wiegen und Backformen einfetten mußte. Trotz meiner Depression fand ich es erheiternd, daß es mit meinen Kochkünsten so weit gekommen war. Nach all den Festessen, die ich mit meiner Mutter in ihrem Partybetrieb zubereitet hatte, nach all den herrlichen Speisen, die ich mit Hugh in unserem Zuhause gekocht hatte, stand ich jetzt da, hatte gehorsam eine Schürze umgebunden und ließ mir erklären, wie man Gebäck mit einem Pinsel glasiert. Aber ich folgte den Anweisungen getreulich und trug hinterher meine kleine Portion Weihnachtskuchen auf die Station. Dabei fühlte ich mich wie eine Dreijährige, die aus dem Kindergarten kommt.

Mittwoch morgens herrschte auf der Station immer eine eigenartig angespannte Atmosphäre, denn das war der Tag der Visite in der Abteilung. Das Pflegepersonal schien von der Erwartung dieses Ereignisses ebenso eingeschüchtert wie die Patienten. Wir saßen auf unseren Betten und warteten, daß die Stunde heranrückte. Wie bei der Elektroschocktherapie wollte jeder zuerst an die Reihe kommen. Dann der Gang in Begleitung einer Krankenschwester, die mich über den Hauptkorridor zu dem Raum mit den Milchglasscheiben brachte. Die Krankenschwester klopfte, und ich sah durch die Scheiben die verschwommenen Umrisse der Köpfe, die mich erwarteten. Wenn ich bei anderen Gelegenheiten auf dem Weg zur Küche oder zum Telefon an dem Raum vorbeikam und sie in Erwartung anderer Patienten drinnen versammelt waren, hörte ich den gedämpften Klang ihrer Stimmen, die ernste Dinge besprachen.

Neben Dr. A. hoben noch etliche andere die Augen, wenn ich durch die Tür kam. Natürlich waren sie alle gut geschult genug, um nicht die Stirn zu runzeln. Da war die Beschäftigungstherapeutin, die sich wohl der Tristesse dieses unglücklichen Ortes zum Trotz so elegant kleidete. Da war der Stationsverwalter, dem der Posten, den er ergattert hatte, schwer zu schaffen machte. Er hatte offenbar die wenig beneidenswerte Rolle, dafür zu sorgen, daß alle Beteiligten – Patienten, Pflegepersonal und Psychiater – »zufrieden« waren, wie man es in der Welt dort draußen nennen würde. Da waren die Krankenschwester, die an dem betreffenden Tag für die Mutter-Kind-Station verantwortlich war, und der Oberarzt. Er war ein farbloser Mann, der Typ, der nur bei einem Hobby zu

Leben erwacht. Ich glaube, es waren auch noch andere da, die aber erst gar nicht in mein Blickfeld traten.

Ich fühlte mich hier wie vor Gericht: Anfangs nahm ich immer an, daß man mich für schuldig befunden hatte, und ich nahm ruhig hin, was ich als meine Bestrafung ansah. Dr. A. war der vorsitzende Richter in meinem Fall. Ich hatte immer den Eindruck, daß sie weniger daran interessiert war, meine Gedanken oder Gefühle herauszufinden, als eine Bestätigung für ein bereits getroffenes Urteil zu bekommen. Und in dieser Umgebung, die sie sich um ihren eigenen Kommunikationsstil organisiert hatte, bestätigte sich jede ihrer Aussagen selbst.

Später war ich verzweifelt bemüht zu beweisen, daß ich eine gute und aufrechte Staatsbürgerin war und eine Belohnung verdiente. Noch vor Jesses Geburt hatten wir beschlossen, Weihnachten bei Hughs Familie in Irland zu verbringen, und hatten schon die Tickets gekauft. Ich hatte noch im Reisebüro den Witz gemacht, daß ich für das zweite Kind ja keinen Namen angeben konnte, da es noch in meinem Bauch steckte. Und obwohl ich neben Jesse so etwas Schreckliches und Unerwartetes zur Welt gebracht hatte, blieb ich unverändert entschlossen, zu Weihnachten nach Cork zu fahren. Es wurde zu meinem Lebensziel, und jede Visite war eine neue Gelegenheit für mich, unter Beweis zu stellen, daß ich es schaffen konnte. Nachdem sie den Gedanken zuerst ganz verworfen hatte und ihn mir dann als Zuckerbrot hinhielt, mit dem sie mich aufmuntern konnte, war Dr. A. schließlich mit der Reise einverstanden.

Gegen Ende der zwei Monate in der Klinik machte ich als Vorbereitung für meine Rückkehr in den Alltag ein paar Ausflüge nach Hause, bei denen ich jedesmal länger blieb. Beim ersten Mal war ich in Begleitung einer Krankenschwester. Wir fuhren den halbstündigen Weg zu unserem Cottage im Klinikwagen und aßen dann selbstgemachtes Brot und die Suppe, die Hugh uns hingestellt hatte. Die Küche erschien mir eher wie eine Filmkulisse und nicht wie der Ort, an dem ich lebte. Hätte ich zu fest an die Wand geklopft, hätte ich die dünne Wand dieses fassadenhaften Zuhauses durchstoßen. Danach verbrachte ich eine Nacht mit Hugh zu Hause und schließlich ein Wochenende. Von diesen Besuchen ist mir nichts geblieben. Ich betrieb diese Ausflüge in die Unabhängigkeit mit einer unerschütterlichen Entschlossenheit, als sei es zu gefährlich, nach rechts und links zu schauen und zu überlegen, warum ich mein Herz an diese Reise gehängt hatte. Bedenkt man, was nach Weihnachten geschah, hatte ich sicher recht.

Einige Tage vor Weihnachten flogen wir nach Cork und blieben zwei Wochen bei Hughs Familie. Auf den Fotos sieht man Eliza mit einem Nikolausstrumpf auf unserem Bett, einen Weihnachtsbaum und Geschenke, die ausgepackt werden, das Weihnachtsessen und viele Leute, die um den Eßtisch sitzen. Hugh hat mich als unglückliche, gepeinigte und abwesende Frau in Erinnerung, um die sich die Familie vorsichtig bewegte, als gingen sie auf Eiern. Alles, was ich von diesem Weihnachtsfest weiß, ist, daß ich an einem verregneten Tag mit meiner Schwägerin Michelle einkaufen ging. Draußen fiel der Regen, und das ist schon alles. Dieses von mir so hart erkämpfte Ziel, zu Weihnachten wieder in mein Leben entlassen zu werden, hat sich in meinem Kopf zu einem Nichts verflüchtigt.

Am 5. Januar holte ich Fiona, Hugh und die Kinder von der 6 Uhr 20 Maschine am Flughafen ab. Ich hatte mir zum Scherz überlegt, als eine professionelle Flughafen-»Abholerin« zu kommen, und ich machte ein großes Schild, auf dem »Familie Haughton/Shaw« stand und das ich hochhielt, als die Leute aus der Maschine aus Dublin zum Ausgang kamen. Aber die Person, die durch diese Tür kam, war nicht in der Lage, einen Witz oder überhaupt irgend etwas in sich aufzunehmen. Langsam bog Fiona um die Ecke, ganz bleich, erschöpft und von allem abgeschnitten, hinter ihr ein Hugh am Ende seiner Kräfte und die Kleinen.

Hermione holte uns bei der Rückkehr am Flughafen ab. Als wir aus dem Flughafengebäude zu ihrem Wagen kamen, bemerkte ich, daß der Gurt an Jesses Autositz kaputt war. Hermione bot uns ihren Hosengürtel als Ersatz an. Obwohl Hugh den Gürtel geschickt befestigte und verhakte, so daß Jesse ganz sicher saß, hatte ich einen Stachel der Angst im Bauch. Jesse würde etwas zustoßen, wenn sie bei der Fahrt in diesem Sitz saß. Schließlich gab ich mich mit Hermiones Beruhigungen zufrieden, sonst hätten wir den Flughafen nie verlassen.

Zweieinhalb Monate lang war mein Zuhause der eine Pol meiner geographischen Dialektik gewesen, der andere war das Krankenhaus. Aber mir graute davor, nach Hause zu kommen. Und als es soweit war und ich tatsächlich nach Hause ging, war es schrecklich. Mein Heim war mir kein Zuhause mehr.

Ich schloß die grüne Haustür zu unserem Cottage auf, und Fiona und ich drängten in unsere gute alte Küche. Wie immer erleichtert, daß ich eine weitere Autofahrt überlebt und zu Hause angekommen war, packte ich das Gepäck aus, das sich türmte, das Reisebettchen, den Kinderwagen. Eliza jauchzte vor Freude, daß sie wieder bei ihren vertrauten Spielsachen in der beruhigenden Geographie ihres Zuhauses war. Erst nach einer Weile merkte ich, daß Fiona neben der Anrichte auf den Boden gesackt war, sie sah ausgelaugt und zerschlagen aus. Zuerst dachte ich, sie hocke da vor Müdigkeit oder Erleichterung, wie ich sie selbst verspürte, aber dann sah ich, daß es nackte Angst war, die sie so erdrückte, als habe das Grausen sie gepackt. Sie konnte nicht sprechen, sie konnte nicht aufstehen, sie sackte einfach in sich zusammen, wie von einer unsichtbaren Kraft gefällt und all dem ausgesetzt, vor dem sie die größte Angst hatte.

Wie soll ich die nächsten Monate beschreiben? Als eine Reihe von tiefen Schnitten oder vielleicht als ein leeres Feld? Ich kann die Erinnerungen anderer borgen, aber meine eigenen kann ich nicht finden. Natürlich kann ich mich an ein paar Dinge erinnern, aber ich habe keinen blassen Schimmer von meiner geistigen Verfassung. Es ist, als wollte man durch eine Stadt gehen, die man vor langer Zeit einmal besucht hat, und man findet nur noch Ödland. Da, wo diese tiefempfundene, ferne Vertrautheit sein sollte, ist nichts: keine Straßen, zu denen man zurückkehren kann, keine Gehsteige und Rinnsteine, keine verborgenen Fassaden, die man im Vorübergehen entdeckt und die an frühere Zeiten erinnern. Die Einwohner sind verschwunden, nicht einmal magere Katzen oder geisterhafte Hunde bewohnen diese Leere noch. Ich kann in diesen Monaten auf und ab und hin und her gehen – ich entdecke nichts. Deshalb verlasse ich mich auf andere Menschen – vor allem auf Hugh –, damit sie sich für mich erinnern. Ich muß ihm und anderen vertrauen, was die Bedeutung meines Lebens in dieser Zeit angeht. Und meine Erzählung wird jetzt spärlich, da ich den Staub in meiner Erinnerung aufwirbeln muß, um zu sehen, was mir noch geblieben ist.

Wenn ich an diesem Tag unserer Rückkehr die Tür zu unserem Haus öffne, sehe ich nichts. Nichts läßt sich heraufbeschwören. Hugh erzählt mir, bei unserer Rückkehr aus Irland sei ich wieder in eine tiefe Verzweiflung verfallen, die für andere erschreckend anzusehen war. Ich hatte Angst vor mir selbst, konnte meinen Kopf kaum über dem Sog der Verzweiflung halten. Jetzt war ein neuer Trupp von Ärzten für mich zuständig. Mein Haus gehörte zu einem anderen Bereich der Gesundheitsfürsorge als die Mutter-Kind-Station. Da ich dort jetzt nicht mehr stationäre Patientin war, hatten sie nichts mehr mit mir zu tun. Dafür bekam ich jetzt mehrere Male in der Woche Besuch von einem intelligenten, einfühlsamen Sozialarbeiter, der auf Psychiatrie spezialisiert war. Er lächelte meistens, aber nicht so, als erwarte er, daß ich sein Lächeln erwiderte. Einmal kam er, als ich gerade Knoblauch schälte, und zeigte mir eine schnelle Methode, um die papierne Haut abzuziehen. Ich fragte ihn, ob ich auf Kosten der Krankenkasse zu einem Psychologen oder Psychotherapeuten gehen könnte. Er fand die Idee gut, riet mir aber, noch etwas damit zu warten, weil mein Zustand zu dem Zeitpunkt noch zu labil sei, um mit den Behandlungsfolgen fertig zu werden.

Die Gemeindeschwester kam regelmäßig, aber mir graute vor den Besuchen, wenn ich mir ihre Familienprobleme anhören mußte. Eine kurze Zeit bekamen wir von der Gemeinde sogar eine Haushaltshilfe gestellt. Sie war zu jeder Hausarbeit bereit, und ich bat sie zu bügeln. Aber sie war zu munter, und ihre Besuche wurden zu einem Härtetest. Sie beharrte darauf, daß man, auch wenn man unglücklich war, gute Miene machen mußte und nie ohne Make-up ausgehen sollte. Das aschfahle Gesicht meiner Not, das irgendwo jenseits von Make-up und Maskerade war, schien sie einfach zu ignorieren. Ich kam bald zu dem Entschluß, daß mir meine Kleider dann doch zerknittert lieber waren.

Schließlich gab es in dieser neuen Gruppe noch den Psychiater. Er saß hinter einer roten Tür in einem hohen viktorianischen Ziegelreihenhaus; man ging eine Treppe hoch, die frisch mit einem rauhen braunen Teppich ausgelegt war, und dann durch eine schwere Feuertür.

Mein neuer Psychiater, Dr. B., empfing mich immer im Wartezimmer. Er war ganz anders als Dr. A. und stellte sich in einem leise entschuldigenden Ton vor. Dr. A. hatte nie viel von Dialog gehalten, und als ich nicht mehr in ihrem Terminkalender stand, konnte ich sie auch nicht mehr aufsuchen, außer mit einer Überweisung von meinem praktischen Arzt. Sie hatte in der Praxis nur eine sehr enge Sicht von postnataler Depression. Aber sie hatte Witz, war intelligent und schien ihre ganze Aufmerksamkeit dem Patienten zu widmen. Dr. B. erschien freundlich, unbeteiligt und erstaunlich gelassen, was das Dilemma der Depressionserkrankung angeht. Er redete, als habe er überhaupt keinen Sinn für das Grauen dieser Erkrankung und die schleichende Art und Weise, in der sie das ganze Leben eines Menschen ergreift. Wie er mir sagte, glaubte er, meine Depression sei eine unangenehme physiologische Krankheit, die sich aber glücklicherweise mit Medikamenten und Elektroschocktherapie heilen ließ.

Ich hatte keine andere Wahl – ich ging zurück zu den Schockverabreichern. Letzten Endes gab es keine therapeutische Alternative zu den künstlichen Krämpfen. So sehr ich mich auch um eine Psychotherapie bemühte, sie schien für mich nicht in Frage zu kommen. Nachdem ich inzwischen mit einigen Psychotherapeuten gesprochen habe, scheint es mir ohnehin unwahrscheinlich, daß jemand mich in diesem Zustand als Patientin angenommen hätte. Diesmal wurden mir die Schocks ambulant verabreicht. Ich erinnere mich offenbar vor allem nur an den ersten Besuch, aber in der Tat hieß es mehre Wochen lang für mich zweimal wöchentlich ab Mitternacht »nichts mehr essen oder trinken«.

Wir brachten Eliza jedesmal für den Morgen zu Freunden im Dorf. Dann fuhr ich mit Hugh und Jesse wieder ins Krankenhaus, ein anderes diesmal, das ebenso verloren und vergessen aussah wie seine Patienten. Wir saßen zusammen auf einem durchgesessenen Sofa in einem Aufenthaltsraum und warteten darauf, daß mich jemand abholte. Die Farben der Möbel waren schon lange ausgeblichen. Am anderen Ende des Zimmers stand ein großes Regal mit alten Büchern und Zeitschriften, die schon lange niemand mehr in die Hand genommen hatte.

Eine muntere Krankenschwester holte mich ab und wir gingen den unvermeidlichen langen, fad-grünen Korridor entlang. Die Krankenschwester benutzte ein bestimmtes Parfum. Es ist nicht unangenehm, aber sobald ich es rieche, fühle ich mich auf der Stelle wieder in diesen Korridor zurückversetzt. Es waren noch ein paar andere Leute da, zum Beispiel das dünne Mädchen, dessen Arme und Hände einmal von kreuz- und querlaufenden Linien bedeckt waren, ein anderes Mal in einem Verband steckten, der von der Handfläche bis zum Ellbogen reichte. Hugh sagt, an dem Tag hätten alle anderen Patienten ihre Arme auch verbunden gehabt, als hätte sich die Selbstverstümmelung wie eine ansteckende Krankheit auf der Station ausgebreitet.

In diesem Krankenhaus gab es keine mit Teppich ausgelegte Elektroschock-Suite. Wir warteten in einem Raum, der wie ein Klassenzimmer aussah, mit Tafeln, Tischen und Stühlen. Zurückgelassene Kulissen von einer längst vergangenen Theateraufführung türmten sich an den Seiten, aus einer Ecke neigte sich eine große, schwankende Palme aus Pappe in den Raum. Nacheinander führte uns dann die muntere Krankenschwester quer über den Flur direkt in den Elektroschockraum. Hinterher wurden wir alle zusammen in einen großen Speisesaal gebracht, wo wir Tee und Toast bekamen. Plastikbrot und rosa Marmelade und noch mehr Munterkeit. Ich war erleichtert, daß ich zu Hugh und meinem Baby zurückkehren konnte und nicht dort bleiben mußte.

Es war immer eine Erleichterung, wenn ich sie in der Kantine wiedersah, wo sie mit drei oder vier anderen Patienten nach der Behandlung Tee bekam. Alle sahen sie bleich und verschreckt aus, allen waren die Arme verbunden, wegen der Wunden, die sie sich wie Finn selbst beigebracht hatten. Sie sah erschüttert und erniedrigt aus, verloren und weit weg, die beiden identischen roten, narbenartigen Stellen auf der Stirn trug sie wie Stigmata, das einzige sichtbare Zeichen der psychiatrischen Operation, der sie sich ein weiteres Mal in dem farblosen Operationssaal hatte unterziehen müssen, in diesem Krankenhaus, das immer noch all die Merkmale seiner früheren Nutzung als viktorianisches Armenhaus trug. Wir verließen den Ort immer, so rasch es nur nach den Regeln des Anstands ging.

Ich weiß aus dem Tagebuch, das Hugh führte, daß wir in diesen Monaten nach Weihnachten Besuch hatten. Verwandte und Freunde kamen zu uns, und wir machten auch Besuche. Aber in meinem Kopf sind keine Namen, Orte oder Ereignisse. Es ist alles leer. Ich weiß nichts von dem Auf und Ab der Tage mit Hugh, Eliza und Jesse, nichts vom gemeinsamen Frühstücken, vom Geschichtenerzählen, Baden, von den Wutanfällen, dem Wickeln, dem Kuscheln. Ich erinnere mich nicht daran, wie Hugh mich festhielt, mir jeden Tag aufs neue half, nicht verrückt zu werden, an keine der zahllosen Mahlzeiten, die er gekocht hat, auch nicht an seinen Trost. Meine Dankbarkeit ist zwangsläufig blind, was für ihn und für mich enttäuschend ist.

Gegen Ende Februar, gleich nachdem ich meinen letzten Elektroschock bekommen hatte, gingen wir zweimal zu Freunden zum Abendessen. Ich sehe noch das Grün von Nicoles Pflanzen vor mir und das Weiß von Joes Wänden. Dieses Weiß hat sich in meiner Erinnerung festgesetzt, denn an diesem Abend blieben wir auf dem Heimweg einen halben Kilometer vor unserem Dorf in einer Schneewehe stecken. Wir gingen zu Fuß durch tiefen Schnee nach Hause, Eliza und Jesse warm unter unsere Mäntel gepackt.

Anfang März feierte Eliza ihren zweiten Geburtstag, aber ich kann mich nicht mehr daran erinnern. Ich besuchte meine Freundin Susie, die bald Zwillinge bekommen sollte. Das war ein schwerer Entschluß, denn die Entbindungsstation des Bezirkskrankenhauses war nur einen Katzensprung von der Mutter-Kind-Station entfernt, und ich hatte Herzklopfen, als ich so dicht an diesem Ort vorbeiging. Später im März fuhr ich nach London, um meine Schwester zu sehen, die ein Jahr lang weggewesen war. Wir hatten eine Hochzeit in der Familie, und ich kochte bei meiner Mutter in der Küche Orangenmarmelade. Ich kann den Dingen zwar Namen geben, aber meine Erinnerung hat kein Gewebe, kein Raster. Ohne Affektfärbung, wie es heißt. Sechs Monate oder noch länger wirkt alles so, als sei die Substanz aus meinen Erinnerungen herausgenommen worden, und nur die Schale sei mir geblieben.

Nach Ostern ging Hugh allmählich wieder zur Arbeit, und ich mußte mich im Alltagsleben mit den Kindern zurechtfinden. Um meine inneren Stürme zu überstehen, mußte ich mich auf das

Wetter draußen konzentrieren. Zusammen mit Hugh entwickelten wir ein Leben, das man gerade noch so ertragen konnte. Ich mußte zu dem werden, wovor ich seit Monaten geflohen war: eine pragmatische »Macherin«. Monatelang, bis tief in den Sommer hinein, reichten die Aufgaben, die ich mir stellte, nur bis zur Haustür. Die Küche putzen, bügeln, eine Mahlzeit kochen – das waren die jeweiligen Tagesziele. Wenn ich eine Sache schaffte, war das eine Bestätigung meiner neu entdeckten, vielleicht neu erfundenen Selbständigkeit, auch wenn die Sache selbst mich keine Spur interessierte. Es war ein Genesungsprozeß wie jeder andere – es gab gute und schlechte Wochen und Tage.

Manchmal kam ich mit nichts zu Rande, und das schreckliche Unwetter im Innern, das dicht unter meiner Haut geschwelt hatte, entlud sich. Gewitter mit Blitz, Donner und Hagel oder nicht endenwollendem Regen schienen die Luft rings um mich zu erfüllen. Dann schrie ich die Kinder an, warf mit Möbelstücken um mich und weinte. Danach fraß mich die Reue auf, ich bat sie um Verzeihung und versuchte, ein Verhalten wiedergutzumachen, vor dem ich selbst die größte Angst gehabt hatte.

Wie bei allen anderen Frauen meiner Bekanntschaft, die nach der Geburt verzweifelt waren, war mein Zuhause in diesen Monaten keine Zuflucht, sondern ein Ort, den es zu fürchten galt. Deshalb floh ich das Haus, wann immer ich konnte, und suchte Freunde heim, egal, in welcher Geistesverfassung ich war. Obwohl ich es nur selten fertigbrachte, von dem, was geschehen war, zu sprechen, boten sie mir praktische Hilfe und sagten mir nie, ich solle mich zusammenreißen. Wenn ich aus dem Haus und auf Besuch war, war ich irgendwie sicherer vor den Heimsuchungen meines eigenen Geistes.

Im Frühling war die Behandlung bei Dr. B. abgeschlossen, aber die Antidepressiva nahm ich wie empfohlen bis zum darauffolgenden Herbst weiter. Der Sommer war ein Segen – ich hatte das Schlimmste überstanden, das dachte ich jedenfalls. Während ich meine Medikamentendosis allmählich verringerte, hatte ich bei jedem Schritt einen leichten Rückfall, aber das dauerte immer nur ein, zwei Tage. Leichtfüßig trat ich aus einem Sommer, an den ich mich nicht erinnern kann, in den Herbst. Ein Jahr nach Jesses Geburt nahm ich die letzte der täglichen Tabletten. Sofort erwachte meine Depression wieder wie aus einer langen Starre. Es war nicht der gleiche besessene Selbsthaß, der mich ein Jahr zuvor in die Klinik gebracht hatte. Aber er war lähmend, und es hat Zeiten gegeben, in denen ich nicht wußte, wie ich es ertragen sollte.

Ich habe nie mit dem Gedanken gespielt, die Tabletten wieder zu nehmen. Sie hätten das Dilemma nur hinausgeschoben. Sie halfen mir, eine nicht zu bewältigende Krise zu überleben und genügend Fassung zu gewinnen, um wieder ein Leben zu beginnen. Aber sie boten mir keine Lösungen, und sie hatten die Fragen nicht tilgen können. Wie der Pelikan begann ich wieder Fleisch aus meiner Brust zu rupfen, nicht um meine Jungen zu füttern, sondern um meinen Selbsthaß zu nähren. Dennoch lähmte mich meine eigene Anstrengung zu überleben in diesem Herbst nicht mehr so sehr wie noch drei Monate zuvor. Meine natürliche Neugier, die ein Jahr lang unter allem anderen begraben gewesen war, begann sich wieder zu regen.

Wenn wir uns sahen, hatte sie oft Wunden auf dem Handrücken oder der Stirn. Sie redete nicht davon, und es war ihr offensichtlich peinlich, wenn man sie bemerkte. Lange Zeit war ihr Gesicht bei meinen Besuchen in ein Leichentuch der Traurigkeit eingehüllt, und nur ganz selten hellte es sich auf, und ich sah das strahlende, intensive und intelligente Lächeln wieder, das ich am stärksten mit ihr verbinde.

Jesse tat ihre ersten Schritte, als sie ein Jahr alt war. Ihre ersten Ausflüge in die Welt auf zwei Füßen fanden zur gleichen Zeit statt wie meine Versuche zu begreifen, was mir widerfahren war. Ich holte die Fragen hervor, die mir seit einem Jahr im Kopf herumgingen, und lüftete sie ein wenig. Die psychiatrische Behandlung hatte mir keinerlei Mittel an die Hand gegeben, meine zeitweise beängstigende Melancholie zu verstehen oder zu überwinden. Ich konnte mich an vieles, das in diesem Jahr geschehen war, nicht mehr erinnern, aber irgendwie mußte ich eine Art von Verständnis konstruieren. Ich versuchte deshalb, einen Gesprächstermin bei Dr. A. zu bekommen. Ich wollte ihr Fragen stellen: Wie verstand sie die postnatale Depression, was waren ihrer Meinung nach die Auswirkungen der Elektroschocktherapie, und wie wirkten die Medikamente? Was war ihre Prognose für eine weitere Schwangerschaft (ich wollte zu dem Zeitpunkt möglichst bald wieder ein Kind haben), und wie lange sollte ich abwarten? Ich wollte gern wissen, wie sie den Zustand beschreiben würde, unter dem ich immer noch litt. Aber sie weigerte sich, ohne eine Überweisung von meinem praktischen Arzt mit mir zu sprechen. Das war ein Schlag für mich. Ja, sie war überarbeitet wie alle Ärzte, aber trotzdem war ich entsetzt, daß sie für eine menschliche Verbindung keinerlei Raum ließ. Ich wollte ja keine Behandlung. Ich wollte nur die Behandlung verstehen.

Statt dessen ging ich zu Dr. B., der mich bereitwillig empfing. Ich bestürmte ihn zwar mit meiner Liste von Fragen, aber seine Ruhe konnte ich nicht erschüttern. Als ich ihn fragte, was er von den Auswirkungen der Elektroschocktherapie auf das Gedächtnis des Patienten wußte, sagte er mir, ich solle froh sein, daß ich mich an so wenig erinnern konnte. Er sah keinen Grund, mit einem nächsten Kind noch länger zu warten. Ich hatte mich ja vom letzten Mal erholt, dann würde ich mich auch beim nächsten Mal wieder erholen. Wenn die Depression wieder zuschlagen sollte, sei das nur eine Frage von mehr Medikamenten und mehr Elektroschocktherapie. Er konnte nicht einsehen, warum mich die Elektroschocktherapie so beunruhigte. Ich brachte es nicht fertig, ihn zu fragen, ob er selbst denn diese Erfahrung gemacht hatte, daß er so locker darüber reden konnte. Ich sagte immerhin, es sei ein schreckliches Erlebnis, bewußtlos einen Elektroschock durch den Schädel gejagt zu bekommen, aber ich glaube, er war nicht bereit, das für wichtig zu halten.

Als ich Dr. B. bat, mich an einen Psychologen oder Psychotherapeuten zu überweisen – denn ich wußte, daß ich darauf Anspruch hatte –, forderte er mich auf, in fünf Minuten exakt zu definieren, warum ich meinte, Psychotherapie zu brauchen. Ich versuchte es ihm zu erklären und berief mich auf die Geschichte mit meinem Vater, aber ich hätte ganz offensichtlich eine theatralischere Geschichte gebraucht, um ihn zu überzeugen. Er sagte, er würde mich überweisen, aber da es kein dringender Fall sei, könnte es Monate dauern, bis ich einen Termin bekam. Ich verließ ihn wutentbrannt. Dr. B. war nett gewesen. Er hatte soviel Zeit für mich übrig gehabt, wie ich wollte. Aber er weigerte sich zu erkennen, daß meine Depression ein Teil meines Lebens war und Auswirkungen auf dieses Leben hatte.

In der Klinik traf sich jeden Monat eine Selbsthilfegruppe. Bisher hatte ich jede Benachrichtigung in den Mülleimer geworfen. Aber eines Montags Anfang Oktober, ein Jahr nach Jesses Geburt, kehrte ich mit wild klopfendem Herzen an diesen Ort zurück. Als ich den langen Korridor hinunterging, überfiel mich Angst. Wie jemand, der in seine alte Schule zurückkommt, fragte ich mich, ob ich jemals wirklich entlassen worden war. Tagelang ging ein krankhafter Sog von diesem Ort aus. Ich stellte fest, daß ich mich danach sehnte, an diesen Ort meines Grauens zurückzukehren.

Die Station war seit meiner Entlassung neu gestrichen worden, aber dadurch hatte sich nichts verändert. Sie wirkte noch genauso unbewohnt und öde wie damals, als ich sie zum ersten Mal betreten hatte. Ich kam ein wenig zu früh und trat in das leere Kinderzimmer. Offenbar wanderten zur Zeit keine depressiven Mütter herum. Als ich aus dem großen Kinderzimmerfenster schaute, bot sich mir ein Anblick, den ich nie zuvor gesehen hatte. Natürlich kann es sein, daß die Elektroschocktherapie das Bild ausgelöscht hat, aber ich hatte wirklich überhaupt keine Erinnerung an den kleinen Garten hinter dem Haus mit den ordentlichen Reihen Herbstgemüse, die ich jetzt sah. In diesem Augenblick nahm der dunkle Flecken Erde da draußen die Gestalt meiner Neugier an, die fast ein Jahr lang verschüttet gewesen war und sich erst jetzt allmählich wieder an die Oberfläche wagte.

Die Geschichten, die ich von den anderen hörte, waren von meiner so verschieden wie die Biographien der Frauen, die sie erzählten. Einige hatten ausgefallene Wahnvorstellungen gehabt, sie hatten Gespenster und Kobolde, Ungeheuer und Engel gesehen. Sie erinnerten sich daran, daß die Außenwelt für sie bizarre Formen angenommen hatte, sie hatten alltägliche Gegenstände wie Betten, Besteck, Tabletten und Essen als lebendig wahrgenommen oder hatten ihnen eine abstruse tiefere Bedeutung verliehen. Andere waren ähnlich wie ich von einem entsetzlichen Selbsthaß heimgesucht worden und hatten den Wunsch gehabt, ihrem eigenen Leben zu entfliehen. Eine Frau kam im Rollstuhl, ihre mit Blutergüssen übersäten Beine steckten voller Metallplatten und -schrauben, weil sie ein Jahr nach der Geburt ihres Sohns von einer Autobahnbrücke gesprungen war.

Einige hatten das Krankenhaus schon vor drei Jahren verlassen, eine Frau sollte nach einem sechs Monate langen Aufenthalt in der Klinik bald entlassen werden. Außer mir nahmen alle noch Antidepressiva. Keine hatte das Gefühl, daß sie ihre Krankheit hinter sich gebracht hatte, und alle waren ratlos, ohne beschreiben oder begreifen zu können, was geschehen war. Jede fühlte sich schuldig, als wären sie selbst für den Alptraum, den sie durchlebt hatten, verantwortlich. Viele wurden in ihrem Schuldgefühl von ihren Partnern bestätigt, die ihnen die Schuld an ihrem eigenen Elend gaben.

Keine der Krankenschwestern, die diese Gruppe organisierten, wollte sich irgendwie zu den Gründen, der Behandlung oder der Genesung von postnataler Depression äußern. Sie waren sich offenbar nicht sicher, um was es in dieser Gruppe ging, und erwarteten von den Frauen, daß sie selbst wußten, weshalb sie kamen. Da alle Frauen, ich selbst eingeschlossen, sich angesichts des Geschehenen mehr oder weniger verwirrt, verlegen oder verängstigt fühlten, war keine in der Lage, dies zu formulieren. Ein paar Monate lang ging ich aus Wut immer wieder hin, und auch deshalb, weil ich Fragen stellen mußte. Da ich meine Wut nicht loswerden konnte, auf meine Fragen keine Antwort bekam und schließlich an anderer Stelle Unterstützung fand, hörte ich schließlich auf, zu den Gruppentreffen zu gehen.

Anfang November hörte ich auf, tagsüber zu essen. Ich *wollte* einfach nicht mehr. Es war eine bewußte Entscheidung, aber keine, die ich erklären konnte. Jesse und ich hatten gerade mit dem Stillen aufgehört, deshalb gehörte mein Körper wieder mir. Ich konnte mich aushungern, ohne meinem Kind zu schaden. Meine Enthaltsamkeit war eine trockene Leidenschaft, die ich erbittert pflegte. Die Sorgen anderer nährten nur meine Entschlossenheit.

Solange ich meine Kinder fütterte, fastete ich. Ich versagte meinem Magen Frühstück, Mittagessen und Abendessen und gestattete mir nicht einmal einen Apfel oder ein Stück trockenes Brot. Es ist sehr ermüdend, wenn sich die Auflehnung aus dem Hunger speisen muß. Die halbe Stunde, die ich mir täglich abknapsen konnte, wenn Jesse ihren Mittagsschlaf hielt und Eliza vor dem Fernseher saß, verbrachte ich oft mit Schlafen. Wenn ich die Kinder badete und darauf wartete, daß Hugh nach Hause kam, wurde meine Erschöpfung mit jeder Minute schlimmer. Um sieben Uhr abends schmerzte jeder Knochen von meinem Triumph über den Appetit. Wenn Eliza und Jesse sich auf dem Sofa an Hugh kuschelten, um ihre Gutenachtgeschichte vorgelesen zu bekommen, goß ich mir etwas zu trinken ein, holte eine Schale mit Erdnüssen und mein eigenes Buch. Dann, wenn ich ihnen gegenüber saß, ließ ich mich in eine völlige Selbstvergessenheit versinken und war eine Zeitlang Zuschauerin im Leben meiner Kinder. Ich spüre jetzt noch das berauschende Gefühl, wenn ich die erste Nuß in den Mund nahm und der starke Salzgeschmack meinem Magen signalisierte, daß jetzt Hilfe bereit war. Sobald die Kinder im Bett waren, kochten Hugh und ich unser Abendessen, und wir aßen zusammen.

Nachdem ich das zwei Monate betrieben hatte, war ich gut zehn Kilo leichter und sah zu dünn aus. Ich fürchtete zwar, mein Gewichtsverlust könnte mich davon abhalten, mein Leben zu leben, fühlte mich aber unfähig, mit dem Essen wieder anzufangen. Vielleicht hätte ich nur zur rechten Zeit die »Drohung« von Sektionierung oder Elektroschocktherapie gebraucht. Ich glaube es aber nicht. Ich mußte mich entleeren, und das war die einzige Art und Weise, die ich kannte. Nicht zu essen war eine Möglichkeit, etwas so gerade noch unter Kontrolle zu halten.

Wenn ich mit anderen Erwachsenen zusammen aß, waren die Mittagsmahlzeiten mühsam. Manchmal aß ich ein bißchen, nur um den Schein zu wahren. Dann fühlte ich mich furchtbar, voll Selbstverachtung, in ein Schattenland der Identität verwiesen. Bald darauf fing ich an, mich absichtlich zu übergeben, wenn ich nur das geringste gegessen hatte. Ich konnte es nicht ertragen, Essen bei mir zu behalten.

Mein Verhalten war für Hugh wie ein Keulenschlag. Ich selbst hatte ein Gefühl, als hätte ich ihn in den Bauch getreten. Er wollte keine Freunde mehr zum Abendessen einladen, weil die Mahlzeiten für ihn inzwischen eine Tortur und kein Fest mehr waren. Er war besorgt, manchmal wurde er auch wütend. Zuerst konnte ich es nicht ertragen, davon zu reden, als müßte ich die Worte in meinen schrumpfenden Körper einsperren. Als ich schließlich darüber sprach, hatte es keinen Erfolg. Sicher konnte ich irgendwo in meiner Kindheit oder Jugend eine Erklärung finden. Oder in meinem Leben als Mutter oder als Frau. Wir fanden Verbindungen und Erklärungen, aber ich fing nicht wieder an zu essen.

Als ich mit meinem Latein am Ende war, trieb mich diese Selbstaushungerung in ein Gespräch, das ich mir immer hatte gönnen wollen, wenn ich einmal reich sein würde. Ich sah ein, daß es zu einer Psychotherapie auf Krankenschein wenn überhaupt erst nach Monaten kommen würde. Und wenn es dazu käme, dann nur sporadisch und in begrenztem Umfang. Deshalb entschloß ich mich zu einer Privatbehandlung. Ich hatte es mit Psychiatern, der Selbsthilfegruppe, meinen Freunden und der Geduld meines Mannes versucht. Ich wußte keinen Ausweg mehr und verzweifelte allmählich.

Jetzt lebte ich wieder in der Welt, sorgte für meine Kinder, spielte mit ihnen, freute mich an ihnen und ließ mich von ihnen in Rage bringen. Nicht nur, daß ich wieder »haushalten« konnte, ich war auch entschlossen, mein intellektuelles Leben wieder aufzunehmen. Ich würde »Jane Eyre« herausgeben. Es erschien mir sehr passend, an einer Geschichte mit einer Verrückten auf dem Speicher zu arbeiten. Schließlich war ich ja meine eigene Bertha Mason, mein eigener Körper war mir der Prügelknabe für etwas, das beim Namen zu nennen ich nicht ertragen konnte. Obwohl ich wieder fähig war, mein Leben zu bewältigen, nährte ich mich noch immer vom Hunger und demselben scharfen Schmerz, der vor einem Jahr in mir aufgebrochen war. Ich begann wieder, meinen Kopf gegen die Wand zu schlagen und mit den Fingernägeln an der erschreckenden Blässe meiner Hände und meines Gesichtes zu reißen, bis Blut hervortrat.

Ich steckte in einer Sackgasse. Ich hatte den Zusammenbruch überstanden, ich hatte die Medikamente abgesetzt. Aber ich konnte mir selbst wenig abgewinnen und hatte Schwierigkeiten, gut zu mir zu sein. Freunde gratulierten mir zu meiner raschen Rückkehr in ein normales Leben, aber ich wußte, daß mein tägliches Hungern ein Protest gegen etwas war, mit dem ich immer noch nicht zurechtkam, und daß ich keinen Ausweg aus dieser Sackgasse fand. Völlig außerstande zu beschreiben, was ich fühlte, ging ich Ende November zu einem Psychotherapeuten, um genau das zu versuchen. Ich habe immer Gefallen daran gefunden zu reden. Deshalb schien mir Psychotherapie das Richtige zu sein.

Er saß mir auf einem Stuhl gegenüber, hörte aufmerksam zu und machte ein paar zwingende Bemerkungen. Aber er wollte mich mindestens dreimal in der Woche sehen, was finanziell überhaupt nicht in Frage kam. Er empfahl mir eine andere Therapeutin, die ich dann Anfang Dezember aufsuchte. Auch sie schien aufmerksam zuzuhören und machte dann und wann einen intelligenten Einwurf. Aber jetzt reichte es mir, und wir vereinbarten einen Termin, um im Januar mit der Behandlung zu beginnen.

Mir erscheint es richtig, daß ich diese Psychotherapie mit dem Geld bezahlt habe, das mir meine Großmutter hinterlassen hat. Schließlich war meine Depression ja teilweise ein Ergebnis meiner Familiengeschichte. Jetzt ist das Geld aufgebraucht, und wir haben eine Mieterin am anderen Ende unseres Cottages. Die Miete, die sie bezahlt, reicht für zwei Analysestunden. Es ist merkwürdig, wie unbehaglich es Leuten wird, wenn sie hören, daß ich zweimal in der Woche fünfzig Kilometer fahre, nur um fünfzig Minuten lang über mich selbst zu reden und dafür zu bezahlen.

Was ich mit dem Erbe meiner Großmutter mache, kann nichts an dem ändern, was geschehen ist, aber ich habe gelernt, verschiedene Geschichten zu erzählen, um zu verstehen. Ich weiß zwar immer noch nicht genau, was ich von allem zusammengenommen denken soll, aber ich kann sehen, wie die Schrecken der jüngsten Zeit mit dem Leben zusammenhängen, das ich mir selbst zurechtgelegt habe. Bedenkt man, wie gern ich mit Worten spiele, war es ein unvermeidlicher Schritt, daß ich als nächstes über all das schreiben würde – über das Leben und über die Schrecken.

Tränen pflanzen

Als ich klein war, hatte ich immer meinen Koffer fertig gepackt. Das hat mir meine Mutter erzählt. Sobald es hieß, daß ich irgendwohin auf Besuch fuhr, war meine Tasche im Handumdrehn gefüllt, alles ordentlich aufeinandergeschichtet. In dieser trockenen dunklen Höhle lag alles, was ich brauchte, beruhigend fest beieinander, die Zahnbürste paßte sich in meine Hosenfalte, das Buch schmiegte sich in den Arm eines Pullovers. Ich lebte zwischen zwei Elternteilen und trug mein Zuhause wie eine Schnecke auf dem Rücken.

Das beste Geschenk, das ich je von meinem Vater bekam, war ein weicher blauer Koffer mit grüner Paspelierung. Wenn der Koffer nicht unterwegs war, ließ er sich zu einem kleinen Bündel zusammenfalten und in die Ecke einer Schublade stopfen. Aber wenn ich das Bündel aufschüttelte, wurde es groß und geräumig, und ich konnte alles, was ich wollte, darin von einem Ort zum anderen tragen. Inzwischen habe ich andere Koffer und Taschen, aber das imaginäre Gepäck darin ist das gleiche geblieben.

Vor einiger Zeit fuhr ich übers Wochenende nach London, um Freunde zu besuchen und am Montag darauf ein paar Leute in Zusammenhang mit diesem Buch aufzusuchen. Ich fragte, was ich mit meiner schweren roten Tasche machen sollte. »Bring sie gleich am Morgen in die Gepäckaufbewahrung nach King's Cross«, riet man mir. »Dann kannst du unbehindert in der Stadt herumfahren.« Der Tag war ohnehin schon belastend genug. Aber was geschah? Die U-Bahn hielt in King's Cross, und ich blieb sitzen. Von acht Uhr früh bis sechs Uhr abends schleppte ich also dieses Ungeheuer von einer Tasche von einem Ende Londons zum anderen, der Gurt schnitt mir eine Furche in die Schulter. Was um aller Welt war darin, das ich nicht loslassen konnte?

Gewiß war mehr darin als meine Unterwäsche und ein Paar

Jeans. Obenauf lag dieses Manuskript, dessen Worte das Gewicht meiner Vergangenheit trugen. Aber zwischen die Bücher und Schuhe hatte ich auch die anderen, unerzählten Leben gestopft, diejenigen, gegen die ich mich entschieden hatte. Jeder Fremde, den ich im Lauf dieses Tages traf, bemitleidete mich, daß ich so schwer zu schleppen hatte, und sie begriffen genausowenig wie ich, daß es für mich nötig war, daß sie es sahen. Sie mußten sehen, daß das, was ich geschrieben hatte, keinesfalls meine einzige Geschichte war.

Um die Mittagszeit kam ich nach Bayswater. Es war halb eins, für ein Uhr war ich verabredet. Während ich im Menschengedränge aus der U-Bahn stieg, überlegte ich, was ich mit den nächsten dreißig Minuten anfangen sollte. Ich konnte im Whiteleys-Einkaufszentrum einen Schaufensterbummel machen oder im Park lesen. Aber ich tat keins von beiden, sondern schleppte meine schmerzende Schulter den Queensway hinab, dann rechts und wieder rechts. Während ich ging, blieb mein Blick an den Gebäuden rechts und links hängen. Es war wie beim Seilspringen als Kind: Erst bewegte sich mein Blick unsicher, dann mit seinem eigenen erinnerten Rhythmus. Alles war noch da – die heruntergekommenen Hochhäuser, die Verkehrsinsel und die eleganten alten Apartmenthäuser, sogar der Stacheldraht um den bunt angestrichenen Spielplatz schien noch der gleiche zu sein. Von dem Haus, in dem wir vor fünfundzwanzig Jahren gewohnt hatten, blätterte die Farbe ab, und niemand in der Zeile hatte mehr eine Fußmatte. Sie würden wahrscheinlich geklaut, nahm ich an. Ich hatte hier ein halbes Leben verbracht, bis ich sechs war – danach war ich nie wieder hergekommen. Jetzt war ich zurückgekehrt, nur für einen Moment und mit einem Haus anderer Art auf meinem Rücken.

Die Kunst des Erinnerns ist die Kunst, Verbindungen herzustellen. Einen Sinn in dem zu sehen, was oft willkürlich und bruchstückhaft erscheint. Sie so anzuordnen, daß sie sich zu der Person fügen, als die ich mich jetzt sehe. Mein Zusammenbruch war wie der Zusammenstoß mit einem Eisberg gewesen. Ich wußte von Anfang an, daß es nur die Spitze war. Ich langte tief in das undurchsichtige blaue Wasser der Erinnerung und wollte einen Umriß finden, etwas von dieser gewaltigen Masse, die meine Depression trug. Zuerst schien es, daß meine Finger beim Tippen der Worte mit jedem Eintauchen ein neues zusammenhangloses Bruchstück berührten. Allmählich fügten sie sich zu etwas Festem, einem zusammenhängenden Block. Er treibt zu tief für mich, als daß ich ihn mit meinen blinden Fingern streifen könnte, aber zumindest habe ich eine Gestalt unter meiner jüngsten Vergangenheit gefunden.

Bevor ich zu schreiben begann, schien es mehr Kunstfertigkeit als Kunst zu erfordern, die Verbindungen zwischen meinem gerade erlebten Elend und meinem früheren Leben zu entdecken. Aber das Schreiben deckt Beziehungen auf, derer sich der Schreibende vorher nie bewußt war. Und damit will ich mit dieser Einleitung zum Ende kommen, denn sie wird nirgendwohin führen, wenn ich nicht die anderen Teile der Geschichte erzähle.

Vor einiger Zeit ertappte ich mich dabei, daß ich weinte, als ich mir eine irische Ballade aus dem 19. Jahrhundert anhörte. Der Refrain lautete: »Halt mich fest, ach, halt mich fest / Bis die Stunde um ist / Und ich muß gehen mit der nächsten Flut / Um Van Diemens Land zu sehen.« Irgend etwas überkam mich dabei, aber es ging nicht um das entsetzliche Schicksal der Iren, für die dieses Lied geschrieben worden war. Es war, wie ich in diesem Augenblick empfand, die Erinnerung an meinen eigenen Abschied, als ich widerstrebend aus den Armen meines Vaters gerissen wurde. Das Lied beschwor für mich die Untröstlichkeit herauf, die ich verspürte, wenn mein Aufenthalt bei ihm vorbei war und ich Abschied nehmen mußte. Es war etwas, das anfing, als ich vielleicht zwei Jahre alt war, und erst mit seinem Tod zu Ende ging, als ich zwanzig war.

Ich bin sicher, daß ich zu den verschiedenen Zeiten verschiedene Leben lebte, aber durch alle zog sich tief im Innern dasselbe heimliche Leben. Nach außen hin hatte ich ab dem Alter von drei Jahren ein stabiles, verhältnismäßig wohlhabendes Leben mit liebevollen Eltern, geliebten und rivalisierenden jüngeren Schwestern und vielen Freunden. Natürlich gab es die eine oder andere tiefgreifende Zäsur in diesem Leben, aber sie gingen nicht über das hinaus, was die meisten Kinder erleben. Als ich elf war, war ich eine Zeitlang in der Schule schikaniert worden, war, wie alle Mädchen in London, einem Exhibitionisten über den Weg gelaufen, hatte mich mit besten Freundinnen gezankt und keinen Platz in der Schule bekommen, die für mich ausgesucht worden war. Aber ich war glücklich. Mit achtzehn war die Geschichte ähnlich. Nach einer erfolgreichen Schullaufbahn mit viel Sport, intensivem Lernen, ein paar guten Freundinnen und keinem Sex (dafür war ich damals zu religiös) und noch ein paar Phasen schmerzlicher und unerklärlicher Schikane verließ ich mein Zuhause und ging zur Uni. Ich war ein angepaßtes, intelligentes Mädchen aus der bürgerlichen Mittelschicht.

Daneben hatte ich mein geheimes Leben. Meine Eltern hatten sich scheiden lassen, als ich noch sehr klein war, und den größten Teil meiner Kindheit verbrachte ich bei meiner Mutter, meinem Stiefvater John und meinen beiden Schwestern Jules und Lucy aus dieser zweiten Ehe. Ich besuchte meinen Vater regelmäßig in London, Somerset, Oxfordshire und Kent, denn er wechselte oft den Arbeitsplatz und zog um. Die ersten Jahre nach der Scheidung lebte er mit einer Freundin namens Gina zusammen, die ich innig liebte. Als ich vielleicht sieben war, heiratete er Tricia. Auch sie war vorher schon verheiratet gewesen und hatte drei Kinder. Altersmäßig lag ich zwischen Richard und Martin, Sylvie war ein paar Jahre jünger. Als ich zehn war, bekamen Tricia und mein Vater einen Sohn namens Michael. Das Hin- und Herziehen zwischen meinen beiden Familien war wie ein Hin und Her zwischen zwei Leben.

Meine Mutter hatte sich geschworen, niemals etwas Schlechtes über meinen Vater zu sagen, soweit sie es vermeiden konnte. Diesen Entschluß zu schweigen betrachtete nicht nur ich, sondern auch meine Familie und meine Freunde immer als ein heldenhaftes und über jede Kritik erhabenes Opfer. Und sie hielt sich bis zu seinem Tod daran. Aber es ermöglichte ihr auch eine Verweigerung. Sie sprach mir gegenüber nie über ihn, als gäbe es ihn nicht mehr, wenn sie ihn nicht erwähnte. Ich erfuhr nichts über ihr gemeinsames Leben, weder Gutes noch Schlechtes. Aber die Verweigerung ging noch weiter. Sie wollte eigentlich nie wissen, wie mein Leben bei ihm war. Sie tolerierte mein Geplapper, wenn ich von einem Besuch zurückkam, aber sie machte keinerlei Anstrengung, etwas davon nachzuvollziehen, um mit mir reden zu können. Es war immer und ist weiterhin so, als seien die Wunden, die ihr in ihrem Zusammenleben mit ihm zugefügt wurden, noch offen. Sie konnte keinerlei Druck auf sie ertragen, und wenn ich ihr alles Mögliche von seiner Welt erzählen wollte, setzte sie oft eine gelangweilte Miene auf, um mich zum Schweigen zu bringen. Sie mußte ihn aus ihrem Leben herausschneiden und konnte nicht ertragen, daß er zu meinem Leben gehörte.

Meine Schwestern waren neugierig auf diesen anderen Ort, an den ich ging, aber sie schienen auch immer etwas ungläubig. Als wären sie erstaunt, daß ich noch irgendwo eine andere Familie haben könnte, wie eine Art peinliches Geheimnis. Als hätte ich sie mir selbst ausgesucht. Am liebsten war es ihnen, wenn sie darüber herziehen konnten. Wenn meine Brüder sich schlecht benahmen oder Schwierigkeiten machten, oder wenn ich unglücklich war, weil sie mich gehänselt hatten, dann wollten sie alles wissen. Ansonsten brachten auch sie nicht viel Interesse auf. Obwohl auch mein Stiefvater mit ambivalenten Gefühlen nicht gut zurechtkam, war er derjenige, der am offensten sein Interesse bekundete. Deshalb sprach ich vor allem mit ihm über meinen Vater. Diese Verweigerung der ganzen Familie hinterließ bei mir das

Gefühl, daß dieser Teil meines Lebens, der für mich so wichtig war, niemand anderen interessierte.

Andersherum war es genauso, und das sorgte für ein merkwürdiges Gleichgewicht. Mein Vater und die Familie dort erwarteten, daß ich bei meiner Ankunft den ganzen Ballast meines anderen Lebens einfach abwarf und mich in das ihre einfügte. Ich glaube, es kam ihnen gar nicht in den Sinn, daß ich es schwer fand, zwischen zwei Leben hin- und herzuhüpfen. Ich bin nie in der Lage gewesen, mein Gepäck irgendwo aufzugeben. Natürlich ging es an beiden Orten jeweils anders zu, und das gefiel mir auch. Ich liebte und haßte den Zwiespalt, zwei Töchter in zwei Familien zu sein, die jeweils ihre eigenen Witze, Hänseleien und Spiele hatten, ihr eigenes Essen, ihre eigene Form von Privatsphäre und so weiter.

In meiner Erinnerung habe ich ein paar Bilder von meiner Mutter zwischen den beiden Ehen, nichts aus der Zeit davor. Das, was ich von diesem ersten Ort weiß, ist an andere Orte verlagert oder überlagert worden. Ich erinnere mich daran, daß ich mit ihr eine Zeitlang in einem kleinen engen Zimmer lebte, bevor sie John heiratete. Ihr Bett stand an der Tür und mein Gitterbettchen am Fenster am anderen Ende des Zimmers. Und daß mir jemand, mit dem sie die Wohnung teilte, abends im Bett »Babar« vorlas. Ich muß etwa im gleichen Alter gewesen sein, als ich mich einmal abends in Johns Junggesellenwohnung in einem Feldbett zum Schlafen legte. Man hatte mich im Eßzimmer untergebracht. Links über mir war ein riesiger verglaster Bücherschrank aus dunklem Holz. Ich konnte gerade noch die Umrisse der Gegenstände hinter dem glänzenden Glas ausmachen. Dieses felsenartige Möbel, das da über mir hing, ließ mich vor Angst erstarren. Aber es kam mir nicht in den Sinn, nach meiner Mutter zu rufen.

Mit einem Jahr kam ich in eine Tagesstätte, da meine Mutter arbeitete. Als meine Eltern sich trennten, war es theoretisch so, daß mein Vater die Kosten für die Tagesstätte übernahm und meine Mutter für alles andere aufkam. In der Praxis aber sah es so aus, daß meine Mutter zahlte, als mein Vater nicht mehr regelmäßig Geld schickte. Das war ihr lieber, als sich auf weiteres Feilschen mit dem Mann einzulassen, mit dem sie ein für alle Male fertig sein wollte.

Wir aßen in einem Kellerraum der Tagesstätte zu Mittag. Man sagte uns, wer seine Erbsensuppe aufaß, ohne zu erbrechen, würde zum Nachtisch einen Lutscher bekommen. Es hört sich unwahrscheinlich an, daß Zweijährigen eine solche Bestechung angeboten wurde, aber Erwachsene sagen nun mal Unglaubliches zu Kindern. Jeden Mittwoch blieb ich den Abend und die Nacht über bei Jessica, einer Kindergärtnerin der Tagesstätte, die eine Wohnung im Stock darüber hatte. Um sechs Uhr abends saß ich im Bademantel in ihrem Lehnstuhl und durfte »Batman« sehen, das war etwas Besonderes. Meinen Vater kann ich in dieser Zeit nirgends finden, obwohl ich annehme, daß ich ihn ziemlich regelmäßig sah, denn als ich klein war, lebte er wie wir in London.

Da meine Mutter sich jeder Erinnerung verweigert, kann ich die Bruchstücke meiner ersten Lebensjahre nicht zu einem geschlossenen Bild zusammenfügen. Sie bringt es immer noch kaum fertig, auf die Zeit vor ihrer zweiten Ehe zurückzublicken. Abgesehen davon, daß meine Mutter mir gesagt hat, ich sei als kleines Mädchen einsam gewesen, habe ich keine Ahnung, wie ich als Kleinkind war. Mein Stiefvater, der gern neckt, behauptet, ich sei ein launisches kleines Mädchen gewesen, als er mich kennenlernte (und dabei schwingt oft mit, daß ich mich nicht sehr geändert habe). Ich neigte zu Trotzanfällen, und allgemein heißt es, daß ich ein »schwieriges« Kind war. Aber ich war ja auch in einer durchaus »schwierigen«, wenn auch weitverbreiteten Lage.

An dem Tag, als meine Mutter wieder heiratete, fuhr ich auf meinem Dreirad draußen um das Haus herum. Ich war nicht bei der Trauung, weil man dachte, ich könnte über die Stränge schlagen. Hinterher lenkte mich einer von ihren Freunden mit einer Balgerei ab, damit meine Mutter und John ungehindert in ihre

Flitterwochen aufbrechen konnten. Meine heißgeliebte Großmutter mütterlicherseits kam aus Devon nach London, um die nächsten zwei Wochen über bei mir zu bleiben.

John nahm mich wie seine eigene Tochter an, soweit das möglich war. Ich war nicht sein eigenes Kind und mir dessen immer bewußt. Manchmal haben mich Leute gefragt, ob ich nie daran gedacht habe, ihn »Daddy« zu nennen. Diese Frage habe ich nie verstanden. Ich hatte ja schon einen »Daddy«, den ich besuchte. Ich konnte ja nicht zwei haben. Wenn ich John ärgern wollte, habe ich angeblich immer gesagt: »Du behandelst mich so nur, weil du mein Stiefvater bist.« John ist ein sehr guter Jazzpianist, und das Grausamste, was ich mit vielleicht drei Jahren tun konnte, war, daß ich mich in die hinterste Zimmerecke verzog und zu ihm sagte: »Ich setze mich in die Ecke und höre nicht mal zu.« Als ob ich ihn irgendwie aussperren wollte. Später entwickelten wir ein witzelndes, gutmütig-kratzbürstiges Verhältnis, und er sprach von sich als dem »Bösen Stiefvater«. Das war natürlich ein Witz, und es war so weit von der Wirklichkeit entfernt, daß es schon lächerlich war. Trotzdem gab er damit dem immer heruntergespielten und dennoch immer gegenwärtigen Unterschied zwischen mir und seinen leiblichen Kindern, meinen Schwestern, einen Platz.

Meine Mutter wollte so bald wie möglich nach ihrer Heirat ein Kind mit John. Es war für sie wichtig zu zeigen, daß diese neue Ehe, die sie glücklich machte, an die Stelle der anderen, katastrophalen Ehe getreten war. Aber für mich als Produkt und unvermeidliches Zeugnis der alten Ehe kann das nicht leicht gewesen sein. Ich kann mir vorstellen, daß die üblichen Ängste des ältesten Kindes noch durch das Gefühl verstärkt wurden, daß ich für etwas stand, das meine Mutter ersetzen wollte. Meine Schwester wurde dreizehn Monate nach der Hochzeit zu Hause geboren, ich war vier Jahre alt. Ich kann mich an diesen Tag noch erinnern. Eine Nachbarin hatte mich gebeten, sofort zu ihr zu kommen und ihr Bescheid zu sagen, sobald das Baby da war, und das tat ich auch. An der modernen Häuserzeile, wo wir wohnten, entlang hüpfte ich von einer Fußmatte zur anderen, ein beliebtes Spiel, und klingelte bei der Nachbarin. Sie war entzückt, daß ich gekommen war, und wenn sie auch vielleicht ein wenig verschnupft war, daß ich sie um sieben Uhr geweckt hatte – ein bißchen früh für einen Sonntagmorgen –, zeigte sie das mit keiner Miene. Ich machte denselben Gang über die Fußmatten bei einer anderen Gelegenheit noch einmal, als ich, wieder im Nachthemd, verkündete, daß ich von zu Hause weggehen würde. Ich kam nicht weiter als bis zur letzten Fußmatte und kehrte dann, beschämt über meine Unfähigkeit zur Flucht, zurück.

Meine zweite Schwester kam zweiundzwanzig Monate nach der ersten zur Welt, und die Familie war komplett. Ich glaube, ich hatte als kleines Kind ein allen äußeren Anzeichen nach glückliches Leben. Meine Mutter hatte jetzt mehr Zeit für die Familie, weil sie nicht mehr zur Arbeit gehen mußte, und sie liebte uns alle sehr. Sie sagt, sie konnte nie gut mit uns spielen, als wir klein waren, und beneidet mich um meine Fähigkeit, mit Eliza und Jesse zu spielen. Vielleicht liegt es daran, daß sie an der Welt, in der Kinder leben, nicht so interessiert ist und nicht genug Geduld hat, sich damit zu befassen. Vielleicht war sie damals auch erst von ihrem Unglück mit meinem Vater und dann von ihrem Glück mit John zu sehr in Anspruch genommen, um ein offenes Ohr für uns zu haben.

Es ging uns materiell gut, wir konnten uns die meisten Wünsche erfüllen, obendrein hatten wir Au-pair-Mädchen, von denen ich manche mochte, andere nicht. Ich liebte meine Schwestern und spielte mit ihnen; mein Verhältnis zu John entwickelte sich in Anbetracht der Umstände, die sich dagegen verschworen, bemerkenswert gut. Und ich besuchte meinen Vater regelmäßig, meistens war es meine Mutter, die diese Besuche organisierte. Aber irgendwo tief in mir hatte ich das Gefühl, daß man mir nicht zuhörte. Die Unterhaltung oder die Aufmerksamkeit, die ich gebraucht hätte, war wahrscheinlich etwas, das meine Mutter mir einfach nicht geben konnte. Doch wir spielten mit so großem Einsatz »glückliche Familie«, daß für andere Überlegungen kein Platz blieb. »Was für eine tolle Familie, und dabei ist er nicht mal ihr richtiger Vater«, hieß es allgemein, und ich spielte mit.

Seit dem Tod meines Vaters sehe ich mich mit einer scheinbar unmöglichen Aufgabe konfrontiert. Seit zehn Jahren bin ich auf der Suche nach den richtigen Erinnerungen. Die Erinnerungen, nach denen ich mich sehne, sind die an Zeiten, als ich meinen Vater für mich hatte. Nur er und ich. Wenn ich jetzt darüber nachdenke, begann diese Aufgabe schon lange vor seinem Tod. Ich habe ein paar Bilder, die eingerahmt hoch oben auf einem Regal in meinem Kopf stehen. Ich war vielleicht fünf, da sahen wir zusammen einen Western im Fernsehen, wir saßen zusammen in einem großen Sessel und aßen Toast mit Sardinen. Ein paar Jahre später, als ich etwa acht war, hatten wir beide einen Autounfall. Er hatte ständig Unfälle und war außerdem ein furchtbarer Autofahrer – aggressiv und immer zu schnell. Sekunden, bevor der Unfall passierte, sah ich ihn kommen, als ich meinem Vater vom Rücksitz aus Erdnüsse anbieten wollte. Es war auf der Überholspur der Autobahn, und der Wagen hatte danach Totalschaden. Wir beiden kamen mehr oder weniger heil davon. Ein Lastwagen nahm uns bis zum nächsten Bahnhof mit. Zwischen den Lastwagenfahrer und meinen Vater gequetscht, saß ich in einem Nebel von Schock und Schläfrigkeit in der Fahrerkabine und war restlos glücklich. Als wir bei meinem Vater zu Hause ankamen, fragte mich meine Stiefmutter besorgt, ob alles in Ordnung sei. Meine Schulter schmerzte sehr, aber ich behauptete, mir fehle nichts. Ich war schon damals bemüht, nicht als zimperlich zu gelten, und ich wollte das Unmögliche, nämlich so hart im Nehmen zu wirken wie meine Stiefbrüder.

Nachdem mein Vater wieder verheiratet war, hatte ich ihn selten für mich. Ich haßte es, ihn mit anderen teilen zu müssen. Ich verstand mich zwar gut mit meinen Stiefbrüdern, verübelte ihnen aber ihre Vertrautheit mit meinem Vater. Es war etwas, das ich verzweifelt wollte und nicht zu fassen bekam. Ich hing sehr an meiner Mutter, aber von ihr wußte ich, daß sie mich liebte. Meine Liebe zu meinem Vater war wie ein verbotenes Geheimnis. Ich konnte niemandem davon erzählen.

Mein Vater war ein Charmeur. Er hatte immer etwas von Peter Pan an sich, immer auf der Flucht vor den Dingen, die er am meisten wollte. Und Frauen, seine Tochter inbegriffen, litten an den Auswirkungen dieser unmöglichen Flucht. Es war mir einfach unmöglich, ihn nicht zu lieben, aber genauso unmöglich war es, ihn zu kennen. Seine Abwesenheit war zum Verzweifeln, doch offensichtlich war er sich dessen überhaupt nicht bewußt. Irgendwann trat ich den Rückzug an, weil ich Angst hatte, von diesem Mann, den ich liebte, aber nicht verstand, ignoriert zu werden, und da reagierte er betroffen. Er schien in unserem Verhältnis überhaupt nichts Problematisches zu sehen. Es stimmt, ich wurde zu einem launischen Teenager, aber er war ein noch viel launischerer Erwachsener.

Mein Vater hatte sich immer einen Sohn gewünscht. Das sagte mir meine Mutter nach seinem Tod. Als ich zehn war, bekam er einen Sohn, davon erfuhr ich allerdings erstmal nichts. Ob Michael ihn auf eine Art und Weise zufriedenstellte, wie ich es nicht konnte, weiß ich nicht. Ich habe den Verdacht, daß seine Wünsche unerfüllbar waren. Meine Stiefbrüder, die mir altersmäßig so nahe waren, wurden irgendwie seine Söhne. Ich war zwar sehr jungenhaft, aber mit ihnen konnte ich nicht mithalten. Ich war groß und so sportlich und kräftig, wie man es sich nur vorstellen konnte, aber egal, wie weit ich werfen konnte, sie warfen weiter; egal, wie schnell ich auf meinem Fahrrad fuhr, sie fuhren schneller. Sie konnten schneller laufen, tiefer graben und schwerer heben. Deshalb zog ich mich schließlich zurück. Ich weigerte mich zu konkurrieren, und mein Vater schimpfte mich deshalb aus, ohne je nach den Gründen für meine Verweigerung zu suchen. Wieder war ich die beleidigte Leberwurst. Ich weiß nicht, was er von mir erwartete, aber da ich nicht in der Lage war, es ihm zu bieten, konnte ich seine Wut besser ertragen als seine Enttäuschung.

Wenn ich das Bild meines Vaters heraufbeschwören will, kehre ich im Geiste oft zu einer kleinen Insel in einem »Loch« an der Westküste Schottlands zurück. Es war ein Ort, an dem mein Vater sehr hing. Mit ihm und »seiner« Familie, wie ich sie bei mir nenne, verbrachte ich dort drei oder vier Sommer. Wir wohnten in einer kleinen Holzhütte, holten Wasser aus einer Quelle, die fünf Minuten weit entfernt war, kochten auf einem Propangasherd und rutschten auf nassen Farnen aus, wenn wir nachts zum Plumpsklo mußten. Wir Kinder verbrachten unsere Tage mit Erkundungsgängen rund um die Insel, halfen den Bauern beim Dippen der Schafe, die auf der Insel weideten, und bauten raffinierte Höhlen im Unterholz. Da waren Hügel, auf die wir klettern konnten, und eiskaltes Wasser, in dem wir angeln, kanufahren und schwimmen konnten. Wir erforschten die Wasserlöcher auf den Felsen und spielten endlos auf dem abgetakelten Rumpf eines alten Landungsboots am äußersten Ende unseres Zauberstrandes. Ich liebte die abgelegene, schöne, karge Landschaft. Hier, weit von jedem Zuhause, war es einfacher, in der Familie meines Vaters zu leben. Als beängstigend unzuverlässiger Mensch schien ihm die Vorstellung, an einen Ort gebunden zu sein, ein einziges Zuhause zu haben, unerträglich. Er hatte als Kind nie ein festes Zuhause gehabt, und als Erwachsener war er nicht in der Lage, sich eins zu schaffen. Wie ich nach seinem Tod entdeckte, hinterließ er eine ganze Litanei anderer Leben, von denen keins in Verbindung zum anderen stand. Aber auf der kleinen Insel in diesem abgeschiedenen Meeresarm schien er seine eigene Anwesenheit dulden zu können. Jedenfalls habe ich das so in Erinnerung.

Manchmal erschien es mir – so weit von allem entfernt – unerträglich, mit dieser meiner Familie so wenig vertraut zu sein. Ich verstand die Witze nicht, oder ich wollte nicht mitmachen, oder ich wollte einfach für mich sein und lesen. Oder ich war zu gierig oder zu zickig. Ich kann mich an einen heißen Tag erinnern, an dem wir einen wunderschönen Strand am anderen Ende der Insel entdeckten. Wir wollten schwimmen. Jemand schlug vor, daß wir nackt schwimmen sollten. Meilenweit war keine Seele. Alle anderen zogen sich in gesunder Ungeniertheit aus. Ich war vielleicht vierzehn und schrecklich schamhaft. Ich wollte nicht, daß sie meinen nackten Körper sahen. Niemand sollte meinen Körper sehen. Vielleicht meinten sie, es sei gut für mich, meine Hemmungen zu überwinden, jedenfalls brachten sie mich dazu, mich auszuziehen. Als die warme Luft meine Schenkel, meinen Bauch, meine Brüste und mein Gesäß streichelte, verabscheute ich meine weiblichen Formen und wünschte, da wäre nichts. Ein andermal war ich mit meinem Vater und meinen Brüdern im Boot. Martin hatte aus Versehen einen Schlüssel über den Bootsrand ins tiefe Wasser fallen lassen. Mein Vater zog sich splitternackt aus und tauchte ins Wasser, um den Schlüssel wiederzufinden. Mir war zutiefst unbehaglich zumute, und meine Brüder zogen mich auf und behaupteten, ich hätte den Schwanz meines Vaters angestiert. Vielleicht stimmte es. Ich hatte nie einen Mann nackt gesehen. Aber ich leugnete es, bestürzt über meine eigene Unfähigkeit, mich ihnen anzupassen und so zu empfinden, wie ich meinte, daß man es von mir erwartete. Keine meiner beiden Familien ließ der anderen Raum, und ich wollte zu beiden gehören.

Meine Brüder hänselten mich häufig, und ich kann wohl mit Fug und Recht behaupten, daß ich im Umgang mit ihnen oft genauso eingeschnappt und schwierig war wie sie grob und rauh zu mir. Aber einmal, in den Ferien, schikanierten sie mich richtig, und da war es beängstigend, sich als völliger Außenseiter zu fühlen. Mein Vater verbrachte mit seiner Familie die Ferien in

Thurlestone in Devon, und ich war ihnen nachgereist. Sie waren bei Freunden, die dort ein Haus hatten. Meine Brüder und Schwester taten sich mit den drei Kindern der anderen Familie gegen mich zusammen. Ich hatte ein eigenes kleines Zimmer im Erdgeschoß, und wenn ich schlafen ging, schloß ich mich ein. Selbst dann hatte ich noch Angst, sie könnten durchs Fenster hereinkommen. Ich weinte regelmäßig, wenn ich ins Bett ging. Je verzweifelter ich wurde, desto mehr wurde ich zur Zielscheibe ihrer Hänseleien. Es schien, als sei es meinen Brüdern diese eine Woche lang gestattet, mich als jemanden zu behandeln, der völlig außerhalb stand und nach Gutdünken verspottet werden konnte. Meine andere Familie erinnert sich daran, daß ich in einer Art Schockzustand zurückkam. Ich war ängstlich darauf bedacht, daß mein Vater oder meine Stiefmutter nichts davon erfuhren, sonst würden sie ihre schlimmsten Vermutungen über mich bestätigt finden, und beim nächsten Mal würde alles noch schwieriger. Ich sah die andere Familie nie wieder mit den Augen eines Kindes, und meine Brüder wiederholten ihre Schikane nie. Aber von diesem Zeitpunkt an fühlte ich mich in der Familie bedroht. Meine Stellung war so unsicher, daß mich jeder beliebige andere Außenstehende ins Nichts abdrängen konnte. Ich klammerte mich mit allen Fasern an meinen Platz.

Als ich zwölf war, fragte mich meine Mutter, ob ich die Vereinbarungen für die Besuche bei meinem Vater selbst treffen wollte. Ich freute mich darüber, denn ich betrachtete es als ein Zeichen dafür, daß ich nun erwachsen war. Sie erinnerte ihn auch nicht mehr an meinen Geburtstag oder daran, daß Weihnachten vor der Tür stand. Als er zum ersten Mal meinen Geburtstag vergaß, war ich am Boden zerstört. Nicht einmal eine Karte. Ich entdeckte bald, daß seine Versprechen wie Rauch waren. Nie rief er zurück, wenn er es versprochen hatte. Natürlich blieb ich beharrlich, denn ich mußte ihn ja sehen. Meine Mutter hatte nie die Probleme auch nur angedeutet, die durch die zwanghafte Unzuverlässigkeit meines Vaters entstanden. Ich lernte, meine Verabredungen eher mit Tricia zu treffen als mit meinem Vater, und ich glaube, sie war in den Jahren bis zu seinem Tod für die Geschenke verantwortlich, die mein Vater nicht vergaß. Er versäumte es nie, mich zu einem Besuch abzuholen, wenn er es versprochen hatte, aber er kam immer zu spät. Trotzdem waren mir diese Fahrten kostbar. Einmal hielt er das Auto an, und wir umarmten uns. Es geschah nur einmal, und die Erinnerung daran halte ich so leidenschaftlich fest, wie ich damals die Arme um meinen Vater schlang.

Meine erste Schule war eine große Londoner Grundschule. Hier gehörte ich zu den Jungen und blühte auf. Der Schulhof war ein außergewöhnlich kinderunfreundlicher, asphaltierter Platz, der zum Teil an einem Hang gelegen war. Ich zog mir die Verletzungen zu, wie sie für ein solches Spielfeld typisch sind, und hatte immer wieder kleine Steinchen im Knie, wenn ich nach Hause kam. Aber ich trug meine Kriegswunden heldenhaft und mit Stolz. Sie waren die Bestätigung dafür, daß ich dazugehörte. Als ich sieben war, zogen wir um, und ich kam in eine neue Schule. Hier mußte man geradesitzen und sich ordentlich melden. Wir saßen an unseren Pulten, und der Schulhof war in einen Jungen- und einen Mädchenteil getrennt. Nur bei der Kußjagd riskierten die Kinder den Zorn der Lehrer und überschritten die schmale weiße Linie. Ich fühlte mich immer zu sehr als Außenseiter, um mich an diesen Schulhofspielen zu beteiligen. Vielleicht wollte ich auch nicht zu den Mädchen gehören. Hier wurde ich von einem älteren Kind schikaniert. Ein riesiges Mädchen, deren Gesicht ich vergessen habe. Immer wieder kam ich tränenüberströmt nach Hause, aber ich sagte nicht, warum. In meiner dritten Schule fühlte ich mich zu Hause, und während der drei Jahre dort ging es mir wunderbar. In meinem Zeugnis steht, daß ich sogar in Mathe gut war. Ich genoß es, meine eigene Schulhofbande zu organisieren. Ich war beliebt, stand im Mittelpunkt des Geschehens und ließ Vorwürfe der Bestechlichkeit gelassen an mir abgleiten.

Die Oberschule war eine andere Welt. Ich kam in eine Klasse mit rund 30 Mädchen, von denen etwa die Hälfte schon an der Unterstufe derselben Schule gewesen war. Aus gutem Grund hatten sie beschlossen, die Neuen zu bestrafen. Sie wollten nichts mit uns zu tun haben und redeten nicht einmal dann mit uns, wenn wir sie ansprachen. Ich war ohnehin schon verwirrt und fühlte mich an diesem riesigen Ort verletzlich. An den Wänden hingen keine Kinderbilder, und die Schulglocke und Stundenfolge waren sonderbar. Erwachsene Mädchen mit Büstenhaltern unter ihren weißen Blusen und mit Krawatten schritten die Flure hinab, und die Lehrer lächelten nicht. Ich fand mich in die Isolierung gedrängt, und das machte mir das Leben zur Hölle. Schließlich, nach vielleicht sechs Wochen, gelang es mir, die Mauer des Schweigens zu brechen, weil ich gut in Spielen war. Nicht in Denkspielen, sondern draußen auf dem Sportplatz. Ich wurde als Reserveverteidigerin für ein sonntägliches Korbball-Spiel ausgesucht, und mein Ansehen in der Klasse schoß in die Höhe.

Pubertät war etwas, das in meiner Klasse verunglimpft wurde. Nicht gerade von jedem, aber von denen, die den Ton angaben. Es war natürlich kein Zufall, daß das diejenigen Mädchen waren, bei denen sich Brust und Schamhaare am spätesten entwickelten und die als letzte ihre Tage bekamen. Ich fühlte mich verachtet, weil ich mit zwölf meine erste Periode und mit vierzehn eine voll entwickelte Brust hatte. In den Schwimmstunden stolzierten die Mädchen, die noch keine Schamhaare hatten, in ihrer Blöße umher, während die anderen versuchten, den dunklen Flecken in ihrer Leistengegend zu verbergen, der durch die nassen Badeanzüge schien. Eine Zeitlang zupfte ich mir mein Schamhaar mit der Pinzette aus. Die Vergeblichkeit des Unterfangens brachte mich schließlich dazu, damit aufzuhören, nicht etwa die Tatsache, daß ich Gefallen an meinem Haar gefunden hätte.

Unsere Sportlehrerin machte mit bei diesem Erniedrigungsspiel. Nach den Sportstunden auf dem Spielfeld draußen mußten wir durch die kalte Gemeinschaftsdusche rennen, bevor wir unsere Schuluniform wieder anziehen konnten. Die Lehrerin nahm die Handtücher von den Haken und warf sie in einem wirren bunten Haufen auf den Boden, so daß jedes Mädchen nach ihrem eigenen Handtuch wühlen mußte. Warm in ihren Trainingsanzug gepackt, amüsierte sie sich dann über die Mädchen, die mit schaukelnden Brüsten panisch in dem Haufen nach einer Bedeckung für ihre Blöße suchten.

Korbball war eine ernste Angelegenheit in meiner Schule, und keiner war mit mehr Ernst dabei als ich. Ich liebte den triefenden Schweiß und die Erschöpfung beim Training, das Miteinander des Teams. Ich opferte meine Wochenenden und Abende bereitwillig für Spiele und Turniere. Unsere Schulmannschaft war sehr gut. Als ich fünfzehn war, schaffte ich es, in die Juniorenbezirksmannschaft zu kommen. Das bedeutete, daß ich jeden Dienstag mit meiner besten Freundin in der U-Bahn nach Paddington fuhr. Zusammen mit vielleicht fünfundzwanzig weiteren Mädchen in unserem Alter rannten wir in kurzen Röckchen auf einem Spielfeld an der Edgware Road umher und trainierten in den Wintermonaten im warmen gelben Flutlicht der Scheinwerfer. Da wurde ich angefeuert, höher zu springen, schneller zu laufen, besser zu sein – alles, was mein Herz begehrte. Ich war nie gut genug, um es mit meiner Freundin bis an die Spitze zu schaffen, aber eine Zeitlang trug ich regelmäßig an Wochenenden das Middlesex-Trikot und schrie mit Begeisterung gegen Surrey, Wiltshire, Nottinghamshire, Sussex und Devon.

Ganz wohl fühlte ich mich bei der Korbballmannschaft von Middlesex allerdings nie. Ich war zu scharf darauf dazuzugehören und spielte deshalb voller Angst vor Abwertung und Zurückweisung. Ich habe mir seitdem viele weibliche Cliquen erfunden, zu denen ich aber nie richtig Zugang fand, doch am Anfang stand diese verschwitzte Frauengruppe. Die bedürftige Suche nach Freunden mit Busen muß ihren Ursprung bei mir zu Hause haben. Die Nähe meiner Schwestern zueinander gab mir immer das Gefühl, daß ich nie ein vollgültiges Mitglied der Schwesternschaft war, sondern nur ehrenhalber dazugehörte. Mein Beitrag war nie ganz entrichtet. Bis vor kurzem habe ich gedacht, keine Frau könnte mich wichtig genug finden, um mich zur Freundin zu haben. Manchmal frage ich mich heute noch, warum das nicht so ist.

Ich habe immer etwas Besonderes schreiben wollen. Im Gymnasium verknüpfte sich dieser Wunsch bald mit einer leidenschaftlichen Bewunderung für meine Englischlehrerin. Aber in den ersten paar Jahren wurden meine Bemühungen, zu schreiben und Miss Davis' Anerkennung zu finden, nur mit sehr mittelmäßigen Noten belohnt. An einem Wochenende schrieb ich schließlich einen Aufsatz, von dem ich wußte, daß er anders war als alles, was ich zuvor geschrieben hatte. Ich kann mich nur noch in Grundzügen daran erinnern, aber der Eindruck, der den Auslöser für diesen Aufsatz lieferte, ist mir noch klar in Erinnerung.

Eines Sonntagabends kehrte ich mit einer Freundin und ihrer Familie von einem Ausflug zurück und sah ein Haus, das in Flammen stand. Wir steckten irgendwo in Südlondon in einem Verkehrsstau und fuhren ganz langsam an dem brennenden Gebäude auf der anderen Straßenseite vorbei. Das Haus war anscheinend schon teilweise eingestürzt. An der einen Wand sah man die Tapeten und Kamine von Zimmern, die nicht mehr existierten. Auf dem Gesteig stand eine Familie. Beide Eltern hielten ein kleines Kind im Arm. Ein drittes Kind stand im Nachthemd neben ihnen und sah zu, wie ihr Zuhause abbrannte. Es kam mir schrecklich vor, daß sie in diesem unpassenden Aufzug da draußen stand und sich nichts anderes mehr anziehen konnte. Ich wußte, daß ich die Worte gefunden hatte, um etwas zu sagen, was ich sagen mußte.

Als ich für den Aufsatz eine bessere Note bekam als je zuvor, war das nur wie die endgültige Bestätigung von etwas, von dem ich schon wußte, daß ich es vollbracht hatte.

Vor allem Übernatürlichen fürchte ich mich über die Maßen, ich kann es einfach nicht verkraften. Aber der einzige andere Aufsatz, an den ich mich aus meiner Kindheit noch erinnern kann, ging über genau diese gestaltlose Angst, die ich am meisten fürchte. Dieses Mal verwendete ich eine Geschichte, die mir eine Freundin unserer Familie erzählt hatte. Eine ihrer Bekannten namens Jane wollte ein Haus besichtigen, das zum Verkauf stand, und sie nahm ihren Hund mit. Das Haus stand leer, und der Makler hatte ihr den Schlüssel gegeben. Als sie den Gartenpfad hinauf zur Haustür ging, fing ihr Hund ganz untypischerweise an zu jaulen. Er war nicht bereit, durch die Haustür zu gehen. Sie ging durch die Zimmer im Erdgeschoß, und der Hund heulte weiter. Er wollte nicht mit ihr nach oben gehen, deshalb ging sie etwas verunsichert die Treppe allein hinauf. Sie betrat eins der Schlafzimmer, und Grauen überfiel sie. In dem Zimmer war nichts, aber sie ergriff die Flucht.

Als Jane den Schlüssel zurückgab und die Geschichte erzählte, sagte ihr der Makler, daß in diesem Zimmer ein grausiger Mord begangen worden war. Die einzigen meiner Geschichten, an die ich mich erinnern kann, beschreiben also das Zuhause als eine Art Alptraum, obwohl ich im allgemeinen eher wie der Hund der Frau bin. Sobald sich auch nur eine schreckliche Bedrohung der vertrauten Welt ankündigt, ergreife ich die Flucht.

Als ich etwa neun war, sah ich die Verrückte auf dem Speicher zum ersten Mal. »Jane Eyre« war als Serie für das Fernsehen verfilmt worden, und eine Babysitterin erlaubte mir, abends aufzubleiben und sie zu sehen. Sie interessierte sich nicht dafür, und so saß ich in meinem Nachthemd allein auf dem Sofa. Ich sah zu, wie Bertha Mason am Abend vor Janes Hochzeit in ihr Zimmer kommt und Janes Brautschleier zerreißt, und ich war zu verschreckt, um mich zu rühren. Weder konnte ich quer durchs Zimmer gehen, um den Fernseher auszuschalten, noch konnte ich nach einem Kissen am anderen Ende des Sofas greifen, um mir damit die Augen zuzuhalten. Ich war vor Angst wie gelähmt, wie das Kaninchen vor einer Schlange.

Mein Zimmer lag im obersten Stock. Ich war gern dort oben, sozusagen auf dem Speicher. Die anderen hatten ihre Zimmer auf dem Stockwerk darunter. Im Treppenhaus war ein großes Fenster mit kleinen rechteckigen Buntglasscheiben, und auf dieses Fenster ging man zu, wenn man die Treppe hinaufstieg, die dann an dem Fenster zu meinem Zimmer abbog. Eine der kleinen Buntglasscheiben hatte ein kleines Loch, und ich war fest davon überzeugt, daß die Verrückte durch dieses Loch kommen und mich holen würde. Jeden Abend mußte deshalb mein Stiefvater oder sonst jemand auf dem Treppenabsatz im ersten Stock stehen und warten, bis ich in meinem Zimmer war. Jahre später wurde das Fenster schließlich doppelverglast und meine Angst war damit gebannt.

Als kleines Kind hatte ich immer Angst vor einer Schlange unter meinem Bett. Schlafen konnte ich nur, wenn ich mir die Decke ganz über den Kopf gezogen hatte. Wenn irgendein Teil meines Körpers, eine Zehe oder ein Haar, über den Bettrand hinausragte oder unter der Bettdecke hervorsah, würde mich die Schlange erwischen. Als ich sieben war, hatte sich diese Angst vor Schlangen in ein leidenschaftliches Interesse verwandelt. Ich lernte soviel wie möglich über Schlangen und besuchte gern das Reptilienhaus im Londoner Zoo. Eine Zeitlang hielt ich eine Ringelnatter, die ich mit einer Freundin in den Ferien gefunden hatte, in einer alten Badewanne bei ihr im Garten. Ich mochte die weiche, trockene Berührung ihrer Haut und das Gleiten ihres Körpers. Sie bewegte sich wie ein Sportler in Höchstform, jeder Teil der ganzen Länge ihres Körpers bildete einen Abschnitt der Bewegung. Mir scheint, daß ich mit meinem Leben jetzt das machen will, was ich mit der Schlange unter meinem Bett gemacht habe. Ich hatte Angst vor meiner Vergangenheit und dem, was ich darin finden würde, und jetzt bin ich leidenschaftlich an ihr interessiert. Ich möchte lernen, ihre Haut gern anzurühren, denn letztendlich ist es die einzige Haut, die ich habe.

Vor einiger Zeit sprachen Hugh und ich über Autoren von Erstlingswerken und darüber, daß solche Romane oft sehr eng an die eigene Kindheit angelehnt sind. Ich sagte, ich könnte mir gar nicht vorstellen, so etwas zu schreiben, weil ich so eine banale, ereignislose, glückliche Mittelschichtskindheit gehabt hatte. Jetzt allerdings sieht die Gestalt, die dieses »etwas« angenommen hat, sehr anders aus. Die Fragen, die meine Krise aufgeworfen hat, drehen sich um meine Erinnerungen. Und die Natur oder Organisation dieser Erinnerungen hat diese Fragen auf neue Weise gestellt. Indem ich versuche, mir mich selbst in Erinnerung zu rufen, bin ich bestürzt über die Lücken und Unsicherheiten, die ich um das selbstbewußte, behütete Mädchen herum wahrnehme. Und ich fange an zu verstehen, daß dieser schreckenerregend formlose Eisberg der Gefühle, an den ich nach Jesses Geburt stieß, sich in meiner frühen Kindheit gebildet hat.

Ich halte mich nicht für eine gute Lügnerin und habe mir immer gewünscht, ich wäre darin besser. Wenn ich meinen Vater nur öfter gesehen hätte, habe ich schon mal im Scherz gesagt, dann hätte ich diese Kunst von ihm lernen können. Und dennoch habe ich selbst jahrelang eine bestimmte Lüge verkörpert. Aber sie lag so tief in mir drin, daß mir erst vor ganz kurzer Zeit dämmerte, daß es eine Lüge ist. Vielleicht lag das daran, daß sie eine Wahrheit über meinen unbewußten Zustand ausdrückte. Ich handelte wie unter Zwang, obwohl ich mich nie nach dem Grund dafür gefragt habe. Das einzige, was mir jetzt klar geworden ist, ist die Tatsache, daß ich an einem schrecklichen Schmerz gelitten haben muß, aber ich konnte mir diesen Schmerz nicht eingestehen. Deshalb habe ich ihn neu erfunden und verkörpert. Er schrieb sich in meinen Körper ein.

Mein Herz rast, während ich diese Worte schreibe. Das geschieht jedesmal, wenn ich von dem spreche, was mir zugleich als schreckliche Lüge und als furchtbare Wahrheit vorkommt.

Mit zwölf Jahren bekam ich schlimme Rückenschmerzen, die anfangs als eine Art Wachstumsschmerz diagnostiziert wurden. Aus dem Badezimmer hörte ich eines Tages, wie meine Tante meine bekümmerte Mutter beruhigte. Es sei nichts Besorgniserregendes, sagte sie, in ein paar Tagen würde es besser sein. In diesem Moment beschloß ich, daß sie nicht recht behalten würde. Es war nach ein paar Tagen nicht besser, ich schleppte es immer weiter. Röntgenaufnahmen wurden gemacht, Ärzte und Physiotherapeuten bemüht. Wenn die Menschen um mich herum die andere Qual in mir gesehen hätten, hätte ich diese vorgeblich eindeutige nicht für sie erfinden müssen.

Die nächsten Jahre über wurde ich regelmäßig von lähmenden Rückenschmerzen heimgesucht. Ich ging zu zahlreichen Fachleuten, wurde untersucht, bekam mehr Physiotherapie, verlor ganze Wochen in der Schule und gewann viel Anteilnahme und Aufmerksamkeit von Freunden, Lehrern, Angehörigen, ja sogar relativ fremden Menschen. Und ich hatte den Schlüssel zu unendlicher Fürsorge und Besorgtheit meiner Mutter gefunden. Aber ich hatte keine Rückenschmerzen. Es war eine Erfindung. Mein Stöhnen und Greinen, mein verzerrtes Gesicht und meine verrenkte Haltung und mein Leiden – alles war ausgedacht, zumindest was mein Rückgrat anging. Ich kam meine Familie teuer zu stehen. Vielleicht war es gerade das, was ich wollte.

Mit etwa vierzehn Jahren setzte ich eine Krise in Gang. Ich legte mich mit schrecklichen Schmerzen ins Bett und ließ mich nicht mehr überreden aufzustehen. Weder Physiotherapie noch irgend etwas anderes konnten mir noch helfen. Nach Tagen der Qual für meine Mutter und meinen Stiefvater wurde ich im

Krankenwagen in die Klinik gebracht. Mit zuckendem Blaulicht wurde ich im Schneckentempo in die Innenstadt gefahren, um mein Rückgrat möglichst keinen Erschütterungen auszusetzen. Ich wurde sofort aufgenommen und verbrachte neun Wochen im Krankenhaus, die ganzen Sommerferien und einiges mehr. Unser Urlaub wurde abgesagt, meine Schwestern mußten sich mit Tagesausflügen hierhin und dahin begnügen. Meine Mutter und John besuchten mich jeden Tag, bemüht, ihre sorgenvollen Mienen vor der Tür abzulegen. Mein Vater besuchte mich einmal, und zwar mit seiner Familie. Sie kamen um die Mittagszeit, als ich meinen Teller mit Anstaltsbraten, Gemüse und Sauce auf einem Tablett vor mir stehen hatte und nicht aß. Mein Vater schimpfte mit mir, weil ich mein Mittagessen nicht wollte, dann aß er es selbst. Beim Abschied sagte er, er würde mich am nächsten Tag wieder besuchen, diesmal allein. Aber er kam nicht. Ich weiß nicht, wen er damit bestrafen wollte, daß er mich so enttäuschte. Vielleicht nicht unbedingt mich. Aber es erschien mir wie eine schreckliche Anklage, so, als wäre er wiedergekommen, wenn ich eine interessantere Tochter gewesen wäre.

Für ein paar Wochen steckte man mich vom Nacken bis zur Taille in Gips, um zu sehen, ob das half. Irgendwann, als ich mich an das Gewicht noch nicht gewöhnt hatte, drehte ich mich auf meinem Bett um, um nach einem Glas Wasser zu greifen. Das Gewicht des Gipses gab mir dabei soviel Schwung, daß ich einfach weiterrollte, bis ich auf dem Fußboden landete und mein Kopf dabei an den Nachttisch schlug. Man brachte mich zum Röntgen – dazu waren sie gesetzlich verpflichtet, wie man mir sagte. Ich lag auf meinem Bett und wartete darauf, daß ich an die Reihe kam, neben mir eine Krankenschwester, die auf mich aufpaßte, und ich schloß die Augen. Und beschloß, sie nicht wieder zu öffnen. Sie dachten, ich sei infolge des Sturzes ohnmächtig geworden. Ich weigerte mich, auf Geräusche oder Berührungen zu reagieren. Mein Bett wurde in ein Einzelzimmer geschoben, und da blieb ich dann, scheinbar bewußtlos, etwa acht Stunden lang. Nichts brachte mich zum Aufwachen. Man steckte mir spitze Nadeln in den Fuß, sprach und flüsterte mich an, schrie mich unvermittelt an, flehte mich an. Meine Reflexe waren schwach und mein Puls besorgniserregend langsam. Man sägte ein Stück aus dem Gips, für den Fall, daß ich künstlich beatmet werden mußte.

Ich belauschte die Gespräche über mich in der dritten Person, und das bestärkte mein Gefühl der Losgelöstheit. Ich fühlte mich, als könnte ich meinen trägen Körper hinter mir lassen und mich selbst in mich hineinziehen, mich von allem, was anstand, entfernen und eine Zeitlang wie tot daliegen. Es war eine Wohltat. Meine Mutter und John wurden gerufen. Ein Neurochirurg wurde geholt, und er flüsterte mir ins Ohr. »Wenn ich dich am Gehirn operieren muß, werde ich dir alle Haare abrasieren müssen und dann einen Bohrer nehmen.« Seine Stimme fuhr immer weiter fort. Bald nach diesem Flüstern kehrte ich zurück.

Danach wurde ich regelmäßig ohnmächtig, manchmal eine halbe Stunde, manchmal mehrere Stunden lang. Man machte einen Gehirnscan, und ein Psychiater kam und stellte mir Fragen nach meiner zerrütteten Familie. Aber keiner konnte herausfinden, was nicht stimmte. Ich wußte es auch nicht, aber ich wünschte, sie hätten sich mehr angestrengt. Schließlich sagte man meinen Eltern, daß man im Krankenhaus nur zu dem einen Schluß kommen konnte, daß mein Körper den Schmerz nicht ertragen konnte, deshalb suchte ich von Zeit zu Zeit kurzfristig Zuflucht in der Bewußtlosigkeit. Diese Diagnose war wahrscheinlich eher richtig als falsch, obwohl ich nie wirklich bewußtlos war. Innerlich lief ich vor etwas davon, obwohl ich nie vom Fleck kam.

Jetzt, da ich es geschafft hatte, ins Krankenhaus zu kommen, half nichts gegen den Schmerz. Keine Bettruhe, kein Gips, kein Streckverband, keine Schmerzmittel. Die Röntgenaufnahmen brachten keinen Befund, was nicht überraschend war. Aber ein anderer Test förderte ein Problem zutage, und das war für mich in der Tat eine Überraschung. Als ich etwa fünf Wochen im Krankenhaus war, nahm man ein Myelogramm vor. Ein Farbstoff wurde mir in die Wirbelsäule injiziert, ich wurde nach oben und unten gekippt, damit er sich in meinem Rückgrat verteilte, und dann wurden Aufnahmen gemacht. Mein Arzt verkündete, er habe eine vorgefallene Bandscheibe entdeckt, und da sie sich der konservativen Behandlung offenbar hartnäckig widersetzte, blieb keine andere Wahl, als zu operieren. Und das tat er. Ich machte mir zu dem Zeitpunkt weder Sorgen darum, ob man mich jetzt meiner Lüge überführen würde, noch darum, welche Folgen diese Rückenoperation haben würde. Als ich nach der Operation im Bett lag und zum ersten Mal in meinem Rücken akute (nachoperative) Schmerzen verspürte, erklärte mir der Arzt, er habe nicht nur den größten Teil der vorgefallenen Bandscheibe entfernen müssen – eine Operation, die sich Laminektomie nennt –, sondern er habe auch etwas entdeckt, das er als Nerven beschrieb, die durch die falschen Öffnungen verliefen. Das hätte er in Ordnung gebracht. Wenn es nur so einfach gewesen wäre.

Ich war bei alledem nicht glücklich. Aber ein anderer Weg schien sich nicht zu bieten. Um meine Station auf dem achten Stock zog sich ein Balkon, und sobald ich wieder aufstehen konnte, ging ich gern hinaus und genoß den Ausblick. Es war kein sehr erhebender Anblick – Dächer, belebte Straßen, ein Stück der Themse und ein riesiges Warenhaus, auf dessen Dach »Harrods Depository« stand. Ich war sehr enttäuscht, als ich erfuhr, daß Depository nur ein anderer Name für Warenhaus war. Wie ich da im leichten Wind der achten Etage stand, überlegte ich – nur ein einziges Mal –, ob es nicht besser wäre hinunterzuspringen.

Zwei Wochen nach der Operation wurde ich aus dem Krankenhaus entlassen. Ich hatte mich gut erholt und ging dünn und anstaltsgeschädigt hinaus. Gegen Ende meines Aufenthalts hatte ich mehr oder weniger aufgehört zu essen. Noch im Krankenhaus hatte mich zwar der Geruch von Toast mit Butter wieder zum Essen verführt, aber ich wog immer noch nur 50 Kilo, als ich nach Hause kam. Mein 1 Meter 80 großer, grobknochiger Körper sah aus wie der Tod. Das einzige Kleidungsstück, das nicht hinunterrutschte, waren ein Paar Latzhosen, die von den Trägern festgehalten wurden. Daheim nahm ich schnell wieder zu, denn ich war wie immer unfähig, dem Essen meiner Mutter zu widerstehen.

Zu Hause war anfangs alles beängstigend. Ich mußte mein Leben neu lernen. Nichts schien mir gesichert. Ich wollte die Verantwortungen, vor denen ich zweieinhalb Monate zuvor so dramatisch geflohen war, nicht wieder auf mich nehmen. Ich wollte an den Ort zurück, wo ich alles bekommen hatte, ohne daß man etwas von mir dafür haben wollte, nicht mal Liebe und Zuneigung. Zu Hause und natürlich auch in der Schule fühlte ich mich wie ein Anhängsel. Es war, als könnte ich meine eigenen Orte nicht mehr in Besitz nehmen, oder als könnte ich es nicht ertragen. Ich fühlte mich elend und sprachlos.

Mein körperlicher Schmerz war zwar erfunden, hatte mir aber ein legitimes Trauma vermacht. Er hatte mir den Anspruch auf eine völlig berechtigte Sympathie verliehen. Wenn diejenigen, die mir in meinen Jugendjahren am nächsten standen, das lesen, werden sie sich wahrscheinlich betrogen fühlen, als hätte ich sie durch eine List in emotionale Extreme getrieben, die ihnen hätten erspart bleiben können. Sie werden wütend sein, weil ihnen so viel unnötiges Leiden zugemutet worden ist. Die wenigen Menschen, denen ich diese Geschichte erzählt habe, haben sich gefragt, was das wohl für ein verzweifeltes Bedürfnis in mir gewesen sein muß, das mich zu solch extremen Schritten zwang. Und ich konnte ihnen keine richtige Antwort darauf geben.

Zu Hause hatten wir eine Untermieterin namens Kim. Sie lebte in einem Zimmer im ersten Stock, und sie war meine Freundin geworden. Sie war auf eine Weise religiös, die ich vorher nicht gekannt hatte. Ihr Glaube endete nicht an der Kirchentür wie der meine. Er kam mit ihr nach Hause. Ich verbrachte Stunden in ihrer Gesellschaft, wir redeten, tranken Kaffee, ich traf ihre Freunde und gewöhnte mich an ihren Glauben, obwohl es nicht der meine war.

Einige Monate nachdem ich aus dem Krankenhaus entlassen worden war, hatte ich eines Nachmittags eine schreckliche Auseinandersetzung mit meiner jüngeren Schwester Lucy. Wie so oft damals brachten wir uns gegenseitig immer weiter in Rage, obwohl ich wußte, daß ich im Recht war. Ich ging mich duschen, und während ich die Badezimmertür schloß, betete ich: »Gott, wenn es dich gibt, möchte ich zum Beweis eine schriftliche Entschuldigung von Lucy.« Die Dusche hatte eine Glastür. Als ich unter dem rauschenden Wasser stand, sah ich durch den Wasserdampf verschwommen, wie unter der Badezimmertür ein kleines weißes Papier erschien. Diese Entschuldigung hatte die neunjährige Lucy wahrscheinlich viel gekostet. Ich hatte keine Ahnung, wieviel sie mich kosten würde. Unter diesem heißen Wasserstrahl verpfändete ich meine Seele für sechs Jahre.

Kurz nachdem ich Hugh kennengelernt hatte, nahm ich die Angewohnheit an, mich selbst bei einem gemeinsamen Essen mit anderen Leuten als »ehemalige christliche Fundamentalistin« zu bezeichnen. Hugh gestand mir vor kurzem, daß er dieser Geschichte bald ein bißchen überdrüssig war. Bei allem Interesse, das er meiner Erfahrung entgegenbrachte, fragte er sich, wann ich wohl andere Versionen meiner selbst zulassen würde.

Heute erscheint mir das alles völlig unbegreiflich. Wenn ich darüber zur Rede gestellt werde, stammele ich etwas. Jedes Mal, wenn ich schriftlich erklären will, was und warum ich damals glaubte, gerate ich in den Sog eines Jargons, der in meinen Ohren klirrt und dröhnt, als würden Becken aneinandergeschlagen. Es erscheint mir völlig abstrus und hat nichts mit dem zu tun, was ich jetzt bin. Das Glaubenssystem, um das ich den größten Teil meines jugendlichen Lebens anordnete, ist so abenteuerlich, daß ich glauben muß, daß meiner Bekehrung etwas anderes zugrundelag, ein spezifisches Bedürfnis, das ich als Vierzehnjährige hatte.

Vielleicht hatte es etwas damit zu tun, daß es mir eine Art von Zugehörigkeit zu einer Gemeinschaft bot, in der alle gleichberechtigt miteinander verkehrten. In meiner Kirche gab es keine »Halb«- oder »Stief«-beziehungen. Und über allem thronte eine Vaterfigur, die allen anderen Vaterfiguren ein Ende setzte. Was auch noch eine Rolle spielte, war die Tatsache, daß ich in der Nähe meines Zuhauses Freunde fand. Manche waren in meinem Alter, andere zählte ich bald zu meiner neuen weiblichen Clique reiferer Frauen, die man bewundern und verehren konnte. Außerdem kam ich frisch aus dem Krankenhaus. Ich war deprimiert, mit der Schularbeit im Rückstand, hatte den Kontakt zu meinen Schulfreundinnen verloren, und nun fand ich hier eine neue Woge der Anteilnahme und des Interesses. Die Religion gab mir auch ein festes Gefüge von Einstellungen, das mir zu Hause fehlte. Moralische Imperative wurden zu meinen Normen. Liberale Vorbehalte waren falsch. Politik war unwichtig. Zeitungen hatten keine Ahnung vom Wesentlichen. Und das Wesentliche war: Glaube an Jesus Christus als den Heiland und Herrn, sonst bist du verdammt.

Für meine Familie war das sehr schwer. Ich hätte keine wirkungsvollere Form jugendlicher Auflehnung finden können, wie sie es in ihren Gesprächen nannten. Ich ließ mich auf keinen Kompromiß mit meiner Mutter ein und war für Johns Neckereien nicht mehr ansprechbar. Ich hatte mich in absolute Positionen verbohrt, die sie abstoßend fanden, und keiner von uns wußte, wie man dem ohne Reibungen aus dem Weg gehen konnte. Anfangs gab es oft Streit. Die Zänkereien liefen sich tot, und an ihre Stelle trat eine unbequeme und stillschweigende Vereinbarung, nur im äußersten Provokationsfall über Religion zu sprechen. Es war für jeden von uns zu verletzend. Meistens stritt und spielte ich mit Jules und Lucy noch wie zuvor. Manchmal aber versuchte ich sie auch zu bekehren. Meine kleinen Schwestern fanden es abwechselnd langweilig oder furchterregend, wenn ich wirklich aufdrehte, und ihnen blieb nur deshalb mehr davon erspart, weil ich mich beim Bekehren so unwohl fühlte. Wenn jemand diskutieren wollte, bitte sehr, aber so sehr ich mich auch bemühte, ich verspürte Unbehagen und Verlegenheit, wenn ich einem unwilligen Zuhörer die Wahrheit verkünden sollte.

Die Sonntage kreisten nun ganz um die Kirche. Manchmal ging ich in den Morgengottesdienst, immer in den Abendgottesdienst und hinterher in die Jugendgruppe. Unter der Woche waren einige Abende Gebeten und Jugendtreffen gewidmet, zu denen ich erst auf dem Fahrrad, später auf dem Moped eilte. Ich verbrachte Stunden in meinem Zimmer, kniend ins Gebet vertieft, hörte Kassetten, auf denen die damaligen Modetheologen die Kirchenlehre interpretierten, las in der Bibel oder verschlang Geschichten von christlichem Heldenmut, -eifer und -frömmigkeit. Ferne breitet über alles einen Zauber, und die »Heiligen«, die in diesen Büchern ihrem wundersamen Wirken nachgingen, hatten meistens im 18. oder 19. Jahrhundert gelebt. Ich dachte immer, ich würde es nie mit diesen Leuten aufnehmen können, aber als mehr und mehr Leute aus meinem Bekanntenkreis wegzogen, um als Missionare in Afrika oder Solihull, Afghanistan oder Glasgow zu wirken, begann ich mich zu fragen, ob mir das auch bevorstand.

Als ich sechzehn war, war die Religion mein Sport geworden. Mochte kommen, was da wollte, ich stand wie ein Fels in der Brandung. Ich spielte weiter Korbball und Tennis, aber die Akzente hatten sich verlagert. Doch dann, im ersten Oberstufenjahr, ich war siebzehn, lernte fleißig und war absolut christlich, ließ mich mein Rückgrat wieder im Stich. Diesmal kam es aus heiterem Himmel. Eines Samstags, auf einem Ausflug mit meiner

Jugendgruppe, saßen wir in der Marienkapelle in der Kathedrale von Ely, überwältigt von Gottes Gegenwart. Als der Abend kam, simulierte ich wieder einen quälenden Zusammenbruch. Ich schlich mich vom Abendessen davon und legte mich reglos auf das Feldbett. Schwitzend, steif und voller Angst, mich zu bewegen, lag ich da, als sie mich schließlich fanden. Die Gruppenführer waren sehr besorgt, und nach einer Nacht und einem Morgen ohne Schlaf wurde ich mit dem Krankenwagen ins nächste Krankenhaus gebracht.

Etwa eine Woche lag ich in einem Militärkrankenhaus, allein und sonderbar fröhlich. Ich hatte getan, was ich konnte, jetzt war es an all den anderen, die Sache in Ordnung zu bringen. In Ely konnte man nichts für mich tun. Weder Streckbett noch Schmerzmittel zeigten irgendeine Wirkung. Der Schmerz war so schlimm, daß ich ein Wasserglas in der Hand zerdrückte. Nur einen Augenblick lang hatte ich Angst. Zwei Christen, denen ich nie zuvor begegnet war (Freunde von Freunden), beteten über mir, als ich da lag. Ungeachtet meines großen Schmerzes, sagten sie, könne Gott mich nur heilen, wenn mein Handeln von Glauben getragen sei. Ich solle also aufstehen und gehen. Ich dachte, der Mann hätte mich durchschaut. Ich tat nichts, und sie gingen, nachdem sie mich gesegnet hatten.

Meine Mutter war fort, als es passierte. Tagelang war sie nicht zu erreichen. John war außer sich vor Sorge. Kaum war meine Mutter aus dem Haus, ging erst der Geschirrspüler kaputt, dann passierte so was, witzelte er. Irgendwie brachte er es fertig, mich jeden Tag zu besuchen, und schließlich gelang es ihm, mich mit dem Krankenwagen in das Krankenhaus nach London überführen zu lassen, wo ich vorher schon behandelt worden war. Im Krankenwagen spielte ich mit zwei Sicherheitsnadeln und steckte sie durch meinen rechten Handrücken. Wenn die Haut der Spitze einmal nachgab, war es ganz einfach, die Nadel unter der Hautoberfläche durchzuführen, dann wieder hinauszustoßen und zu schließen. Als die Krankenschwestern in London das entdeckten, waren sie entsetzt. Ich kann heute noch die Narben sehen.

Die zweite Operation ging viel schneller als die erste. Ein weiteres Myelogramm wurde gemacht, wieder zeigte sich etwas, oder so sagte man mir jedenfalls. Meine Mutter und John, beide schrecklich besorgt, besuchten mich jeden Tag. Mein Vater ließ sich natürlich nicht blicken. Es ging mir elend. Diesmal war die Erholung nach der Operation nicht so einfach. Ich kehrte zwar so bald wie möglich in die Schule zurück, aber wochenlang mußte ich jeden Tag schon um die Mittagszeit gehen und mit dem Bus ins Krankenhaus fahren, wo ich Unterwassermassagen bekam. Jetzt erschrak ich tatsächlich, weil mir der Rücken inzwischen wirklich weh tat. Endlich hatte ich Angst bekommen, Angst, daß ich mir selbst mit meiner Selbstverachtung möglicherweise Schaden zugefügt hatte. Nie wieder simulierte ich Rückenschmerzen.

Seitdem habe ich Rückenschmerzen, wahrscheinlich aufgrund des Schadens, den zwei unnötige Operationen angerichtet haben. Unter den doppelsprossigen Strängen meines Rückgrats liegt Narbengewebe. Eines Tages, wenn die Schmerzen schlimm genug sind und lang genug dauern, werde ich mein Herz in beide Hände nehmen und alles auf den Tisch legen. Aus demselben Grund habe ich mich wohl entschlossen, dieses Buch zu schreiben. Ich werde nicht gern als Betrügerin abgestempelt.

Diese beiden Operationen müssen für mich notwendig gewesen sein. Ich weiß nicht, wozu ich mich sonst noch hätte hinreißen lassen. Indem ich meine ganze Aufmerksamkeit auf einen eingebildeten körperlichen Schmerz lenkte, konnte ich vielleicht einen wahren Schmerz an anderer Stelle ignorieren, einen Schmerz, der sich nicht benennen und anrühren ließ. Es war auch eine Art von Kopf-an-die-Wand-Schlagen. Vielleicht hatte ich dabei die Hoffnung, wenn Menschen sich besorgt genug um die Qual in meinem Rücken kümmern würden, könnte diese Sorge auch den anderen, unbemerkten Schmerz lindern. Ich war wie ein

Kind beim Versteckspiel. Ich hatte mir mit den Rückenschmerzen ein gutes Versteck ausgesucht. Aber wie sich zeigte, war es zu gut, denn niemand fand mich.

Diese Geschichte hat etwas von Aufzeichnungen aus dem Untergrund an sich. Auf der Oberfläche lebte ich ganz fröhlich innerhalb der festen Gegebenheiten meines Lebens. Nachdem ich mich von der zweiten Operation mehr oder weniger gut erholt hatte, widmete ich mich wieder dem Lernen. Lange fiel es mir schwer, über einen längeren Zeitraum an meinem Tisch zu sitzen, und ich stand in den Schulstunden. Sogar meine Abiturprüfung legte ich im Stehen ab. Ich kann mich nicht mehr daran erinnern, ob dieses körperliche Unbehagen tatsächlich vorhanden oder eingebildet war. Nach dem Abitur blieb ich noch ein Vierteljahr an der Schule, um die Aufnahmeprüfung für Oxford zu machen. An privaten Schulen war das damals möglich. Ich bekam vom St John's College eine Ablehnung, und andere Colleges in Oxford boten mir auch keinen Platz an. So ging ich an eine andere Universität, um Englisch zu studieren. In den neun Monaten, die ich bis dahin frei hatte, fuhr ich nach Frankreich zum Skilaufen und nach Amerika aus Neugier.

Noch voll Enttäuschung darüber, daß ich es nicht nach Oxford geschafft hatte, trat ich vor Weihnachten eine Arbeit in einem kleinen, zweitklassigen Hotel in einem erstklassigen Wintersportort in Frankreich an. Ich arbeitete im Schichtdienst an der Rezeption und ging jeden Tag Skilaufen. Anfangs beschränkten sich meine Französischkenntnisse darauf, den Ausblick zu preisen. Das half nicht weiter, wenn man für Gäste Zimmer mit Dusche, zusätzlichen Kopfkissen oder zusätzlichen Handtüchern oder nebeneinanderliegende Zimmer reservieren mußte. Die ersten Wochen waren deshalb haarsträubend. Am schlimmsten war es am Telefon, denn da versagte meine Zeichensprache. Als körperlose Stimme konnte ich nicht versuchen, nett, jung, englisch und unfähig auszusehen. Als ich diese kleine sprachliche Hürde aber einmal überwunden hatte, nutzte ich die Arbeit ebenso rücksichtslos zu meinem Vorteil aus wie mein Chef mich.

Ohne meine Leidenschaft für die Berge und das Skilaufen (das einzige, was ich in diesen Jahren an Leidenschaft empfand) wäre ich schnell wieder nach Hause zurückgekehrt. Ich hatte quälendes Heimweh und wollte nichts lieber, als nach Hause fahren und für immer und ewig bei John und meiner Mutter bleiben. Mein ganzes Leben lang war ich zwar zwischen den einzelnen Zuhause hin- und hergereist, aber jetzt fühlte ich mich schmerzlich allein. Trotzdem blieb ich drei Monate und wohnte in einer Besenkammer hinter dem Wäschezimmer im zweiten Stock. Im März fuhr ich zum ersten Mal die Straße den Berg hinunter. Ich hatte in all der Zeit keine Erde und kein Gras gesehen. Weiter oben war alles schneebedeckt. Als ich das erste grüne Feld erblickte, hatte ich ein Gefühl, als kehrten meine Sinne wieder, obwohl mir nicht bewußt gewesen war, daß es mir gefehlt hatte.

Bald nach meiner Heimkehr schwang ich mich wieder in die Lüfte und gab meine Ersparnisse für eine Amerikareise aus. Zwei Monate lang reiste ich mit dem Greyhound-Bus umher und besuchte Freunde. Ich verliebte mich in dieses Land ohne Vorbehalte. Auf einer kurzen Reise aus dem Land hinaus, nach Nassau auf den Bahamas, machte ich, ohne es zu wissen, meinen ersten Ausflug auf ein Gebiet, dem ich, wie ich manchmal fürchte, vielleicht nie wieder entkommen werde. Ich wohnte bei einer Familie, durch die sich, wie durch meine eigene, die Zickzacklinien verschiedener Ehen zogen. Aber auf dieser Familie lastete damals eine schreckliche Stimmung der Wut. Ein Stiefvater und seine Stieftochter (in meinem Alter) lagen verbissen miteinander im Streit. Ich war entsetzt über das, was sie über ihn sagte, und von seinem verächtlichen Verhalten ihr gegenüber. Das war eine Art von Umgang, die meine Familie immer vermieden hatte. Obwohl ich dieses Drama nie mit den ersten bescheidenen Anfängen meines

Kampfes gegen mich selbst in Verbindung gebracht habe, erscheint mir das Zusammentreffen inzwischen nicht mehr als Zufall.

Eines Abends hatte ich zu viel gegessen und stellte fest, daß ich es einfach wieder auswürgen und ins Klo erbrechen konnte. Ich habe sehr starke Bauchmuskeln, und manchmal habe ich diesem Umstand die Schuld für diesen Trick gegeben, den ich entdeckte – daß ich mich ganz einfach dessen wieder entledigen konnte, was ich nicht wollte. Die Gefühle des Ekels vor mir selbst, die daraus folgen, kamen erst später. An diesem Abend hatte ich keine Ahnung, daß diese kleine Entdeckung zu dem zwanghaften Alptraum werden würde, mit dem ich seither in Abständen lebe. Es war, als könnte ich nicht verdauen, was sich vor meinen Augen abspielte. Die Fehde zwischen Vater und Tochter in dieser ungewollten Verwandtschaft ging mir zu nahe, und ich mußte mich irgendwie davon abgrenzen.

Natürlich hatten die Anfänge meiner Bulimie teilweise auch etwas mit der Begeisterung für das Dünnsein zu tun, an der ich wie jede andere auf der Welt leide. Aber diese Angewohnheit – ich aß, um dann wieder loszuwerden, was ich gegessen hatte –, die anfing, als ich neunzehn war, hat andere Gründe, die immer noch in mir stecken. Bulimie ist eine Art Doppelspiel, ein Zwang, der in zwei scheinbar entgegengesetzte Richtungen führt. Zuerst ist da der Drang zu etwas hin, dem man nachgibt, und dann der ebenso starke Drang dagegen, der auch zugelassen werden muß. Einen kurzen Augenblick lang stillt das unmäßige Essen eine verborgene emotionale Leere, als könnte ich das Gefühl selbst damit verzehren. Aber sobald das Essen vorbei ist, wird es unerträglich, mit dem Essen zu leben. Ich fühle mich unwohl und aufgequollen, bis ich es losgeworden bin. Diese ganz konkrete Art von Blähung steht für einen ganz ähnlichen seelischen Vorgang. In seiner Unbeschreibbarkeit kommt dieses Gefühl sicherlich dem wortlosen Grauen nahe, das ich bei meinem Zusammenbruch nach Jesses Geburt empfand.

Die Entdeckung, die ich in Nassau machte, gehört auch zu meinen Aufzeichnungen aus dem Untergrund. Das heimliche Muster hat verdeckt oder offen mein Leben durchzogen. Manchmal war ich ganz frei davon, manchmal nicht. Es lebt von der Heimlichkeit, und Offenheit beschämt es, ja bannt es sogar für kurze Zeit. Aber gerade das Beschämende an einem solchen Geständnis macht es schwierig, ein erstes Mal davon zu reden und noch schwieriger, es zum wiederholten Mal zuzugeben. Ich verstehe nicht, warum ich es tun muß, aber indem ich diese Tatsache neben andere Teile meiner Geschichte setze, die sich nicht verschweigen lassen, kann ich seine trügerische Anziehungskraft vielleicht brechen. In meinem Versuch zu beschreiben hoffe ich, einen Sinn in Ereignissen zu erkennen, die undurchsichtig und zusammenhanglos erscheinen. Bisher habe ich mich an mein Leben wie an eine Reihe von Phrasen erinnert, von denen jede für sich stand und ihren eigenen Ton hatte. Während ich sie zu einer einzigen Erzählung zusammenfüge, horche ich auf eine Melodie, die ihnen gemeinsam ist, und sei es auch eine Melodie ohne Worte, die irgendwo tief unter allem liegt.

Im Laufe meines ersten Jahres an der Universität war mir in meinem Glauben nicht mehr wohl. Ich war immer noch auf die christlich-fundamentalistische Linie eingeschworen, aber es fiel mir schwer. Ich wollte nicht weg davon, aber ich wollte meine alte Gewißheit wiederhaben. Mein übriges Studentenleben verlief ziemlich normal. Ich mochte mein Fach, ich hatte Freunde, trieb Sport und so weiter. Abgesehen von den üblichen kleinen Problemchen – ein Referat, das in den Universitätsteich fiel, ein bißchen sexuelle Belästigung, Geldmangel, jemand, der meine Vorräte im Kühlschrank aß – war alles gut. Nur die Religion machte mir Probleme. Christliche Freunde sprachen von der »dunklen Nacht der Seele« und davon, daß »der Glaube im Feuer gereinigt würde«. Sie waren bemüht, mich zu beruhigen, und ich hielt mich mit letzter Kraft daran fest. Leider habe ich die Fingernägel von meiner Mutter geerbt. Sie sind dünn und brüchig, ganz und gar nicht das Richtige, wenn man über dem Abgrund des Unglaubens hängt.

Im Sommersemester unterzog ich mich der Taufe durch Untertauchen. Schauplatz war eine große Wellblechbaracke hinter einer Straße mit eleganten Häusern aus dem 18. Jahrhundert. Hier war meine Kirche. Das Wasser war warm, die Hand, die mich ins Wasser tauchte und hob, fühlte sich stark an. Aber als ich neben meinen Mitschwimmern stand, eine Reihe ernster, glücklicher Gesichter in triefendem Weiß, stand ein alter Mann inmitten der Gemeinde auf und sprach mich an: »Ich prophezeie dir, daß dein Glaube im nächsten Jahr auf eine harte Probe gestellt wird, und du wirst es schwerhaben, dich der Verlockung zu widersetzen, die Herde zu verlassen.« Einen Augenblick lang war ich sicher, daß mein Pastor, der etwas von meinen Zweifeln wußte, ihn absichtlich dazu angeheuert hatte. Aber dann verscheuchte ich den Gedanken aus meinem saubergespülten Kopf und dankte Gott freundlich für seine Warnung.

Mein zweites Studienjahr begann ich mit einer ganzen Reihe guter Vorsätze. Einer davon war, daß ich mein Studium etwas weniger ernst nehmen und ein bißchen mehr frische Luft und Spaß haben würde. Ein zweiter Vorsatz war, daß ich meinem Vater schreiben wollte, den ich seit Ewigkeiten nicht mehr gesehen hatte. Weil ich das Gefühl hatte, daß er mich aufgegeben hatte, schrieb ich einen zornigen Brief. Wenn er noch Interesse an mir hätte, sollte er sich melden, schrieb ich. Eines Morgens im November bekam ich einen Anruf von jemandem, den ich als Kind gelegentlich getroffen, aber seit Jahren nicht mehr gesehen hatte. Tim war der erste Mann meiner Stiefmutter, und wir hatten uns bei den »Übergaben« gesehen, die zum Leben eines Kindes aus einer Scheidungsfamilie gehören. Ich sah ihn, wenn er meine Halbgeschwister (seine Kinder) zu ihrer Mutter (meiner Stiefmutter) zurückbrachte, wenn sie bei ihm gewesen waren. Manchmal, wenn es sich so traf, daß dann gerade mein Aufenthalt bei meinem Vater zu Ende war, nahm er mich nach London mit und brachte mich zurück zu meiner Mutter und meinem Stiefvater.

Als er anrief und fragte, ob er sich am Nachmittag mit mir treffen könnte, fiel es mir nicht ein zu fragen, warum. Ich dachte kurz darüber nach und nahm dann an, daß er mich als Studentin fragen wollte, was ich von der Stadt hielt. Vielleicht sah er die Stadt als einen künftigen Standort für eine seiner Buchhandlungen.

Der Nachmittag kam heran. Ich fuhr mit dem Rad in die Innenstadt und traf Tim wie verabredet vor einem Café. Er trug einen ernsten dunklen Anzug und einen langen Mantel. Er wollte sich nicht in das Café setzen und fragte, ob wir an einen ruhigen Ort gehen könnten, um zu reden. Ich hatte keine Ahnung, kein dunkles Vorgefühl, was er mir sagen wollte. Wir fanden einen fast leeren Salon in einem großen Hotel, mit Blick auf die Kathedrale.

Er begann mit dem klassischen Satz: »Ich habe eine sehr schlimme Nachricht für dich«, und ich hatte immer noch keinen Schimmer. »Dein Vater Ivan ist bei einem Flugzeugabsturz in Santa Lucia umgekommen.« Es war am vorhergehenden Samstag passiert, als ich bei einem Squashspiel war oder gerade las oder mich mit meinen Freunden amüsierte und im Hinterkopf immerzu die Frage hatte, ob mein Vater auf meinen Brief antworten würde. Ich hatte ein Gefühl, als hätte mich jemand in den Magen geboxt, so daß ich keine Luft mehr bekam.

Mein Vater war mit zwei weiteren Personen, einem anderen Mann und dessen Sohn, in einem kleinen Flugzeug unterwegs zu einem geschäftlichen Treffen auf einer anderen Westindischen Insel. Das Fliegen war zwar seine große Leidenschaft, und er war ein guter Pilot, aber für diesen letzten Flug war er nicht der Richtige. Das Flugzeug hob ab, gewann aber keine Höhe. Touristen am Strand in der Nähe des Flughafens hatten beobachtet, wie die kleine Maschine nahe am Strand ins Wasser stürzte. Alle drei Männer waren tot. Man erfuhr nie, was die Ursache gewesen war.

Ich fand es komisch, daß ich jetzt all die Dinge tun mußte, die Menschen tun, wenn ein naher Verwandter stirbt. Tim bestellte einen Cognac, den ich trank. Ich trinke normalerweise keinen Cognac und bestimmt nie um zwei Uhr nachmittags. Ich mußte natürlich alle Einzelheiten wissen, die er mir sagen konnte, und ich stellte immer wieder Fragen, von denen ich wußte, daß er sie nicht beantworten konnte, die ich aber trotzdem stellen mußte. Ich hatte meinen Vater vielleicht drei Jahre nicht mehr gesehen. Ich konnte nicht fassen, daß ich das nie mehr würde ändern können. Sein Tod war sein endgültig letzter Akt der Unzuverlässigkeit. Ich weinte, und Tim tröstete mich, so gut es ging. Zwei alte Damen beobachteten uns. Sie konnten unsere Unterhaltung nicht mitbekommen haben, aber es war eindeutig, daß sich da so nah an ihrem Teetischchen ein erschütterndes Drama abspielte, und sie waren wie gebannt. Ihre unverhohlene Neugier amüsierte mich. Selbst ihre feinen Tweed- und Teetischmanieren konnten das nicht verbergen.

Meine Mutter und John waren nicht da, als mein Vater starb. Deshalb hatte Tim, als Verwandter durch Scheidung, die lange Reise mit dem Zug gemacht, um mir die Nachricht zu überbringen, damit ich sie nicht übers Telefon erfahren mußte. Nach ein paar Stunden in dem blaßgrünen Salon, wo ich die Leute beobachtete, wie sie starrten und wegschauten, wenn sie erkannten, daß da in der Ecke eine richtige Tragödie im Gange war, erklärte ich Tim den Weg zum Bahnhof. Dann schloß ich mein Fahrrad auf und radelte weg. Ich radelte unter einer Leiter durch. Niemand stand darauf. Ein Arbeiter rief mir zu, ich sollte aufpassen, das brächte Unglück. Ich lachte ihm durch einen Schleier von Tränen zu.

Tim war erleichtert gewesen, daß ich, wie er, gläubige Christin war. Er dachte natürlich, daß ich in meinem Glauben Trost finden würde. Aber der Tod meines Vaters war auch der Tod von Gottvater. Ohne den einen brauchte ich den anderen nicht mehr, als habe mein Vater, als er am Leben war, Gott Glaubwürdigkeit verliehen. Mein Vater hatte keinerlei Glauben gehabt. Selbst jemand mit sehr liberalen Prinzipien hätte Probleme gehabt, ihn einer Glaubensgemeinschaft zuzuordnen. Und ich war nicht liberal. Aber ich glaubte nicht, daß er in die Hölle gekommen war. Da mein Vater im Angesicht meines Glaubens bestand, glaubte ich an nichts mehr.

Was ich nach dem Tod meines Vaters dachte, ist wie ausgelöscht. Ich fuhr nach London, und meine sechzehnjährige Schwester kümmerte sich um mich, bis meine anderen Eltern aus ihrem Urlaub zurückkamen. Sie holte mich vom Zug ab, hörte mir zu, redete mit mir und sorgte für die Mahlzeiten. Obwohl sie meinen Vater gar nicht gekannt hatte und die ganze Sache mit meiner anderen Familie nicht richtig begreifen konnte, reagierte sie auf meine traumatische Erfahrung außerordentlich verständnisvoll. Ihr Verständnis galt dabei weniger der Sache selbst als ihrer geschockten und verängstigten Schwester.

Meine Mutter und John kamen früher am Morgen zurück als erwartet, und ich schlief in ihrem Bett. Ich hatte nicht in meinem eigenen Zimmer im oberen Stockwerk schlafen wollen. John war sehr ärgerlich, daß ich in ihrem Bett lag, und meine Mutter mußte ihn beschwichtigen, indem sie ihn an die besonderen Umstände erinnerte, deretwegen ich da war. Ich fuhr zum Begräbnis nach Kent. Tricia holte mich in einem dieser riesigen, dröhnenden, klapprigen Dieselkombis ab, die mich immer noch an meinen Vater erinnern. Durch den Tod meines Vaters fühlte ich mich ihr näher als je zuvor, und an diesem Gefühl hat sich seither nichts geändert. Unsere gegenseitige Eifersucht hatte ihr Objekt verloren.

Im Haus meiner Stiefmutter war jeder ganz in seinen eigenen Kummer versunken. Obwohl ich sogar jetzt das Gefühl hatte, meine Trauerbekundungen könnten mit denen meiner Brüder nicht Schritt halten, fühlte ich mich dort zu Hause. Mein Bruder Michael war erst zehn Jahre alt. Die ganze Zeit erwähnte er seinen geliebten Vater mit keinem Wort.

Tricia mußte den Leichnam meines Vaters, der inzwischen von Santa Lucia zurückgeflogen worden war, identifizieren. Als sie zurückkam, war sie ganz erschüttert. Die Leiche hatte keine Ähnlichkeit mehr mit ihm. Das Gesicht war blutunterlaufen und geschwollen. Es sollte eine Autopsie durchgeführt werden, um die genaue Todesursache festzustellen. Man wußte nicht, ob er vielleicht Sekunden vorher einen Herzinfarkt gehabt hatte, oder ob er durch den Aufprall gestorben war. Sie hoffte, daß es kein Herzinfarkt gewesen war, denn er hätte es gehaßt, als Schwächling angesehen zu werden, als jemand, der den Druck und die Hitze nicht aushalten konnte. In der Tat war er an den Verletzungen gestorben, die er beim Aufprall erlitten hatte. Aber ich glaube, daß der Tod überhaupt die erste Gelegenheit war, bei der er dem Druck nicht nachgeben konnte. Er war in seinem Leben zwar viel geflogen, aber meistens war er geflohen.

Ich ging zu dem Beerdigungsunternehmen und saß in einem Raum mit einem Goldfischaquarium, einer Bibel, einem Kreuz, ein paar häßlichen goldgestrichenen Stühlen und dem Sarg meines Vaters. Ich wollte den Deckel hochheben und hineinsehen, aber ich tat es doch nicht. Ich wußte nicht, was man von mir hier erwartete. Es war ja nicht so, als ginge mit dem Blick in diese Kiste alles zu Ende. Das Leben meines Vaters war vorbei, aber meine Erinnerungen an ihn würden bis an mein Lebensende bei mir bleiben.

Er sollte eingeäschert werden, und die Bestattungsfeier fand in einem riesigen, düsteren, anonymen Raum statt. Der Pastor hatte meinen Vater überhaupt nicht gekannt, und ihm hatte ganz offensichtlich auch der Sinn dafür gefehlt, ihn sich vorzustellen. Er hielt eine regelrechte Persiflage eines Gottesdienstes ab, die so frostig war, daß sie einem Komiker alle Ehre gemacht hätte. Während der Sarg sich hinabsenkte, quietschte die Vorrichtung. Zu meiner einen Seite stand meine Mutter, trockenen Auges. Auf der anderen Seite weinte meine Großmutter lauthals um den Sohn, der ihr nie verziehen hatte, was, weiß ich selbst nicht. Dazwischen stand ich und weinte leise.

Nachher hatte meine Großmutter es eilig, mir ihre Kalbslederhandschuhe mit rosa Futter zu zeigen. Sie waren sehr schön, und ihr weiches Leder hinterließ im Gedächtnis meiner Großmutter tiefere Spuren, als ihr ungehobelter, gequälter und unglücklicher Sohn es jemals vermocht hatte. Mit der einen Ausnahme der Beziehung zu ihrem geliebten Mann Tommy waren es wohl mehr geschickt geführte Schneiderscheren, die dem Leben meiner Großmutter eine Form gegeben hatten, als menschliche Bindungen. In Anbetracht dessen war die hartnäckige Schlampigkeit meines Vaters ganz einleuchtend. Vielleicht wußte er, daß das eine der besten Methoden war, um auf seine Mutter irgendwie Eindruck zu machen. Und trotzdem, glaube ich, mißlang ihm das. Ich ging nicht hin, als seine Urne bestattet wurde. Ich bin nie an seinem Grab gewesen. Und heute weiß ich nicht einmal, wer es ist, an den ich mich erinnere.

Bald nach der Bestattung kehrte ich zur Universität zurück. Meine nichtchristlichen Freunde bemühten sich um mich, aber sie wußten nicht, was sie sagen sollten. Einer kochte wunderbares Essen für mich und umarmte mich wortlos. Meine christlichen Freunde hatten auch keine Worte für mich. Ihr Trost schien fadenscheinig, bedenkt man, wie rücksichtslos der Glaube war, den wir teilten und den ich allerdings jetzt nicht praktizieren konnte oder wollte. Ich wollte meinen Glauben nicht wiedergewinnen, und im Laufe der folgenden Monate entledigte ich mich auch der letzten Spuren der Religion. Mein Glaubensverlust versetzte mich in Hochstimmung. Wie der heilige Paulus im Gefängnis fand auch ich meine Ketten plötzlich zersprungen. Wie er kletterte ich aus diesem düsteren, engen Ort wieder hinauf zu Licht und Wind. Eine Zeitlang war mir geradezu schwindlig zumute.

In diesem Semester traf ich Hugh zum ersten Mal. Er war mein Lektor in einem Kurs über die Literatur des 18. Jahrhunderts. An dem Tag, als ich von der Beerdigung zurückkam, suchte ich ihn auf, um zu besprechen, was ich versäumt hatte. Er fragte mich, ob wir irgendwohin gehen sollten, um etwas zu trinken, vielleicht wollte ich ja auch über meinen Vater reden. Ich trank Bier mit Limonade, während ich erzählte, er trank Whisky. Die schwarze Komödie, von der ich ihm da berichtete, und die mir nur ein leeres Lachen abringen konnte, schockierte ihn nicht. Es paßt zu dieser Komödie, daß Hugh und ich über der Leiche meines Vaters zusammenkamen. Im Laufe der folgenden Monate sahen wir uns immer öfter und sahen bald ein, daß unsere Beziehung nicht mehr etwas Beiläufiges war.

Unsere Liebesbeziehung war anfangs ganz verstohlen, denn keiner von uns beiden glaubte so recht, daß der andere es wirklich so weit und noch weiter gehen lassen wollte. Nur wenige wußten, daß Hugh und ich in diesen ersten Monaten in Hughs verbeultem Mini durch die Landschaft fuhren und nach Orten suchten, wo wir reden und uns unbeobachtet küssen konnten. Ich hatte mir nie träumen lassen, daß meine erste große Liebe als Erwachsene ein schwuler Mann sein würde, der seit zehn Jahren mit einem anderen Mann zusammenlebte und Post bekam, die an Mr. und Mr. gerichtet war. Jetzt, da es soweit war, hatte ich keine Probleme damit, daß er schwul war. Früher hatte er sich in Hinz und Kunz verliebt, und jetzt war ich dran. Seine Klugheit fürchtete ich viel mehr als seine Sexualität. Ich fragte mich oft, wie er mich weiter begehren konnte, da ich doch nicht so gut reden konnte wie er.

Ich brauchte einige Zeit, um Hugh davon zu überzeugen, daß er kein Ersatz für Gott oder meinen Vater war. Er wußte von Bildern, daß er weder dem einen noch dem anderen glich. Aber daß ich im Laufe weniger Monate den einen wie den anderen verloren und ihn gefunden hatte, schien zuviel des Zufalls. Hugh mit Gott oder, schlimmer noch, mit meinem Vater zu vergleichen erschien mir so an den Haaren herbeigezogen, daß ich laut darüber lachen konnte. Damit ich ihm beweisen konnte, daß er weder den Platz des einen noch des anderen einnahm, und damit ich meinerseits den Tod des einen wie des anderen überstehen konnte, führten wir über beide etliche Gespräche. Deshalb war es wohl zwangsläufig so, daß meine Trauer und meine beginnende Liebe ein Jahr oder noch länger Hand in Hand gingen.

Unmittelbar bevor ich Hugh begegnete, hatte ich vieles aufgegeben und verlassen. Er brauchte länger dafür. Und trotzdem, ungeachtet all der Warnungen, die mir in den Ohren tönten, daß er den Sprung nie schaffen würde, egal, wie sehr er mich liebte, ich hatte keinen Zweifel daran, daß er es tun würde. Und er tat es, entschlossen, unter Schmerzen Schritt für Schritt, bis wir schließlich zwei Jahre nach unserer ersten Begegnung in unser staubiges und geteiltes Cottage zogen.

Nun, da mein Vater tot war, wollte ich mehr über ihn erfahren, ein Wunsch, den ich zu seinen Lebzeiten nie gehabt hatte. Meine Mutter und meine Stiefmutter begannen, aus jeweils ganz unterschiedlichen Gründen, zu erzählen wie nie zuvor. Und allmählich sah ich mich einem Mann gegenüber, der ganz anders war als der Vater, den ich gekannt hatte. Einen Monat nach dem Tod meines Vaters ging ich am zweiten Weihnachtstag mit meiner Familie und ein paar Freunden in London spazieren. Ich war unglücklich und brütete vor mich hin, in Gedanken versunken hinkte ich hinter den anderen her. Meine Mutter wandte sich zu mir um und sagte, ich solle aufhören, Trübsal zu blasen, und mich wenigstens des Feiertags wegen etwas freundlicher verhalten. Ich fand sie etwas barsch, gemessen daran, daß mein Vater erst vor so kurzer Zeit gestorben war. Aber ich erkannte bald, daß ihr Zorn auf ihn zwar größtenteils verborgen, aber unvermindert war. Ich hatte den Eindruck, daß sie es nicht ertragen konnte, daß ich um einen Mann trauerte, der sie so verletzt hatte. Aber er war mein Vater.

Ich erfuhr mehr und mehr von meinen beiden Müttern und war entsetzt über die Art, wie mein Vater mit anderen Frauen umgegangen war, und verblüfft über das Ausmaß seines Betrugs, sowohl was ihn selbst als auch was andere anging. Er kam mir immer mehr wie ein armseliger Schmierenkomödiant vor, der zwanghaft Geschichten erfand, oft sogar, ohne auf deren Glaubwürdigkeit zu achten. Manchmal, wenn es ihm passend erschien, stellte er sich als alleinstehenden Mann ohne Kinder dar und nicht als der geschiedene und wiederverheiratete Mann mit zwei Kindern, der er war. Er kaufte sogar dann und wann einen Verlobungsring und ließ sich den Eltern seiner vermeintlichen Braut vorstellen. Zuweilen hat man den Eindruck, daß er sogar dann log, wenn es einfacher gewesen wäre, die Wahrheit zu sagen. Ich liebte ihn immer noch, aber ich hatte den Zugang zu meinen eigenen Erinnerungen verloren. Ich möchte meinen Vater jetzt wieder zurückgewinnen – nicht als eine idealisierte Gestalt, sondern als jemanden, der mich trotz allem irgendwie geliebt hat. Ich möchte ihn posthum entdecken und dann die Freiheit haben, um ihn zu trauern.

Als ich mich dazu entschloß, eine Doktorarbeit zu schreiben, wählte ich mir eine Dichterin zum Thema, deren Werk ich liebte und über die noch nicht viel geschrieben worden war. Ich wußte damals nicht, daß ich damit auch eine Gestalt gewählt hatte, die meine eigenen Ängste verkörpern konnte. Elizabeth Bishop starb 1979, deshalb bin ich ihr höchstens in meinen Träumen dann und wann persönlich begegnet. Dennoch habe ich meine Dissertation über eine Frau geschrieben, deren Leben von ihrem eigenen unbewältigten Kindheitstrauma geprägt war. Obwohl ich mein eigenes Leben damals, als ich an der Dissertation schrieb, nicht in einem solchen Zusammenhang sah, war etwas an ihrem Leiden und an dem Weg, den sie fand, um es zu überstehen, das meine Aufmerksamkeit weckte.

Bishop schrieb, um sich gegen einen unerträglichen Schmerz zu wehren, den Schmerz einer Kindheit, in der sie sich immer als »eine Art Gast« fühlte. Ihr Vater starb, als sie noch ein Kleinkind war. Dann wurde ihre Mutter verrückt. Als Bishop vier Jahre alt war, wurde ihre Mutter in eine Anstalt eingewiesen, und sie sahen sich nie wieder. Trotz ihrer intensiven Freundschaften und Lieben als Kind und Erwachsene konnte Elizabeth Bishop die schreckliche Frühzeit ihres Lebens nie überwinden.

In ihrem gesamten Werk stellt sie immer und immer wieder dieselben Fragen. Eine davon ist: Wo ist zu Hause? Wenn ich jetzt zurückblicke, sehe ich, daß ich mit derselben Frage beschäftigt war, während ich da an meinem Schreibtisch saß, wo mein erstes eigenes Zuhause, mein erstes von mir selbst erdachtes und in Szene gesetztes Zuhause entstehen sollte. Ich war viel früher seßhaft und in mancher Hinsicht glücklicher geworden, als ich es in dem Leben, das ich mir mit Hugh erdacht hatte, erwartet hatte, so als hätte ich mir selbst die Frage beantwortet, mit der Elizabeth Bishop ihr ganzes Leben lang kämpfte. In diesem Leben, das ich führte, hatte ich zwar nicht die Freiheit zu reisen, aber ich schrieb über eine Person, die immer, notgedrungen wie freiwillig, eine Reisende war, die den größten Teil ihres Lebens zutiefst heimatlos erschien. Mit meiner Fähigkeit, ein Leben zu leben, das von dem meiner Heldin so grundverschieden war, fühlte ich mich sehr gespalten, als sei ich der Ruhelosigkeit beraubt, die mich mit Bishop verband und in der ich selbst auch meinem Wesen nach heimisch bin.

Elizabeth Bishop kommt auch immer wieder auf die Frage zurück, was – wenn überhaupt – jenseits des sichtbaren Gewebes der Welt liegt. Ihre Welt ist greifbar und real, die zerbrechlichen, bruchstückhaften Strukturen dieser Welt drohen unentwegt zu bröckeln und ein verborgenes Inneres freizulegen. Man hat das Gefühl, daß sie immer versucht, Chaos und Auflösung unter Kontrolle zu halten, von denen sie spürt, daß sie ganz in der Nähe lauern. Als ich meine Arbeit schrieb, wäre es mir nie in den Sinn gekommen, daß ich eines Tages mein eigenes Leben in genau diesen Ausdrücken beschreiben würde. Elizabeth Bishop erkannte, daß ihre eigene schreckliche Kindheit ihren schriftstellerischen Blick geformt hatte. Ihre Gedichte handeln selten davon, aber ihre Kunst hat sich daraus gebildet. Es ist so, wie der Held in »Crusoe in England«, einem ihrer großartigsten Gedichte, ausruft: »Home-made, home-made! But aren't we all?« Heute frage ich mich, wogegen ich mich mit soviel Eifer und Energie wehrte, als ich meine ganze Kraft darauf verwandte, ein Zuhause zu schaffen und eine Familie aufzubauen, während so viele meiner Altersgenossen gerade vor diesen Dingen flohen. Was es auch war, vor dem ich floh, es hat trotz allem seine eigene Stimme gefunden und in meinem Leben seinen Platz behauptet. Anfangs erschien es wie eine Art schrecklicher Wahnsinn, aber jetzt erscheint es mir wie ein Stück meiner selbst.

Hier ist ein Auszug aus einem Gedicht, das Bishop als erwachsene Frau schrieb. Es scheint zum Ausdruck zu bringen, wie sehr sie selbst als Kind ihren Schmerz unter Kontrolle hielt. Dieses Kind verlagert seinen Kummer, als könne es besser damit umgehen, wenn es ihn in ein Bild bringt. Die Großmutter, die so mit ihren Verrichtungen in der Küche und ihrem eigenen Kummer beschäftigt ist, erinnert mich daran, wie wenig Wissen die Erwachsenen zuweilen ertragen können. Wenn ich manchmal daran denke, wieviel ich von dem, was ich als Kind empfand, noch mit mir herumtrage, frage ich mich, welche Last meine eigenen kleinen Kinder ansammeln.

Sestina

Es hat sollen sein, sagt der Wunderherd,
Ich weiß, was ich weiß, sagt der Almanach.
Mit Buntstift malt das Kind ein starres Haus
und einen gewundenen Pfad, dann setzt das Kind
einen Mann hinein, der Knöpfe wie Tränen hat,
und zeigt es der Großmutter voll Stolz.

Doch insgeheim, als die Großmutter
sich am Herd zu schaffen macht,
fallen die kleinen Monde wie Tränen
aus den Seiten des Almanachs hinaus
und ins Blumenbeet, das das Kind
sorgsam vor das Haus gesetzt hat.

Zeit, Tränen zu pflanzen, sagt der Almanach.
Die Großmutter singt dem wunderbaren Ofen vor,
Und das Kind zeichnet ein anderes unergründliches Haus.

Das Kind ist anscheinend ein Abbild der Dichterin selbst, die ihr ganzes Leben lang in ihren Gedichten die Umrisse verschiedener Häuser zeichnete, als wollte sie eine Alternative zu dem Haus finden, das sie als Kind gekannt hatte. Das Haus dieses Kindes hat eine starre Unergründlichkeit, die durch das Gedicht an einen ganz bestimmten Kummer gebunden ist. Obwohl die Tränen der Großmutter und die Orakel des Almanachs diesen Kummer andeuten, bleibt er anderweitig unausgesprochen und findet nur in den traurigen Bildern des Kindes seinen Ausdruck. Vielleicht waren die Gedichte für Elizabeth Bishop die einzige Verteidigung gegen den Wahnsinn. Wenn sie ihre eigenen unergründlichen Häuser zeichnen konnte, würde sie überleben.

Neben diesem unterschwelligen Verlust, den sie in sich trug, lebte Bishop auch ein Leben, das voll von Freuden und intensiven menschlichen Beziehungen war. Ihre Briefe zeugen, genauso wie ihre Gedichte, von Neugier und Leidenschaft. Sie neckt und bewundert ihre Freunde, formuliert ihre Sätze mit Witz und Gefühl, und wo auch immer ihr eigenes seltsames Leben sie hinführt, sie feiert es mit einer strahlenden, heiteren Empfindsamkeit. Die Traurigkeit, von der ich gesprochen habe, ist wie ein untergründiger Ton, der in einer anderen Frequenz vibriert als die übrigen Töne.

In meinem Bestreben, die Wurzeln meines eigenen Zusammenbruchs aufzudecken, habe ich beim Schreiben über mein Leben auf eine einzige Frequenz gelauscht und die anderen ignoriert. Vor Jesses Geburt hatte ich über das alles nie so nachgedacht. Aber im Grunde hatte ich wohl nie viel darüber nachgedacht. Wenn ich jetzt auf meine Erzählung zurückblicke, weiß ich, daß vielleicht weder ich noch meine Familie uns darin wiederfinden, denn meine Kindheit war auch glücklich, und ich habe eine Fülle schöner Erinnerungen. Aber was ich hier unternommen habe, hat eine gewisse Ähnlichkeit mit dem Myelogramm im Krankenhaus. Ich habe der Wirbelsäule meines Lebens einen Farbstoff eingespritzt, und eine Vielzahl einzelner Muskeln, Knochen und Nervenenden sind dabei zum Vorschein gekommen. Doch die anderen Teile und Erinnerungen meines Lebens sind unsichtbar geblieben.

Ich mußte erst dieses Buch schreiben, um zu erkennen, was ich nicht begriff, als ich damit anfing – daß ich mein ganzes Leben lang all das verlagert habe, was ich nicht ertragen konnte. Warum ich zusammengebrochen bin, während dies anderen Menschen mit viel schlimmeren Biographien nicht widerfährt, weiß ich nicht. Vielleicht geschah es, weil ich endlich die Freiheit dazu hatte.

Auf der Suche nach einer Krankheit

Sprich nie darüber, lies nie darüber, wenn möglich, denk nie darüber nach.« Das waren die Anweisungen, die eine Freundin von mir bekam, als sie vor zwanzig Jahren nach einer Magersuchtbehandlung aus dem Krankenhaus entlassen wurde. Und zwanzig Jahre lang hielt sie sich mehr oder weniger an diese Anweisungen. Sie hatte es offensichtlich nötig gehabt, sie zu verinnerlichen, meinte sie, vielleicht sogar, sich davon zu nähren, sonst hätte sie den Ratschlag ihres Arztes nicht so genau befolgt. Ich habe den umgekehrten Weg gewählt, der für mein Überleben genauso notwendig war, und mein Zusammenbruch ist für mich zum Nährstoff meiner Genesung geworden. Ich hätte es mir gar nicht anders vorstellen können.

Bevor ich selbst als Patientin in die Psychiatrie kam, war ich immer skeptisch gewesen, was die Psychiatrie anging. Elektroschocktherapie hörte sich barbarisch an, und niemand wußte, ob oder wie sie wirkte. Antidepressiva können die Traurigkeit in Schach halten, aber wie sollten sie an die Wurzel meines Elends dringen? Mir war klar, daß manche Menschen gegen ihren Willen im Krankenhaus bleiben müssen, aber ich wäre nie auf den Gedanken gekommen, daß ich zu diesen Menschen gehören könnte.

Als ich dann innerhalb der vier Wände einer psychiatrischen Abteilung saß, war meine Skepsis wie Staub vor dem Felsbrocken des Grauens, der mein ganzes Denken beherrschte. Diesem Brocken rückte man mit starken Beruhigungsmitteln, hoch dosierten Antidepressiva und Elektroschocktherapie zu Leibe. Eine Zeitlang war ich zu meinem eigenen Schutz unter ständiger Überwachung. Hugh sagt mir zwar, ich hätte weiterhin Fragen gestellt und versucht, das alles zu begreifen, aber niemand erklärte mir, was ihrer Meinung nach geschehen war oder warum sie mich gerade so behandelten. Neugier war keine Tugend. Ich mußte einfach hinnehmen, daß das alles zu meinem Besten war.

Ich habe mich der Behandlung nie widersetzt. Meine kooperative Haltung wurde nicht unbedingt erwartet, aber ich zeigte sie. Ich wollte mich zwar selbst nicht gut behandeln, wie die Beulen an meinem Kopf bezeugten, aber ich hinderte andere nicht daran, mir ein »Heilverfahren« vorzuschreiben. Nach Weihnachten ging ich ja sogar als freiwillige ambulante Patientin zur Elektroschocktherapie. Ich habe eine Kopie des Formulars mit meiner zittrigen Spinnenunterschrift, die unmißverständlich Zustimmung ausdrückt.

Ich war fügsam, und Hugh war fügsam. Das steht in meinem Krankenblatt. Es ist kein Adjektiv, das ich jemals vorher oder nachher in bezug auf uns angewendet gehört habe. Ich versuchte kein einziges Mal, eine meiner sechzehn Elektroschockbehandlungen zu schwänzen, obwohl ich jedes Mal Angst hatte. Es kommt mir jetzt erstaunlich vor, daß ich, stolz und unabhängig, wie ich bin, zugelassen habe, daß man mich zu diesem schrecklichen Bett führte, daß ich mich darauf legte, zusah, wie die Leute, die alles besser wußten, sich über mich beugten, daß ich den Schmerz in meinem Arm ertrug und den Augenblick der elektrisierten Bewußtlosigkeit, nach dem ich mit diesem Schmerz in meinem Kopf erwachte und nicht mehr wußte, wo in meinem Leben ich mich befand. Nach den Behandlungen war ich wie vor den Kopf geschlagen und völlig orientierungslos. Nach viereinhalb Monaten schrecklicher Depression und dieser Therapie mit ihrer fragwürdigen Härte wirkte ich auf Hugh wie jemand im Schockzustand. Die Elektroschocktherapie war selbst Zusammenbruch. Mein Identitätsgefühl war so angegriffen, daß ich unmöglich eine kontinuierliche Vorstellung von mir selbst haben konnte. Ich konnte die Stücke meines Lebens nicht mehr zusammenfügen.

Die »Salzsäulenhaltung« meiner magersüchtigen Freundin –

schau keinesfalls zurück aus Angst vor dem, was aus deiner Gegenwart werden kann – befremdet mich. Dr. B., einer meiner Psychiater, schrieb meinem praktischen Arzt auf meine Bitte um eine Überweisung zur Psychotherapie: »Das ist eigentlich nicht meine Richtung, und ich neige zu der Auffassung, daß sie lieber nach vorn als zurückschauen sollte.« Aber unsere Gegenwart leben wir mit der Vergangenheit im Herzen. Wie konnte ich begreifen, was ich vor mir sah, wenn ich über das Vergangene noch so verwirrt war?

Als Dr. B. diese Bemerkung machte, war Jesse ein Jahr alt. Während des ersten Jahrs nach ihrer Geburt hatte ich mir nicht viel an Neugier leisten können, die über die gefürchteten Schranken meines eigenen Bewußtseins hinausging. Ich haßte zwar das, was in meinem Kopf war, aber die Vorstellung, mein geistiges Auge auf Dinge schweifen zu lassen, die außerhalb meines Kopfes lagen, muß mir als eine zu gefährliche Freiheit erschienen sein. Jetzt war ich, wie Lots Frau, entschlossen zurückzublicken.

Mein erster Schritt auf dieser Suche war ein Termin bei Dr. A. Ich wollte mit ihr sprechen – nicht als Patientin, sondern als Person. Aber wenige Tage, nachdem ich mich angemeldet hatte, rief mich ihre Sekretärin an und sagte ab. Dr. A. war nur nach einer Überweisung durch meinen praktischen Arzt zu einem Gespräch bereit, denn formal gesehen, gehörte ich nicht mehr zu ihrem Verantwortungsbereich. Empört über diese Reaktion machte ich mit meinem zweiten Psychiater, Dr. B., einen Gesprächstermin aus. Ich hatte eine Liste mit Fragen zu meiner »Krankheit« und ihrer Behandlung, die er alle beantwortete, so gut er konnte. Seine Antworten wirkten auf mich wie von Placebos, die beruhigen sollten. Damals war ich ärgerlich, weil mir alles, was er sagte, so oberflächlich vorkam. Ich wollte, daß er mich als intelligenten Menschen behandelte und nicht als psychiatrischen Fall, wie Dr. A. es getan hatte. Acht Monate danach begann ich Literatur zur Psychiatrie zu lesen, und erst da stellte ich fest, daß er mich nicht einfach mit leeren Sprüchen hatte abspeisen wollen. Er wußte selbst keine besseren Antworten.

Gleich nach der Entlassung aus dem Krankenhaus, Jesse war zwei Monate alt, schenkte ich Hugh eine Laubsäge zu Weihnachten. Das war eine bewußte Anerkennung des kleinen Holztischchens, das er für Eliza gemacht hatte, als ich in der Klinik war. (Was die unbewußte Zuschreibung war, weiß Gott allein.) Aber in den Monaten danach hatte er keine Zeit, Formen aus Holz auszusägen. Er verwandte seine ganze Energie bis an die Grenzen des Erträglichen darauf, Lebensformen für mich zu finden, die es mir möglich machten durchzuhalten. Jeden Tag arbeitete er daran, die Lücken auszufüllen, schrieb auf, wen wir treffen und was wir tun würden. Auch wenn ich mich nicht daran erinnerte, daß ich jemanden getroffen hatte oder irgendwo gewesen war, war es doch zumindest niedergeschrieben, und ich wußte, daß es stattgefunden haben mußte.

Im Frühling darauf war Jesse kein Baby mehr, sie spielte jetzt mit ihrer Schwester an dem kleinen Holztischchen, das rot angestrichen mitten in der Küche stand. Ich setzte mich auch hin – an meinen Tisch in meinem Zimmer oben – und fing an, die Stücke meines Lebens zusammenzufügen. Ich begann mit den zerrissenen und zerklüfteten Formen und Klängen aus den Monaten nach Jesses Geburt und fuhr mit den entfernteren Teilen und Splittern meiner Kindheit fort.

Während ich die ersten beiden Kapitel dieses Buches schrieb, stellte ich fest, daß ich, solange ich an meinem Tisch saß, eine Ruhe und Gefaßtheit verspürte, die sich nicht nur schwer mit dem in Einklang bringen ließ, was ich beschrieb, sondern sich auch von meinem sonstigen Seelenzustand abhob. In meinen Sätzen gelang es mir, der verwüsteten Landschaft meines Denkens ein Stück Gelände abzuringen. Aber in meinem sonstigen Leben empfand ich mich immer noch als ein verachtenswertes Geschöpf, unfähig, mehr als nacktes Leid zum Ausdruck zu bringen.

Trotzdem gelang es mir über Worte, meine eigenen Worte, von meinem Leben Stück für Stück wieder Besitz zu ergreifen. An meinem Schreibtisch und im Behandlungszimmer meines Psychotherapeuten bin ich gezwungen, mir selbst wie nie zuvor zu begegnen.

Ich habe einmal geträumt, daß ich im Haus meiner Großmutter eins meiner Lieblingsverstecke in einem Schrank erkundete und dabei eine ganze Flucht von Speicherräumen entdeckte, von deren Existenz ich nie etwas gewußt hatte. Sie waren voll mit Dingen, die ich wiedererkannte, ich fühlte mich ganz heimisch, setzte mich hin und spielte. Als ich aufwachte, war ich überzeugt, daß diese Zimmer wirklich existierten. Und selbst jetzt, vielleicht zehn Jahre danach, verfolgt mich die Vorstellung, daß jenes Haus, das mir so vertraut ist wie mein eigenes, noch ein Stockwerk hat, das ich nie entdeckt habe. Indem ich die ersten beiden Kapitel dieses Buches schrieb und immer weiter und weiter in der Vergangenheit forschte, habe ich auf ähnliche Weise meinen Zusammenbruch nach Jesses Geburt und mein eigenes Leben umkreist. Ich habe Räume entdeckt, die ich nie zuvor betrachtet hatte, und von denen jeder mit dem vorherigen verbunden war. Ich saß an meinem Schreibtisch, erwohnte sie mir mit meinen Worten und stellte fest, daß sich dadurch das Gesamtbild veränderte.

Sechs Monate lang arbeitete ich an meiner eigenen Fassung, dann hatte ich vorläufig genug geschrieben, mehr als ich jemals gedacht hätte, über mich schreiben zu können. Ich war dagesessen, den Kopf in die Hand gestützt, und hatte zum Fenster hinausgesehen, über die Trockensteinmauer unseres Gartens hinweg auf die häßliche, mattsilbern glänzende Scheune unseres Nachbarn, und ich zermarterte mir den Kopf auf der Suche nach Worten, die das ausdrücken konnten, was nach Jesses Geburt so unsagbar geworden war. Und während ich zusah, wie unser Nachbar in seiner alten, mit einer Kordel zusammengeknoteten Jacke hin und her ging, stieß ich in das beunruhigende Gelände meiner eigenen Vergangenheit vor und fand da die Umrisse künftiger Dinge. Ich konnte immer noch nicht erklären, was passiert war, aber zumindest erkannte ich, daß es passiert war, weil ich ich war.

Erst jetzt wagte ich mich an die Psychiatrie, als gäbe mir das, was ich entdeckt und über mich selbst geschrieben hatte, das Vertrauen nachzusehen, was die »Experten« für Antworten boten. Warum hatte man mich so behandelt? Was hatten sie damit bezweckt? Und wie um alles in der Welt hing das mit dem zusammen, was ich über mich selbst wußte? Durch Reden und Schreiben hatte ich angefangen, mich in meiner Geschichte einzurichten, sie in Besitz zu nehmen. Aber ich war immer noch das passive Subjekt, immer noch die Patientin, wenn es um meine psychiatrische Behandlung ging, denn ich verstand sie nicht. Dr. A.s Weigerung, mich zu einem Gespräch zu empfangen, und Dr. B.s Antworten im Placebostil schienen das nur zu bestätigen. Ich wußte nur einen Weg, wie ich aus dieser Situation herausfinden konnte: ich mußte ihrer Herr werden. Ich beschloß, mich mit Psychiatrie auseinanderzusetzen und vor allem herauszufinden, was man über meinen Fall, über die »postnatale Depression«, schrieb. Wie sahen Psychiater meine Krankheit und ihre Behandlung? Ich suchte in Buchhandlungen und Büchereien, löcherte Freunde mit Fragen und wandte mich an alle möglichen Leute, von denen ich meinte, sie könnten mir vielleicht mehr sagen. Ich hatte nicht die Absicht, ein Selbsthilfebuch zu schreiben, aber ich nahm an, daß ich mir selbst helfen würde, wenn ich besser Bescheid wußte.

Zuerst hielt ich nach Büchern Ausschau. Wenn ich in eine Buchhandlung gehe, nehme ich meine Kinder möglichst nie mit, sonst werden wir alle verrückt. Während sie beim Einkauf von Lebensmitteln, Kleidern oder sogar Vorhangstoffen doch kurze Zeit mein Interesse teilen können, ist das in einer Buchhandlung ganz unmöglich. Sie wissen, daß ich hier von etwas in Anspruch genommen bin, das jenseits der bunten Umschläge liegt, daß ich in einem Gelände umherstreife, in das sie vorerst noch nicht einmal eine kleine Zehe setzen können. Und wenn sie versuchen, mich zurückzulocken, mir erzählen, welche Umschläge ihnen am besten gefallen, und mir vorschlagen, einen Science-fiction- oder Fantasy-Schinken zu kaufen, weil er einen Drachen auf dem Umschlag hat oder dicke Silberbuchstaben in Reliefdruck, dann ist meine Geduld schnell erschöpft. Wenn ich sie mit schlechtem Gewissen in der Kinderbuchabteilung absetze, bricht die Hölle los. Deshalb war ich allein, als ich an einem Samstag im Juni das Portal einer großen Buchhandlung durchschritt.

Ich ließ meine üblichen Jagdgründe, die Tische und Regale mit Belletristik, Lyrik, feministischen Studien und Kinderbüchern, links liegen. Ich suchte nach einer anderen Reihe von Buchrücken. Wie verschieden die Abteilungen voneinander sind! Ich würde nie aus Versehen auf die Regale mit Computerliteratur zugehen und sie für Kunstgeschichte halten. Feministische Studien erkenne ich auf hundert Meter, lande dabei vielleicht ganz selten versehentlich in der Soziologie. Die Lyrikabteilung mit all diesen dünnen bunten Streifen läßt sich nicht verfehlen. Aber nach der Psychiatrie mußte ich suchen. Schließlich fand ich sie, hier und da zwischen der Psychologie verstreut (Da war der Wunsch der Vater des Gedanken!), und ganz unbefangen standen die Bände da. Abgesehen von »Psychiatry in Dissent« von Anthony Clare, das ich auch kaufte, schienen Kritik oder Zweifel in den Titeln nicht auf. Da waren mindestens ein halbes Dutzend Lehrbücher zur Einführung mit Titeln wie »Grundbegriffe der Psychiatrie, ein Handbuch für angehende Psychiater« oder »Problemorientierte Psychiatrie« (Wie die Psychiatrie Probleme lösen kann). Ich suchte zwei Titel auf dem Regal aus: das »Concise Oxford Textbook of Psychiatry« von Gelder, Gath und Mayou und »Outline of Modern Psychiatry« von Jennifer Hughes. Dann fuhr ich ganz aufgeregt nach Hause und dachte, jetzt würde ich vielleicht in der Lage sein, meine Behandlung zu verstehen.

An diesem Tag saß ich im Garten und begann zu lesen. Anfangs amüsierten mich diese akademischen und verkürzten Darstellungen menschlichen Verhaltens. Manche Stellen las ich geradezu ungläubig Hugh und ein paar Freunden laut vor. Dann aber wurde mir trotz Sonne und Gelächter kalt.

Da waren keine Skepsis und keine Psychologie. Menschliche Leben können allem Anschein nach als Krankheiten beschrieben und genauso rubrifiziert werden wie organische Krankheiten. Wenn diese Leben nur unglücklich oder gestört genug sind, zerfallen sie in eine Reihe von Symptomen, die man, klassifiziert und in eine Ätiologie eingeordnet, als Störung benennen und, wie in meinem Fall, mit Beruhigungsmitteln, Antidepressiva und Elektroschock behandeln kann.

Um mehr über meine eigene »Krankheit« herauszufinden, schlug ich im Kapitel »Störungen im weiblichen Fortpflanzungsleben« in »Outline of Modern Psychiatry« nach. Auf einer einzigen Seite fand ich mich selbst kategorisiert: Definition, Häufigkeit, Erbanlagen, Ursachen, klinisches Bild, Behandlung und Prognose der »Kindbettpsychose«, alles verhältnismäßig klar dargestellt. Ich verstehe das Dilemma der Psychiater: Sie müssen eine Methode finden, die ganze Bandbreite der mentalen Traumata und Krisen, die ihnen begegnen können, zu strukturieren. Trotzdem war es bestürzend, meine Erfahrung so verkürzt und auf einen undurchsichtigen wissenschaftlichen Jargon reduziert zu sehen. Als könnten sie dadurch, daß sie jemandem ihre wissenschaftliche Sprache aufzwangen, Fieber und Furcht erklären und in Schranken halten. Ich las beide Bücher von der ersten bis zur letzten Seite, hörte allerdings bald auf, daraus vorzulesen. Aber danach hatte ich mir nichts erobert, im Gegenteil, ich stand vor einem Rätsel. Sie boten mir keine Erklärungen, weder für meine »Krankheit« noch für ihre Behandlung. Psychiatrische Praxis erschien mir mehr als eine Übung in Schadensbegrenzung denn als die Suche nach einem Heilverfahren.

Aber meine Lektüre hatte eines bewirkt – ich konnte jetzt den Schritt vollziehen, den ich hatte tun wollen. Jetzt war ich nicht mehr die Patientin im Griff der Psychiatrie. Jetzt war ich eine Person und entschlossen zu verstehen, was passiert war, trotz meines eigenen wackligen Selbstvertrauens und meiner furchtbaren Gedächtnislücken und trotz der oberflächlichen Definitionen der Psychiatrie.

Nicht lange nach meiner Gartenparty mit Psychiatrievortrag kam mit der Post ein schwerer brauner Umschlag, der meine gesamte Krankenakte enthielt, die im Laufe meiner zwei Monate in der Klinik entstanden war. Ich hatte an den Leiter des Patientendienstes geschrieben und um die Kopien gebeten, ich hatte erklärt, daß ich an einem Buch schrieb und die Lücken, die durch Elektroschocktherapie, Depression und so weiter verursacht waren, schließen mußte. Ich rechnete damit, daß die Aufzeichnungen ein paar leere Stellen füllen konnten, und war neugierig auf das, was man über mich gesagt hatte.

Die Krankenakte kam sehr bald, aber wenn ich damit gerechnet hatte, mich selbst darin wiederzufinden, so wurde ich enttäuscht. Was ich fand, war ein bis ins einzelne dokumentierter und beeindruckend detailliert dargestellter Fall. Die Person, nach der ich in meinen Erinnerungen an das Krankenhaus gesucht hatte, war nicht da. Auch wenn die Krankenschwestern Zeuge dessen geworden waren, was ich durchlitt – und manche hatten es erlebt –, in der Krankenakte beschrieben sie mich als eine geistig gestörte Patientin mit objektiv klassifizierbaren Symptomen. Ich legte ein »unangemessenes Benehmen« an den Tag, hatte manchmal »guten Augenkontakt« oder »intellektualisierte die Krankheit übermäßig, aber mit offensichtlich fehlerhafter Logik, wenn es um ihr Essen geht«. Zu anderen Zeiten war ich »ziemlich leer« oder »weinerlich«, warf »feindliche Blicke« oder war »nicht kommunikativ«. Ich war oft sehr niedergeschlagen oder hatte, wie die Ärzte es ausdrückten, einen »depressiven Affekt«. Als ich mich

»besserte«, begann ich »angemessene Unterhaltungen« zu führen, war »geduldig« mit Jesse, und meine »Stimmung« wurde »offen« oder »offener«. Mein Verhältnis zu Jesse wurde vor allem im Zusammenhang mit meinem praktischen Verhalten erwähnt. Ich »fütterte«, »badete« und »versorgte« sie. Meine Gedanken und Gefühle über mein Leiden wurden manchmal aufgezeichnet, aber nicht, weil sie irgendeine Rolle in der Definition des Problems spielten. Nur als Teil des »Stimmungs«-Berichts.

Aber ich gab mich nicht damit zufrieden, nur zu lesen, was die Ärzte über meine Depression zu sagen hatten. Was war mit den anderen Frauen, die etwas Ähnliches durchgemacht hatten wie ich? Was hatten sie über ihr Leiden zu sagen? Vielleicht konnte ich meine eigene Erfahrung im Kontext der Leben anderer Frauen besser verstehen. Diesen Sommer und Herbst über verfolgte ich also nicht nur meine psychiatrischen Studien, sondern nahm auch mit anderen Frauen Kontakt auf, die mir direkt oder indirekt begegnet waren. Ich dachte sogar daran, ihre Darstellungen in meinen eigenen Bericht aufzunehmen.

Nur eine Frau war nicht bereit, mich zu treffen, und wir sprachen nur kurz am Telefon. Sie war, nach der Geburt ihrer Tochter »total übergeschnappt«, zwei Jahre vor mir auf der psychiatrischen Station gewesen. Ihre Hausärztin hatte ihr gesagt, sie solle für das dankbar sein, was sie habe, und auf keinen Fall ein zweites Kind bekommen. Aber jetzt hatte sie es schließlich gewagt, wieder schwanger zu werden, und hatte den Hausarzt gewechselt. Sie wollte nicht über das sprechen, was beim ersten Mal geschehen war, weil es ihr dann immer schlechter ging, und sie tat, was sie konnte, um es zu vergessen. Aber sie erinnerte sich besonders an zwei schreckliche Dinge in der Klinik: Das waren die Stationsvisite, bei der über sie gesprochen wurde, als sei sie ein Objekt, und die Elektroschocktherapie – wie sie den Stromstoß bekam und dann ohne Hilfe und Erklärung sich selbst überlassen blieb.

Mit den anderen Frauen – aus allen Altersgruppen, von ganz

jungen Müttern bis hin zu Großmüttern – führte ich an allen möglichen Orten Gespräche: in meinem Haus am Fisher's Yard, in Kneipen wie den Blacksmith's Arms, bei einer Pizza, einem Strandspaziergang an einem hellen, kalten Nachmittag und einmal in einem kleinen, heißen und bedrückend ordentlichen Haus, das weniger als einen Kilometer von der Autobahnbrücke entfernt war, wo meine Gesprächspartnerin fast den Tod gefunden hatte. Sie erzählte ihre Geschichte im Wettlauf mit der Uhr – sie wollte alles loswerden, bevor ihr Mann nach Hause kam – und im Angesicht ihrer eigenen Ratlosigkeit. Obwohl sie sich fast umgebracht hatte, obwohl sie Monate in psychiatrischen Kliniken und normalen Krankenhäusern verbracht hatte, wo man versuchte, ihren Körper wieder zusammenzuflicken, obwohl man ihr Elektroschocks und schwere Medikamente verpaßt und ihr gesagt hatte, sie müsse den Rest ihres Leben Lithium, ein starkes stimmungsstabilisierendes Medikament, nehmen, hatte sich niemand die Zeit genommen, ihr zu sagen, was nach Meinung der Ärzte geschehen war. Oder sie nach ihren eigenen Gedanken und Gefühlen gefragt. Als Österreicherin, die nach England gezogen war, um mit ihrem englischen Partner zusammenzuleben, fühlte sie sich nicht nur als Fremde in einem fremden Land, sondern war sich auch selbst fremd geworden.

Es war eine eigenartige Erfahrung, fremden Menschen dabei zuzuhören, wie sie sich an etwas erinnerten, über das sie selten mit jemandem gesprochen hatten. Ich sah zu, wie sie – genauso wie ich – mit einer Erfahrung rangen, die sie unmöglich mit ihrer Liebe zu ihrem Kind in Einklang bringen und irgendwie begreifen konnten. Dennoch bestätigte das, was sie mir sagen konnten, meine Ahnung, daß »postnatale Depression« zwar oft wie ein Blitz aus heiterem Himmel einschlägt, aber in Wirklichkeit aus dem Gewebe unseres Lebens erwächst. Und es ist dem Gewebe des sozialen Lebens in unserer Kultur viel tiefer eingeschrieben, als jemals offiziell eingestanden wird.

An meinen Tiefstpunkten sah ich mich selbst als ein fremdes und vereinsamtes Wesen, das einen schrecklichen, plumpen Tanz vollführt. In meinen Mantel aus Schwärze gehüllt, dachte ich, ich sei der einzige Stern an diesem dunklen Himmel. Nachdem ich mich erholt und diese furchtbare Introvertiertheit abgeschüttelt habe, sehe ich jetzt, wie viele Frauen in unterschiedlichen Konstellationen ihn mit mir teilen. Es ist, als sei ich in eine schweigsame Gemeinschaft eingeführt worden. Da sind so viele, die ich direkt oder indirekt kenne, viel mehr, als ich jemals angenommen habe, die auf die eine oder andere Weise nach der Geburt eines Kindes eine tiefe Leidensphase durchmachten. Manche haben einfach mit ihrem Unglück gelebt, ohne jemandem, außer vielleicht dem Hausarzt oder ihrem Partner, davon zu erzählen, und sie haben es überwunden; andere bekamen Medikamente, konnten aber zu Hause bleiben; andere, wie ich, mußten in die Klinik und müssen sich deshalb mit weiteren traumatischen Erfahrungen auseinandersetzen – wie zum Beispiel der Elektroschocktherapie oder dem Stigma, in einer psychiatrischen Anstalt gewesen zu sein. Die eine oder andere, von der ich hörte, überlebte ihr Unglück nicht.

Fast alle Frauen, mit denen ich sprach, sagten mir, daß sie nicht begreifen, was ihnen zugestoßen ist. Diejenigen, die Fragen stellten, haben niemanden gefunden, der sie ihnen beantwortete. Viele finden, daß ihr Leben immer noch zerrissen ist von der schrecklichen und fremden Stimmung, die sie mit der Geburt ihres Kindes überkam. Diese Stimmung lähmt sie nicht mehr, aber sie war vor der Geburt nicht da und verschwindet nun nicht mehr. In den schlimmsten Zeiten verstecken die meisten – sofern sie es können – ihr Elend, ihre Erschöpfung, Bestürzung und Angst hinter einem Panzer, in dem sie irgendwie, wenn auch oft nur mit Müh und Not, funktionieren. Manche fragen sich heute noch, nach über zehn Jahren, was ihnen an diesem Tag widerfahren ist, der immer noch so oft als der schönste im Leben einer

Frau beschrieben wird. Vielleicht hatte ich sogar Glück, daß mein Panzer brach.

Viele Erzählungen waren zwar so drastisch und dramatisch, wie ein Erzähler es sich nur wünschen kann, aber ich konnte sie nicht direkt verwenden. Jedes Mal wurde bald klar, daß die Krankheit, von der sie mir erzählten, kein unheimlicher Fremder war, der aus dem Nirgendwo in ihr Leben eindrang. Ihre Depression war Ausdruck von etwas Unerträglichem, das mitten in ihrem Leben aufgebrochen war und sie nun zerriß. Die äußeren Symptome des Zusammenbruchs waren bei jeder einzelnen Frau nichts gegen die Frustration, das Elend und die Einsamkeit, die die meisten von ihnen darüber empfanden, daß man sie knebelte und ignorierte. Auch wenn ich hier nicht die Geschichten anderer erzählt habe, hat mich das, was ich gehört habe, doch in meinem Glauben bestärkt, daß die schwarze Blume der »postnatalen Depression« ihre Wurzeln tief im Erdreich des Lebens jeder einzelnen Betroffenen hat.

In diesem Sommer sprach ich mit einem bekannten Genetiker. Er war in meinen Jugendjahren ein entfernter, aber vertrauter Nachbar gewesen, und seine Kinder waren etwa in meinem Alter. Jahre bevor Joggen in Mode kam, streiften er und seine Frau auf ihrem täglichen Dauerlauf an unserem Haus vorbei. Sie zogen sich nie dafür um. Er war in Hemd, Hose und Schnürschuhen, sie in Rock und Bluse. Ich weiß nicht einmal, ob sie andere Schuhe dafür anzog, obwohl ihre flachen Sommersandalen sicher etwas gefährlich gewesen wären. Irgendwann kapitulierten sie und erschienen in Trainingsanzügen und Turnschuhen im Partnerlook, aber das war erst, nachdem ich ausgezogen war.

Meine Mutter hatte in den ersten Monaten nach Jesses Geburt mit diesem Nachbarn gesprochen, und er hatte ihr versichert, daß ich eine genetische Veranlagung zu dieser »Krankheit« habe. Mein Großvater war depressiv gewesen, und meine Mutter hatte eine depressive Phase durchgemacht, als ich etwa zwölf war. Ich wollte gern wissen, wie er ein so beängstigend deterministisches Modell erklärte, und fühlte mich nun ausreichend mit Wissen gewappnet, um mich einer solchen Begegnung zu stellen. Ich verabredete mit ihm ein Treffen bei meinem nächsten Besuch in London. Schließlich hatten wir bei der Abschiedsparty, die meine Mutter und mein Stiefvater zum Auszug aus unserem geliebten alten Haus veranstalteten, Gelegenheit zu plaudern.

Er nahm mich nicht sehr ernst, nicht annähernd so ernst, wie ich mich selbst nahm. Er betrachtete unser kurzes Gespräch eher als einen kleinen Flirt. Er fragte mich, was ich denn so machte, und ich erzählte ihm, woran ich schrieb und warum ich mit ihm sprechen wollte. Ich wollte wissen, was er als Experte in biochemischer Pathologie mit einem Forschungsschwerpunkt in genetischer Veranlagung zu meiner Erfahrung zu sagen hatte. Und ich wollte ein paar Anregungen für weitere Lektüre.

Der emeritierte Professor sagte, was ich geschrieben habe, sei ja schön und gut, wenn es mir dadurch besser ging, aber es trage eigentlich nichts zum Verständnis der Gründe eines Zusammenbruchs bei. Vielleicht konnte es als Placebo dienen, das war alles. Ich sei genetisch so veranlagt, daß ich zu depressiven Störungen neige, und die Entbindung sei nur der zufällige Auslöser gewesen. Er war anscheinend der Auffassung, jede andere traumatische Erfahrung hätte die gleiche Wirkung gehabt. Seiner Meinung nach waren weder Pharmazeutika noch Psychotherapie von großem Nutzen, weil man sich von einer Depression letzten Endes so oder so erholt. Er sagte das alles im Ton feiner, wahrscheinlich unbewußter Herablassung. Natürlich war seine Version nicht die einzig mögliche, deshalb konnte er jemandem gegenüber, der wie ich so reizend weit hergeholte Ideen hegte, tolerant sein.

Unsere Unterhaltung war zwangsläufig nur kurz, denn ich hatte von seinem Fachgebiet keine Ahnung, und er schien sich für mein Vorhaben nicht besonders zu interessieren. Aber er wies mich auf Bücher hin, die in meine psychiatrische Unkenntnis der erlittenen »Krankheit« vielleicht mehr Licht bringen würden. Er nannte mir auch ein paar Namen von Leuten, mit denen ich vielleicht sprechen wollte, und sagte mir, ich könne mich natürlich jederzeit auf ihn berufen. Sobald ich wieder in meinem Arbeitszimmer saß, begann ich Bücher und Artikel über die Bibliothek zu bestellen und schrieb an mehrere Leute und Organisationen. Damit kannte ich mich aus. Ich hatte Jahre meines Lebens damit verbracht, Bibliothekszettel auszufüllen und Stapel von Büchern auf der Suche nach einer wichtigen Goldmine durchzusehen. Hier war ich daheim und hatte alles unter Kontrolle.

Einige Bücher und Artikel kamen nie an. Aber nachdem ich mich mehrere Monate in die Lektüre der Bücher vertieft hatte, die gekommen waren, hatte ich das Gefühl, genug gelesen zu haben. Theoretisch verstand ich, welcher Art die Ansichten waren, auf die die psychiatrische Praxis in England aufbaute. Und ich hatte genug gelesen, um mir ein Bild von der psychiatrischen Debatte über Mutterschaft und Geisteskrankheit zu machen. Manche Aufsätze, wie zum Beispiel »Epidemologische Aspekte geistiger Erkrankungen in Zusammenhang mit der Geburt«, ließen mich ziemlich kalt. Aber ich las sie trotzdem. Selbst eine Arbeit unseres Nachbarn unter dem Titel »Endokrine und biochemische Studien zu geistigen Störungen im Kindbett«, die mir anfangs wenig sagte, fand ihren Platz in meinem Wissensschatz. Ich muß allerdings gestehen, daß ich mich mit einem Biologen in der Kneipe traf, um sicherzugehen, daß ich auch verstand, was mein Nachbar und sein Mitautor in ihren Ausführungen meinten.

Ein paar Namen tauchten in meiner Lektüre immer wieder auf, und mir wurde klar, daß der größte Teil der akademischen und praktischen Forschung auf dem Gebiet der »postnatalen Krankheit« in den letzten Jahren nur von einer Handvoll Psychiater in England und im Ausland durchgeführt worden war.

Der Grund für meine Entscheidung, über die psychiatrischen

Ansätze zu lesen und zu schreiben, war der Wunsch, mir Rückendeckung zu verschaffen. Inzwischen hatte ich die Hoffnung, daß das, was ich geschrieben hatte, eines Tages ein Buch werden würde. Ich wollte mich nicht dem Vorwurf aussetzen, daß ich mir das psychiatrische Material nicht angesehen hatte. Aber die ganze Lektüre bildete auch einen Teil meiner inneren Reise. Ich war nicht mehr das ahnungslose Objekt des Fachwissens eines anderen Menschen. Ich verstand jetzt, auf welcher Grundlage meine Psychiater agierten, und konnte mir aus der Distanz meine eigene Meinung bilden.

Ich habe zwar einige Psychiater getroffen, denen ich viel Respekt entgegenbringe, aber ich habe mich nicht überzeugen lassen. Dieses dogmatische Kleben an einer Wissenschaftssprache und die Faktensuche der Psychiatrie sind mir im Angesicht der menschlichen Leben, die sie kategorisieren will, weiterhin unheimlich. Als arbeite sie genau in die entgegengesetzte Richtung wie die Psychotherapie, versucht die Psychiatrie, jedes Individuum in eine allgemeingültige medizinische Kategorie einzuordnen. Sobald das Verhalten eines Menschen mit dem entsprechenden *terminus technicus* versehen ist, kann man ihn als Person mit einem individuellen Leben vergessen und nur noch als Zustand behandeln. Angesichts des riesigen Behandlungsbedarfs und der drastischen Unterversorgung im Gesundheitswesen ist das verständlich, aber der Patient bleibt dabei auf der Strecke.

In meinem Eifer bei der Lektüre fühlte ich mich manchmal wie in einem Kinderspiel. Eliza beschäftigt sich stundenlang mit ausgetüftelten Pantomimen, in denen sie mit Hilfe von allem, was ihr gerade in die Finger kommt, phantastische Landschaften erfindet. Wenn man mit ihr spielen will, muß man zulassen, daß die eigene Sicht der Dinge und ihrer Verwendung in der alltäglichen Welt vorübergehend außer Kraft gesetzt ist. Ich habe mich auf das Psychiatriespiel nie so intensiv eingelassen wie auf Eliza, aber es scheint ebenfalls darauf zu beruhen, daß die Dinge in der ausschließlich diesem Spiel vorbehaltenen Sprache beschrieben werden. Entweder man läßt sich darauf ein, oder man steht vor einem Rätsel. Aber es gibt einen wichtigen Unterschied zwischen Elizas Spiel und der Psychiatrie: Bei Eliza gibt es fließende Veränderungen der Parameter, und sie erfindet ihre Objekte immer wieder neu. Und sie meint auch nicht, daß ein anderes Kind im Unrecht ist, wenn es bei ihrem Spiel nicht mitmachen und etwas anderes spielen will.

Sobald ich anfing zu schreiben, stellte ich fest, wie schwierig es ist, psychiatrische Vorstellungen wiederzugeben, ohne den Eindruck zu erwecken, daß man sie selbst vertritt. Anfangs verfiel ich wie in einem Sog der Sprache, die ich kritisieren wollte. Ich schrieb das Kapitel immer und immer wieder um, während ich versuchte, in meinem Schreiben die Distanz zur Psychiatrie deutlich zu machen, die ich in meinem Denken empfand. Der Versuch, diesen Stoff klar zu gliedern, riß eine Kluft auf. Da die Psychiatrie so wenig mit meinem wiedererlangten Selbstgefühl zu tun hat und mir keinerlei Hilfe zum Verständis des Geschehenen bot, erschien es mir nun auch in meiner Geschichte fehl am Platz, über Psychiatrie zu schreiben. Nachdem ich ein mit Fußnoten und Zitaten gespicktes psychiatrisches Kapitel geschrieben hatte, verschob ich es. Erst von der Buchmitte an den Schluß, dann in einen Anhang, und schließlich warf ich es ganz hinaus. Ich kann zwar meine Erinnerung beziehungsweise das Fehlen von Erinnerung an die psychiatrische Behandlung nicht loswerden und werde auch nie erfahren, in welchem Maße mein Überleben diesem Cocktail zu verdanken ist, aber ich kann die Psychiatrie doch zumindest aus meiner Erzählung auslagern, damit meine eigene Sprache intakt bleibt.

Im folgenden November war ich in London, um den Universitätsabschluß meiner Mutter zu feiern. Es war einen Monat nach Jesses zweitem Geburtstag und nur fünfunddreißig Jahre später, als meine Mutter ihn eigentlich hatte schaffen wollen. Da ich einmal in London war, hatte ich mich mit zwei Leuten verabredet, deren Namen mir bei meiner Lektüre immer wieder untergekommen waren. Clare Delpech führt die von ihr gegründete gemeinnützige Organisation unter dem Namen »Association for Post-Natal Illness« (Gesellschaft für postnatale Erkrankungen), die Frauen bei allen möglichen psychischen Problemen nach der Entbindung Rat und Unterstützung gewährt. Channi Kumar ist Leiter der Mutter-Kind-Station am Maudsley Hospital und hat wesentlichen Anteil an der Erforschung postnataler Erkrankungen. Beide sind bekannt für ihre Arbeit mit Frauen, die an postnatalen Erkrankungen leiden. Ich war sicher, daß Gespräche mit ihnen die Lücken füllen würden, die in dem von mir erstellten psychiatrischen Profil klaffen mußten.

Meine Kinder in London tagsüber in der Obhut anderer zu lassen, war eine ganz neue Erfahrung für mich. Ich kleidete mich und packte meine Tasche, als zöge ich als Enthüllungsjournalistin aus, und maskierte damit gleichsam mir selbst gegenüber mein Projekt, indem ich es in die Uniform eines anderen Vorhabens steckte. Vielleicht rechnete ich damit, von diesen beiden Sachverständigen neue Einsichten zu gewinnen. Das sagte ich mir jedenfalls. Aber viel wichtiger noch war meine Entschlossenheit, meine psychiatrische Behandlung besser einordnen zu können. Vielleicht dachte ich auch, in diesen beiden Interviews könnte ich Stoff für eine Art von Darstellung finden, die ich nicht beherrsche. Ich könnte irgendwie darin eine Sprache der Selbsthilfe und des Altruismus finden, über die ich selbst nicht verfüge.

Als ich zur U-Bahnstation aufbrach, klopfte mir das Herz bis zum Hals. Ich hatte mein Notizbuch dabei, Bleistifte, Geld, Pfefferminzbonbons, einen Stadtplan und vor allem ein sperriges Tonbandgerät, das ich mir geliehen hatte. Ich fand, daß ich mich in meiner Rolle gut ausnahm. Wenn ich zurückdenke, glaube ich, daß ich vielleicht ein bißchen komisch aussah. Auf jeden Fall aber war jetzt ich diejenige, die aufdeckte. In meiner V. I. Warshawski-

Parodie war ich eine Frau, die entschlossen ist, sich mit der »Krankheit«, die sie aus der Bahn geworfen hatte, auseinanderzusetzen und sie zu verstehen. Noch ein Jahr zuvor hätte ich nie gedacht, in eigener Regie und zu meinen eigenen Bedingungen eine solche Reise machen zu können.

Als ich in Parsons Green ankam, war ich schweißgebadet. Ich hatte ein bißchen Zeit totzuschlagen und spazierte die dicht bebauten Wohnstraßen in der Nähe meiner ersten Verabredung auf und ab. Ich suchte nach einem Laden, in dem ich die restliche Zeit über etwas stöbern konnte. Meine Journalistenphantasien wogen schwer in meiner Tasche, und ich setzte sie in einem Second-hand-Laden mit teurer Kinderkleidung ab. Vielleicht zehn Minuten lang tat ich so, als sei ich die Mutter von zwei anderen Kindern, solchen, die auf Kinderparties Tüllkleidchen tragen. Ich ließ mir nicht anmerken, daß ich vom Land kam, aber ich glaube, die Verkäuferin durchschaute mich. Als ich den Laden verließ, wußte ich, daß ich mein Ich beim besten Willen nicht abstreifen konnte und daß ich nicht in der Lage war, ein Interesse vorzutäuschen, das ich nicht hatte, egal, ob es um Partykleidchen oder postnatale Depression ging.

Zuerst ging ich zum falschen Haus. Die richtige Hausnummer in der falschen Straße. Eine baumlange blonde Frau mit kunstvoller Frisur öffnete die Tür. Im Hintergrund sah man einen Mann in Arbeitskleidung, der sich mit einer großen Kiste die Treppe hinaufmühte und jeden Augenblick zu stürzen drohte. Weitere Kisten standen herum. Die Frau war nicht erfreut, für die Leiterin einer Organisation für postnatale Depression gehalten zu werden. Das war kein guter Start für meinen Auftritt als Möchtegern-Detektivin.

Das vordere Wohnzimmer in Clare Delpechs Haus ist vollgestopft mit dem Zubehör eines bewegten Lebens, so erscheint es einem Außenstehenden jedenfalls. Bücher, Platten, Papiere, ein Klavier mit Stößen von Noten, Tische und Regale, die sich unter

Ordnern biegen, überquellende Schachteln auf dem Boden, ein offener, vollgepackter Karteischrank, ein Computer, Familienfotos, Tassen mit abgestandenem Tee, hier und da eine dekorative Porzellanfigur, die sich irgendwie hierher verirrt hat, ein Tennisschläger, eine Stereoanlage, Zeitungen, eine abgewetzte, gemütliche Sitzgarnitur. Sie hat fünf Kinder, die alle noch zu Hause leben, leitet ihre eigene Druckerei, besitzt einen Doktortitel in Biochemie und steht einer gemeinnützigen Gesellschaft vor. Nach der Geburt ihres ersten Kindes war sie, wie sie selbst sagt, hoffnungslos selbstmordgefährdet. Sie überlebte es, konnte aber nichts über den bei ihr diagnostizierten Zustand in Erfahrung bringen. Sie gründete ihre Gesellschaft mit dem Ziel, dieser »Verschwörung des Schweigens, die nicht zuletzt von den Frauen selbst ausgeht«, entgegenzutreten, und blieb auch dabei, als sie ihr viertes und fünftes Kind bekam, jeweils mit den dazugehörigen Depressionsphasen.

Clare redete ein paar Stunden, während mein Tonbandgerät auf dem Boden ein leises, knackendes Geräusch von sich gab. Ich erfuhr ein wenig über sie und den Verein, aber über die »Krankheit« nichts, was ich nicht schon wußte. Das bestätigte mir zumindest, daß ich mit meinen bisherigen Forschungen in die richtige Richtung gearbeitet hatte. Als ich das Haus verließ, war ich erleichtert, daß ich keine Wohltäterin der Gesellschaft sein wollte. Man muß sich ewig wiederholen. Clare mußte schon Tausende Gespräche dieser Art hinter sich haben, aber der Genuß, mit dem sie es führte, verriet, daß sie es noch nicht leid war. Ich selbst fand darin die Bestätigung für etwas, das ich tief im Innern wußte, nämlich, daß ich mein Buch nicht schrieb, um Gutes zu tun.

Immer wenn ich nervös bin, verflüssigt sich mein Bauchinhalt in Wasser. Auf der Fahrt nach Denmark Hill zum Maudsley Hospital mußte ich deshalb an mehreren reinigungsbedürftigen Bedürfnisanstalten Zwischenstation einlegen. Ich hatte eine ganze Liste von Fragen für Professor Kumar vorbereitet, die ich in dem vollgestopften Bus nach Denmark Hill mit den Taschen auf dem Schoß noch einmal durchging. Ich mußte mir die Blätter fast vor die Nase halten, weil der Mann neben mir seine Zeitung so raumgreifend las, daß sich sein Ellbogen vor mich schob.

Ich fand das Institut für Psychiatrie und ging die Treppe hinauf. Ich war ein paar Minuten zu früh dran. Der mürrische Portier meldete mich telefonisch oben an, und ich suchte unterdessen die letzte öffentliche Toilette auf. Dann saß ich im Foyer und fühlte mich an meine Studentenzeit erinnert. Schilder wiesen den Weg zu Hörsälen, Broschüren über Kurse und Filme lagen herum, Studenten, oder »neue Erwachsene«, wie Eliza sie nennt, kreuzten von allen Seiten mein Blickfeld. Aber im Unterschied zu den Universitäten, auf denen ich gewesen war, wäre ich hier selbst der Gegenstand der Studien gewesen. Während ich dasaß und auf Professor Kumar wartete, dachte ich darüber nach, wie zielstrebig diese jugendlichen Psychiater mit ihren Aktenmappen und Ordnern aussahen. Dann fragte ich mich, wie sie mich wohl einordneten. »Bestimmt halten sie mich für eine Patientin«, dachte ich. »Ich bin leger angezogen, bestimmt meinen sie, ich sei ein psychiatrischer Fall.« Ich nahm schnell meine Notizen heraus und mimte wissenschaftliche Vertieftheit, die gewiß jeden, der in meine Richtung sah, überzeugen würde, daß ich auf ihrer Seite des Zauns war. Und dabei wollte ich nicht an den Zaun glauben. Und war auf der anderen Seite gestanden.

Schließlich erschien Channi Kumar und schüttelte mir sanft und entschlossen die Hand. Er war höflich und leise, und seine Kleidung hatte etwas beruhigend Abgewetztes: abgetragene, ausgebeulte Cordhosen, Hemd, Krawatte und Pullover. Wir gingen durch die Korridore zu seinem Büro, einem kleinen Raum, der nur wenig größer war als mein eigenes Arbeitszimmer. Die Wände verschwanden hinter Regalen mit Büchern und Ordnern, ein klotziger Schreibtisch auf der rechten Seite, der aussah, als enthielte er Geheimfächer, beherrschte das Bild. Er fragte mich, warum ich um den Termin gebeten hatte, und ich erklärte mein Projekt und wie ich an seinen Namen gekommen war. Ich fragte ihn, ob ich mein Tonbandgerät benutzen durfte. Er sagte nicht nein, machte aber deutlich, daß es ihm lieber wäre, wenn ich es nicht benutzte. Nach einem kurzen Hin und Her mit Suche nach einer Steckdose und Entwirren von Kabeln steckte ich das Gerät weg. Er schlug vor, daß ich statt dessen Notizen machen sollte. Ein untrügliches Zeichen dafür, daß ich zum Journalismus nicht tauge, ist meine Unfähigkeit, Notizen zu machen. Ich bin nie in der Lage gewesen, die wesentlichen Einzelheiten herauszufiltern, ganz gleich, ob es sich um ein Buch, eine Vorlesung oder ein Gespräch handelt, und bei diesem Gespräch war es nicht anders. Ich klappte mein Notizbuch auf, aber als ich es eine Stunde später wieder schloß, stand nichts darin.

Dieser prominente Psychiater, eine weltbekannte Autorität auf dem Gebiet der postnatalen Depression, dessen elegante Formulierungen mich bei meiner Lektüre so beeindruckt hatten und dessen Name allenthalben auftauchte, hörte meine Fragen aufmerksam an und antwortete ohne Herablassung. Und er stellte selbst Fragen. Nach den Einzelheiten meiner psychiatrischen Geschichte, den Symptomen meiner Depression, wie bald nach der Geburt sie eingetreten waren, wie ich behandelt worden war, wie lange ich Antidepressiva genommen hatte, wer mein Psychiater gewesen war. An dem, was oder wie ich schrieb, schien er nicht besonders interessiert. Eher daran, daß die Tatsache, daß ich schrieb, auf einen gewissen Grad von Genesung hindeutete. Er fragte mich, ob ich meine Krankenakte hatte. Er war vorsichtig und wollte niemandem ins Gehege kommen, sah aber kein Problem darin, sie zu veröffentlichen.

Als er den Eindruck gewann, daß ich Kritik an meiner Behandlung übte, wies er mich ein wenig zurecht. Ich sollte dankbar sein, daß ich in England lebte, wo ich mit meinem Baby in die Klinik gehen konnte. Ich versicherte ihm, daß ich dankbar dafür war. Er bejahte die Anwendung von Elektroschocktherapie bei Frauen in meiner Lage. Aber neben der Elektroschocktherapie erhielten die stationären Patientinnen in seiner Abteilung auch immer psychotherapeutische Behandlung oder Beratung, oft sogar auch der Vater des Kindes. Das war Welten von meiner Erfahrung entfernt. Er gab zu, daß die Grenze zwischen schwerer postnataler Depression und Kindbettpsychose sehr schmal sein könne. Er habe immer gedacht, er sei in der Lage, eine Psychose zu diagnostizieren, aber jetzt sei er nicht mehr so sicher. Obwohl Professor Kumars Selbstvertrauen und Autorität grenzenlos zu sein schienen, war es etwas ganz Neues für mich, einen Mediziner, wenn auch nur einen Augenblick lang, von seiner Unsicherheit sprechen zu hören. Ich verließ sein Zimmer in dem Wissen, daß er als Mensch Respekt verdiente, und war beeindruckt, daß er mich ebenso behandelt hatte.

Während unseres Gesprächs ertönte immer wieder der Schrei eines Kindes. Es war ein langer, gedehnter Ton. Channi Kumar ließ sich nicht anmerken, ob er das Schreien gehört hatte. Vielleicht war es ein vertrauter Laut an diesem Ort. Dieser Schrei schnitt mir ins Herz. Es war kein Baby, das da schrie, sondern ein Kind von vielleicht sieben oder acht Jahren. Ich konnte nicht feststellen, ob es ein Junge oder ein Mädchen war. Der Ton änderte sich nicht und klang durch das Fehlen jeder Dringlichkeit nur um so schlimmer. Es war wie ein Schrei, der sich Bahn brechen mußte, doch ohne jede Erwartung, gehört zu werden.

Meine Notizen schrieb ich in krakeliger Schrift im Bus zurück nach Elephant and Castle. Selbst wenn der Bus stehen blieb, zitterte mir die Hand. Professor Kumar war so höflich, entgegenkommend und großzügig gewesen, wie man es sich nur vorstellen konnte. Mein Treffen mit ihm hätte nicht besser verlaufen können. Aber der Schrei dieses Kindes hallte in meinen Ohren wider und rief in Umrissen etwas wach, das ich nicht benennen konnte. Ich bin sicher, daß ich als Kind nie so geschrien habe. Erst als

Erwachsene. Aber die Schreie, die ich in anderen Tönungen von mir gab, als ich klein war, wurden nie gehört. Der Laut dieses Kindes lief durch meinen Körper. Wie das Echo von etwas, von dem ich nie weit entfernt gewesen war und dem ich zuerst nach Jesses Geburt und dann mit meinem Schreiben nur allzu nahe gekommen war.

Es erscheint paradox, mein Schreiben als etwas zu bezeichnen, das in mancher Hinsicht einem Schrei nahekam. Nicht selbst als Schrei, aber als einen Versuch zu verstehen, was es war, das mich in eine Welt geschleudert hatte, die jenseits aller Worte lag. Doch eigentlich hatte mich das schon viel länger beschäftigt. Zwei Jahre nach dem Tod meines Vaters schrieb ich ein Referat über Herman Melville mit dem Titel »Der Schrei«. Ich hatte damals den Eindruck, daß sich für manche Personen Melvilles, wie Pierre, Bartelby und Billy Budd, die Sprache erschöpft hatte, und daß sie über die Grenzen der Sprache hinaus in einen Schrei der Tat gezwungen wurden. So wie die Gestalt in Munchs Bild »Der Schrei« erstarrten auch sie schließlich in einem ewigen Schrei des Grauens und in ewigem Schweigen.

Damals kam es mir nicht in den Sinn, daß ich vielleicht nicht nur über die Personen bei Melville schrieb, sondern auch über mich selbst. Über irgendein Trauma tief in mir, das weit über Sprache, weit über meine Fähigkeit zu begreifen hinausging. Selbst als ich später über Elizabeth Bishop schrieb und einen Schrei, den sie in den Mittelpunkt ihrer Geschichte »Das Dorf« stellt, zum Angelpunkt meiner Dissertation machte, selbst da dachte ich noch, ich schriebe nur über meine geliebte Dichterin. Doch als ich schließlich im Büro des Psychiaters saß und das unsichtbare Kind hörte, da war der Schrei, der mir durch Mark und Bein ging, meiner und nicht ihrer.

Von Elephant and Castle fuhr ich mit der U-Bahn nach Notting Hill Gate. Ich wollte mich an diesem Abend mit Adam treffen. Es war sieben Uhr, und in einer Stimmung euphorischer Erschöpfung ging ich über den langen, geraden Gehsteig an den vergitterten Antiquitätenläden entlang. Als kleiner Punkt in der Ferne tauchte plötzlich ein Mann auf, der auf mich zurannte. Hinter ihm erschien eine Frau, die ebenfalls rannte. Er rannte ein bißchen schneller als sie. Als er näher kam, hörte ich, wie sie rief: »Halten Sie ihn, halten Sie ihn, ein Dieb, ein Dieb. Er hat meine Tasche gestohlen, Hilfe!« Immer wieder schrie sie das. Jetzt war er weniger als zwanzig Meter von mir entfernt, und ich mußte mir überlegen, was ich tun sollte. Es war klar, daß der Mann die Tasche der Frau gestohlen hatte. Man konnte sie deutlich als Wulst unter seiner Jacke sehen.

Ich tat nichts. Ich blieb sogar stehen und sah zu, wie zuerst der Mann und dann die Frau vorüberliefen. Als er vorbeitrabte, gelöst, ruhig und ohne sichtbare Eile, wechselten wir einen Blick. Sein Blick war genauso wissend wie meiner. Er ließ mich einfach links liegen. Sie rannte vorüber, völlig aufgelöst. Ihre Kleider flatterten, sie ruderte hilflos mit den Armen, und ihre Stimme hörte sich in der dünnen Novemberluft ganz fern an. Sie nahm mich nur den kurzen Augenblick lang wahr, den sie brauchte, um an mir vorbeizulaufen. Ihre Brauen waren hochgezogen, und der Mund stand ihr offen vor Schreck, daß jeder an diesem trügerisch vertrauten Ort der Gewalt, die ihr geschah, und ihrem Verlust den Rücken kehrte.

Zwei Minuten später erreichte ich Adams Wohnung. Alles schien normal. Die Serene Fish Bar und Nahal's waren wie immer geöffnet. Adam saß mit einem Buch in der Hand im zweiten Stock auf einem Stuhl am Fenster, wie immer. Ich läutete. Später, als ich mit einem Glas Wein zwischen Stapeln von Büchern auf dem Boden hockte, erzählte ich Adam von meinem Tag. Ich witzelte, daß es immer gut sei, einen Psychoanalytiker an der Hand zu haben, wenn man bei einem Psychiater gewesen ist. Und ich sagte ihm, daß ich verzweifelt war: Ich glaubte, einer Sache – meiner Krankheit – auf den Grund zu gehen, nur um festzustellen, daß die Schichten meines Lebens wie bei einem verdorbenen Palimpsest immer wieder durchschlugen.

Die Psychiater waren nie an den Worten interessiert, die ich wählte. Was sie betraf, waren Worte nur die eine Seite, Geschichtenerzählen war schön und gut, solange es nicht zu weit ging. Man sollte es nur nicht zur Gewohnheit werden lassen. Deshalb erfuhren sie wenig über mich, ebenso wie ich.

Als ich fünfzehn Monate nach Jesses Geburt begann, mit meiner Psychotherapeutin Anna zu sprechen, nahmen die Worte, die ich in bezug auf mich selbst gebrauchte, allmählich andere Formen an. Manchmal waren mir diese Formen recht, häufig nicht. Ich stellte fest, daß ich Dinge sagte, die ich dann wieder zurück-, in mir drinhaben wollte. Die Gedanken und Gefühle, denen ich eine Stimme zu verleihen suchte, wollten nicht stillhalten. Und wenn ich ganz und gar verzweifelt war, war es mir immer noch fast unmöglich, meinen Gefühlen überhaupt einen Ausdruck zu verleihen. Manchmal brach ich dann in Tränen aus oder wurde – vor Zorn oder Einsamkeit – so verspannt, daß ich mich selbst umklammerte. Dann wechselte ich oft das Thema. Plötzlich fesselte ein Riß in der Decke meine ganze Aufmerksamkeit, oder ein Schatten auf einem Bild oder die Form einer Pflanze hinter der Wasserschale mit Muscheln. Diese Abschweifung konnte keinen von uns täuschen. Aber ich weiß, wie stark mein Denken in der Landschaft der Dinge Zuflucht sucht. Ich klammere mich mit meinen Händen oder auch nur Augen an die Fasern dessen, was ich sehen kann.

Ich kam in der Regel eher zu früh als zu spät, und ich hatte meine eigenen kleinen Rituale, um diese leere Zeit totzuschlagen. Manchmal kaufte ich in der Nähe Lebensmittel ein und genoß die ungewohnte Freiheit, dabei allein zu sein. Es ist so viel leichter, in Gemüsekörben zu stöbern und über Fenchel und zarten

Rübchen zu brüten, wenn man keine Kinder bei sich hat. Ich kostete mit den Augen die verschiedenen Sorten Salami oder Tahini, die ich kaufen konnte, wenn ich keine Kinder bei mir hatte, die ihre Finger nach allen möglichen anderen Dingen ausstreckten. Wenn ich für diesen Luxus zu wenig Zeit hatte, parkte ich meinen Wagen in einiger Entfernung von Annas Haus und zog ein Buch hervor. Eine Zeitlang stellte ich häufig eine Liste der Dinge zusammen, die ich sagen wollte, denn die Frustration, die mich überkam, wenn ich sie vergaß, sobald ich in dem Raum war, konnte ich einfach nicht ertragen. Aber ganz gleich, wie ich mir die Minuten bis zum Beginn der Sitzung vertrieb, mein Magen zog sich zusammen, sobald ich auf die Klingel drückte.

Monatelang erschien ich immer sehr pünktlich zweimal in der Woche an Annas Tür, klingelte und ging in ihr Vorderzimmer, wo ich meinen Platz auf dem Sofa einnehmen mußte, um meine tiefsten Erschütterungen erneut zu durchleben. Und nach fünfzig Minuten mußte ich aufstehen und gehen. Ich verließ meine Therapeutin in allen möglichen Stimmungen, aber ich ging immer.

Annas Haus stand in einer langen Reihe weißlich-grauer Ziegelhäuser, die sich bergauf zog. Der Vorgarten war klein und unordentlich, voll von Sträuchern und Blumen, in einer Ecke stand eine hohe Kiefer. Manchmal lag eine leere Chipstüte oder eine zerbeulte Getränkedose zwischen den Pflanzen. Im Nachbarhaus sah ich oft eine junge Frau im Vorderzimmer bügeln, und ein kleines Kind war auch da. Ich fragte mich, ob sie an Wochentagen das stündliche Klingeln im Haus nebenan hören konnte. Was sie wohl über all die Leute dachte, die ihre Nachbarin besuchten?

Das Zimmer war immer gleich. Das stimmt nicht ganz, denn die Pflanzen wuchsen, und manchmal waren mehr Katzenhaare auf dem niedrigen Tisch in der Mitte. Das Wasser in der Schale mit den Muscheln rechts neben dem offenen Kamin wurde ausgewechselt. Und einmal im Monat lag da ein kleines rechteckiges

Stück Papier für mich, eine Rechnung, genau parallel zur Tischkante. Der Fußboden bestand aus abgezogenen Dielen, auf denen Teppiche lagen. Eine große, fest verschlossene Holztür trennte dieses Vorderzimmer von einem anderen Raum, in einer Ecke stand ein einzelner Lautsprecher, eine Pflanze verdeckte das meiste davon vor meinem Blick – stummer Zeuge eines Lebens jenseits des Behandlungszimmers. Das Pendant dazu stand in dem angrenzenden Raum, den ich nie zu sehen bekam. Und wenn ich nicht da war, war dort Raum für verschiedene Klänge.

Zweimal wöchentlich unternahm ich meine Pilgerreise zu den Jagdgründen oder dem Schrein meines verborgenen Ich. Ich entdeckte keine neuen Tatsachen über mein Leben, keine »Lebensereignisse«, wie Psychiater es nennen würden. Ich entdeckte allerdings, in welchem Maße ich mein Leben um meine Fähigkeit ordne, die Wurzelschmerzen zu ertragen, die mich quälen. Als Teenager nahm ich Zuflucht zu einer Qual, die ich identifizieren konnte und die mir Achtung eintrug – meinem »sehr schlimmen Rücken«. Und nach Jesses Geburt wurden die Schmerzen wieder unerträglich. Im Unterschied zu den Antidepressiva betäubte die Psychotherapie die Schmerzen nicht. Sie erschwerte es mir im Gegenteil, meinen Qualen aus dem Weg zu gehen.

Ich war oft verblüfft darüber, daß mich selbst ein scheinbar ganz banaler Wortwechsel am Schleim des Zorns oder dem harten Kern der Einsamkeit fast ersticken ließ. Und diese inzwischen vertrauten Aufwallungen kamen ebenso aus heiterem wie aus stürmischem Himmel. Wenn meine Wut und mein Gefühl des Verlusts berechtigt erschienen, fühlte ich mich ihnen allerdings nicht so sehr ausgeliefert. Aus diesen teuren wöchentlichen Gesprächen trug ich unter anderem die wichtige Einsicht davon, daß ich dann, wenn ich imstande war, auf den Klang meiner Wut zu hören, sie auch bejahen konnte, selbst wenn mir nicht gefiel, was ich hörte. Wie der Geruch meiner eigenen Exkremente war das ein notwendiges, ja sogar annehmbares Produkt der Person, die ich bin.

Ich habe immer noch eine abergläubische Furcht davor, daß es sich bitter rächte, wenn ich mich auf eine Freude zu stark einlasse. Dann wird mir ganz mulmig. Aber wenn ich diesen Aberglauben jetzt für die Dauer dieses Satzes einmal hintanstelle, kann ich sagen, daß die Zeit, die ich jede Woche in diesem Vorderzimmer verbracht habe, mein Leben zum Positiven verändert hat. Es ist schwer zu sagen, wie das geschehen ist, zumal das, was ich auf diesem Sofa durchlebte, so lange so schwer zu ertragen war. Genauso schwer wie ich selbst.

Ich glaube nicht, daß ich wußte, woraus meine Vergangenheit bestand, bevor ich meine zwei wöchentlichen Besuche aufnahm. Ich hatte nicht den Mut, vielem davon ins Auge zu sehen. Ich wußte zwar, daß der Zusammenbruch nach Jesses Geburt genauso wie Jesse selbst aus mir herausgeboren worden sein mußte, aber ich konnte mir nicht erklären, wie es dazu gekommen war. Oder warum diese Geburt zu diesem Zeitpunkt für mich und mein Leben zuviel war. Ich hatte zwar viele Sorgen, wie ich als Mutter von zwei Kleinkindern zurechtkommen würde, ohne Arbeit und Einkommen, ein Stadtkind in einem kleinen Dorf, weit von meiner Familie und meinen engsten Freunden entfernt, aber es wäre mir nie in den Sinn gekommen, daß ich nicht stark genug sein könnte, es zu schaffen.

Es ist kein Zufall, daß ich kurz nach Beginn der Psychotherapie auch zu schreiben begann. Diese beiden Freiräume pro Woche sind mein Freibrief für die Neugier auf mich selbst als Schreibende, der ich bislang nie Ausdruck geben konnte. Was als ein Artikel begonnen hatte, in dem ich meine Erinnerungen an die Wochen nach Jesses Geburt beschreiben wollte, ging schnell über diesen ersten Plan hinaus. In jeder Phase überkam mich Angst davor, mehr zu schreiben, Angst vor dem, was ich vielleicht sagen würde, und jedesmal haben Hugh, Hermione oder Adam gesagt: »Schreib es einfach auf. Du kannst es ja immer noch weglegen und brauchst es niemandem zu zeigen.« Aber ich glaube, die wußten genauso wie ich, daß ich es gerade durch das Schreiben aus dem Versteck des Privaten führte.

Schreiben und das Reden laufen dabei parallel zueinander. In meinem Sprechen in Annas Vorderzimmer gibt es Ebbe und Flut, Unterbrechungen und Widersprüche, Auf-der-Stelle-Treten und Unsicherheit. Der Grammatik wird Gewalt angetan, und experimentelle Ausflüge verlieren sich in endlosem Schweigen. Man sagt dieselben Dinge immer und immer wieder, Banalitäten ohne Zahl, und es spielt keine Rolle. Selbst meine Langeweile hat ihren Platz. Der Prozeß des Schreibens ist ganz ähnlich. Aber am Schluß bleiben bestimmte Worte in einer bestimmten Ordnung auf der Seite zurück, und die stehen fest. Ihre Bedeutung steht nicht fest, aber die Worte. Und im Unterschied zu den Sätzen, die ich sage und wieder verliere, sind diejenigen, die ich auf die Seite bringe, von Dauer. Mehr als irgendwo sonst fühle ich mich dabei fähig, mich zu befreien und so von mir zu sprechen, wie ich es möchte, wobei ich dieses »wie« auch erst entdecke. Indem ich Dinge in Worte fasse, gebe ich mir selbst eine Fassung, in der ich mich heimisch fühle. Dies hat mich auch beim Schreiben dieses Buchs begeistert und mitgerissen.

Ich habe mich immer an Abgabetermine gehalten. Aber als ich begann, an meinem eigenen Leben zu schreiben, verpaßte ich zum erstenmal einen Termin. Hermione hatte mir geholfen, mein »Irren«-Projekt, die Herausgabe von »Jane Eyre«, unterzubringen, und vier Monate lang hatte ich so stückchenweise, wie es mir zeitlich möglich war, daran gearbeitet. Ich kam zwar schließlich nicht dazu, diese Arbeit zu beenden, aber zusammen mit dem Vertrag gab sie mir eine Perspektive. Obwohl mein Leben noch von einem Horizont umgrenzt schien, der im wörtlichen wie im übertragenen Sinne nicht über meine Schwelle hinausging, mußte das nicht immer so sein.

Als ich jedoch begann, über meine eigene Geschichte nachzudenken, landete »Jane Eyre« auf dem Regal. Als Hermione mich vier Monate vor dem Abgabetermin daran erinnerte und mir riet, mich zu entscheiden, ob ich die Ausgabe zu Ende bringen wollte oder nicht, war ich schockiert, daß ich sie so weit aus meinem Denken verbannt hatte. Sie zu Ende zu bringen hieße, mein eigenes Schreiben aufzugeben, und damit stand meine Entscheidung fest. Ich konnte mich von dem, was ich tat, genausowenig abwenden, wie ich mich von mir selbst abwenden konnte. Deshalb mußte ich Jane an jemanden abtreten, der besser in der Lage war, auf ihre Seufzer und Ausrufe zu lauschen und darüber zu schreiben, während ich der Spur meiner eigenen folgte. Die Leichtigkeit, mit der ich mich der einen Verpflichtung entzog, bestätigte die Wichtigkeit der anderen.

Als ich mich ans Schreiben machte, begann ich auch, nach Gleichgesinnten zu suchen. Ich brauchte sie. Ich entdeckte eine Welt, in der andere Menschen ähnliches unternommen hatten wie ich, in der Schriftsteller ihre eigenen Formen gefunden hatten, um ihre Erfahrungen erzählerisch in Besitz zu nehmen und einzugestehen. Wie hatten sie einem Trauma Ausdruck verleihen können, das mir manchmal als unaussprechliche Bürde erscheint und sich oft jeder Formulierung entzieht? Wie waren sie mit dem Gefühl zurechtgekommen, daß sie an etwas zerbrachen? Obwohl die Erzählungen, auf die ich stieß, Welten von meiner entfernt waren, mußte ich mir dennoch in meinen Gedanken Gleichgesinnte vorstellen.

Mein Interesse war damals noch ein vorsichtiges Tasten, und selbst jetzt finde ich es manchmal ebenso peinigend, die Gänge eines anderen Wahnsinns abzuschreiten, wie zu denen zurückzukehren, in denen ich meinen eigenen Wahnsinn lebte. Ein Zeitungsartikel kann mich genauso wie eine dicke Autobiographie dazu bringen, um meinen Halt zu fürchten. Das Echo meines Zusammenbruchs übt immer einen starken Reiz auf mich aus, einen elementaren Sog auf mein Bewußtsein. Meine Neugier, die mit dem Ringen um jeden Satz wächst, wird durch die fließenden Grenzen meiner eigenen Leidensfähigkeit in Schranken gehalten.

Die Rückkehr meines Gedächtnisses half mir auch, meine Lektüre zu koordinieren. Wenn am Morgen noch etwas von dem Buch in meinem Kopf war, in dem ich am Abend gelesen hatte, wagte ich etwas mehr. Es war, als entdeckte ich eine vergessene Sprache wieder. Ich witzelte oft mit Hugh und Freunden, daß sie mich nach meiner Meinung über ein Buch fragen müßten, solange es noch warm von meinen Händen sei. Aber wie alle guten Witze war auch dieser todernst, und es gab Zeiten, in denen ich dachte, ich würde nie wieder in der Lage sein, so zu lesen wie früher. Wenn ich mir manchmal das Gehirn zermarterte, um mich an etwas Gelesenes zu erinnern, hatte ich das Gefühl, ich hätte einem Gespräch in einem weit abgelegenen Raum gelauscht. Ein Gespräch, an dem ich meinte, teilgenommen zu haben, von dem ich dann aber feststellte, daß ich nur ein fernes Winseln und Rascheln mitbekommen hatte. Eineinhalb Jahre nach Jesses Geburt merkte ich, daß ich wieder über Dinge nachdenken konnte, die ich gelesen hatte. Nicht immer, aber manchmal. Ich war wieder am Gespräch beteiligt.

Ich war also auf der Suche nach Verbündeten. Menschen, die so reagiert hatten wie ich, die man behandelt hatte wie mich und die darüber etwas zu berichten hatten. Ich mußte in meiner Vorstellung Verbindungen knüpfen. Was ich fand, war weit von mir entfernt, aber es reichte dennoch. Eine der ersten war Margery Kempe. Sie entdeckte im 14. Jahrhundert in ihrem Wahnsinn göttliche Methode. Es ist verblüffend, daß die erste Autobiographie, die je in englischer Sprache geschrieben wurde, mit der furchterregenden Darstellung einer postnatalen Psychose beginnt. Margery Kempe sah Teufel und beschrieb sich selbst als in einem Sündenwahn befangen. Aber ihre Beschreibung hörte sich für mich nur allzu vertraut an: Da war jemand in schrecklicher Verzweiflung, in einer entsetzlichen Isolation, in der niemand zu ihr vordringen konnte.

Die Geister, die sie zu Beginn ihrer Autobiographie lenken, scheinen mir nahe Verwandte der Geister zu sein, die mir zuflüsterten. Sie ließen sie »ihre eigene Hand so heftig beißen, daß man die Spuren bis ans Ende ihres Lebens sah«, so wie auf meinen Händen. Sie ließen sie »die Haut auf ihrem Körper in der Nähe ihres Herzens mit ihren Nägeln reißen« (»The Book of Margery Kempe«) – ganz so, wie ich es tat. Wie ich wurde auch sie davon abgehalten, Schlimmeres zu tun. In ihrem Fall konnten sie nichts anderes tun, als sie anzubinden, und zwar Tag und Nacht.

Besser der Teufel, den man kennt, als der, den man nicht kennt, und so machte Kempe, wie ich, ihren Wahn zum Mittelpunkt ihres Lebensprojekts. Es wurde ein Schritt auf ihrem Weg zur Heiligsprechung. Als ich ihr »Buch« las, war ich sonderbar entrüstet darüber, wie sie diesen erschütternden Zusammenbruch auf eine kurze traumatische Erfahrung reduziert, ihn nur als den ersten, winzigen Teil ihrer Pilgerreise in die Mystik darstellt. Er nimmt nur die ersten drei der dreihundert Seiten ihrer Autobiographie ein. Mein Zusammenbruch barg die Geschichte meines Lebens in sich, auch wenn ich noch nicht richtig wußte, wie, und ich empfand, daß das bei jedem so sein sollte, selbst bei dieser Mystikerin, die vor sechshundert Jahren gelebt hatte. Dennoch nimmt Margery Kempe unter den Gefährten meiner Phantasie den Platz einer Art Urmutter ein. Ein Mensch, der den Weg fand, von seinem eigenen Geisteszustand Besitz zu ergreifen, und zwar in seinen beziehungsweise ihren eigenen Worten.

Dann wies mich meine Mutter darauf hin, daß die Frau in der Erzählung »Die gelbe Tapete« von Charlotte Perkins Gilman gerade eine Entbindung hinter sich hat, und ich las das Buch ein zweites Mal. Die Geschichte handelt von einer Frau, die allein in einem Zimmer ist und daran wahnsinnig wird, daß sie ihr Leben in die Tapete des Zimmers verlagert, die sie immer mehr besetzt. Meine Mutter hatte das Buch kurz nach Jesses Geburt in ihrem Grundstudium gelesen, genauso wie ich zehn Jahre zuvor. Damals hatte ich noch keine Kinder, und mein Leben drehte sich um anderes. Als ich das Buch nun wiederlas, war es ein ganz anderes Erlebnis.

Mir fiel sofort auf, wie stark die Frau in der Geschichte infantilisiert wird. Sie ist es und nicht ihr Baby, die in das Kinderzimmer gesteckt und von ihrem herablassend besorgten Arztehemann bevormundet wird. Er behandelt sie wie ein kleines Kind und weigert sich, ihr ernsthaft zuzuhören. Und im Lauf der Geschichte wird sie immer weiter von ihren Halluzinationen verschlungen, die sich um eine Frau drehen, die der heimtückischen, grotesk fruchtbaren Tapete entfliehen will, die sie gefangenhält. Nach und nach reißt sie die Tapete von der Wand, und eines Tages findet ihr Ehemann sie auf dem Boden herumkriechend vor: Sie ist schließlich vollends ihren Wahnbildern verfallen, die ihr eine wahrhaftigere Version ihres Lebens bieten, als ihr Ehemann es vermag.

In der ersten Stunde, die wir in der Klinik verbrachten, schockierte mich nichts so sehr wie die Tapete an den Wänden des Zimmers, in dem ich leben sollte. Soweit ich mich erinnere, hatte sie ein braunes Blumenmuster. Über einem Bett war sie von Kopf- bis auf Hüfthöhe abgerissen. Die Krankenschwester sagte mir an dem Tag nicht, wer die Tapete abgerissen hatte. Es war wie eine Schrift an der Wand, die mir sagte, daß ich hier einen Ort bewohnen würde, der anders als alles war, das ich kannte. Und ich wußte noch nicht, wie weit ich drinnen oder draußen war. Die Tränen und Kratzer an den Wänden waren Spuren eines gewalttätigen Protests und machten den armseligen Versuch zunichte, dem Krankenhauszimmer eine heimelige Atmosphäre zu verleihen. Nichts war heilig, nicht einmal die fade Klinikausstattung. In diesem zweiten Wochenbett, in dem die Frauen ihren Wahn zur Welt brachten, konnte alles angegriffen werden. Mich entsetzte die Vorstellung, ich könnte vielleicht auch imstande sein, mich so zu benehmen.

In der »Gelben Tapete« hebt sich die ruhig erklärende Stimme der Frau auf erschreckende Weise von dem aufsteigenden Wahn ab. Ich habe nie an solchen Wahnbildern gelitten wie sie, aber ich kann mich noch gut daran erinnern, daß ich meine Aktionen – wenn ich meinen Kopf an die Wand schlug, meine Hände und Arme verletzte, mich versengte – für eine logische Antwort auf meine Lage hielt, wenngleich ich diese Logik niemandem erklären konnte. Die Geschichte von Charlotte Perkins Gilman stellt diese unüberbrückbare Kluft sehr gut dar. Wir wissen zwar, daß ihre Protagonistin Visionen hat, aber für sie selbst sind sie eher so etwas wie Einsichten in ihre Situation als Frau, die man von oben herab behandelt und der man nicht zuhört.

Ich selbst las die Geschichte nun mit anderen Augen. Der Wunsch des Arztehemanns, die »Vorstellungskraft« seiner Frau und ihre »Angewohnheit, Geschichten zu erfinden« zu unterdrücken, weil er die »erregten Phantasien« fürchtet, in die sie dadurch verfällt, erinnert mich an einen gutgemeinten Rat, den ich in der Klinik zu hören bekam: »Hören Sie auf, sich alles erklären zu wollen – so kommen Sie nirgendwohin«, sagte eine Krankenschwester. Dabei war nirgends ja schon der Ort, an dem ich mich damals befand.

Um mehr über die Schriftstellerin zu erfahren, las ich »The Talking Cure« von Jeffrey Berman. Sobald ich auch nur ein wenig mehr über ihre Erfahrung wußte, war ich geradezu geschockt, wie stark ich mich mit ihr identifizieren konnte. Nach der Geburt ihrer Tochter war Charlotte Perkins Gilman ähnlich wie ich nicht mehr in der Lage zu lesen, zu schreiben oder aus dem Bett aufzustehen. Mit der Zeit weinte sie nur noch. Sie konnte nicht wieder froh werden und gab sich selbst die Schuld an ihrem Elend. Schließlich unterzog sie sich der einst berühmten, jetzt berüchtigten Ruhekur des Psychiaters S. Weir Mitchell. Nach einem Monat in seiner Klinik kam sie mit der strengen Anweisung heim: »Leben Sie ein so häusliches Leben wie nur möglich. Haben Sie Ihr Kind immer bei sich. Legen Sie sich nach jeder Mahlzeit eine

Stunde hin. Nicht mehr als zwei Stunden geistiger Anstrengung pro Tag. Und rühren Sie Ihr Leben lang weder Füller, Pinsel noch Bleistift an.« (Berman: »The Talking Cure«)

Nachdem sie drei Monate lang versucht hatte, Mitchells Anweisungen zu befolgen, wurde Gilman nach ihren eigenen Aussagen »fast verrückt«. Die Form ihres und meines Fast-Wahnsinns – beide nach der Entlassung aus dem Krankenhaus – weisen sehr ähnliche Merkmale auf. Gilman bastelte sich eine Stoffpuppe, hängte sie an eine Türklinke und spielte lange damit, aber wenn sie ihr eigenes Kind anziehen sollte, »zitterte und weinte« sie. Ich hatte auch Angst davor, mit meinen Kindern allein zu Hause zu sein. Nicht deshalb, weil ich fürchtete, daß ich ihnen oder sie mir etwas antun könnten, sondern weil ich dann nicht vor dem Wissen weglaufen konnte, daß das jetzt mein Leben war, dem ich nicht entkommen konnte. Gilman »kroch in abgelegene Schränke und unter Betten, um dem zermalmenden Druck dieser tiefen Qual zu entkommen«. Ich tat dasselbe. Ich kann in meinem eigenen Haus immer noch jede Ecke und jeden Winkel bezeichnen, in die ich mich kauerte. Gilman saß stundenlang völlig ausdruckslos da und drehte nur ihren Kopf immer hin und her, unfähig, ihrer geistigen Agonie zu entfliehen. Über eineinhalb Jahre schlug ich meinen Kopf an alle möglichen Wände – meistens gegen die tragenden Wände, weil die in unserem Haus härter sind –, weil ich mir vom Toben in meinem Kopf irgendeine Erleichterung verschaffen wollte. Gilmans schreckliche Stumpfheit begann erst zu verschwinden, als sie den Rat ihres Psychiaters mißachtete und wieder zu schreiben anfing. Wie Gilman habe auch ich mit Worten die Herrschaft über mein Leben wiedergewonnen, doch bevor ich sie fand, war ich für mich und mein Leben verloren.

Manchmal, wenn ich zu schreiben beginne, bringe ich mich selbst mit einer kleinen Ermahnung auf Trab. Das geschieht oft mit einem leisen Murmeln, während ich mich die Stufen hinaufschleppe und die Trägheit überwinden muß, die immer unter der Treppe lauert. Es ist seltsam, wie unwillig ich bin, etwas zu tun, das mir mehr Freude macht als alles andere. Wenn ich den Ort aufsuche, an dem ich meine Gedanken entdecke. Vielleicht kommt dieser alte und vertraute Widerstand auch aus derselben Wurzel wie die allgegenwärtige Leere, die alle Worte aushöhlte, als die schiere Verzweiflung bleiern auf Körper und Geist lag. Damals schien die Trägheit sogar die Farben aus der Luft um mich herum zu saugen, und ich war beim besten Willen nicht imstande, zu beschreiben, was ich empfand. Als ich »Darkness Visible« von William Styron las, war meine erste Reaktion Erleichterung darüber, daß ein anderer Mensch, noch dazu ein Schriftsteller, sich fast außerstande sah, seinen Geisteszustand in Worte zu fassen.

Adam gab mir Styrons Buch bei einer der seltenen Gelegenheiten, als ich allein in London war. Ich schrieb zu dem Zeitpunkt schon an meiner eigenen Geschichte und begann die Lektüre mit dieser vertrauten unterschwelligen Angst, daß er mir vielleicht zuvorgekommen war und alle Worte aufgebraucht hatte. Ich las das Buch in der U-Bahn auf dem Weg nach Nordlondon, inmitten von Fußballfans, die auf dem Weg nach Wembley waren. Styrons innerer Dialog erschien mir beunruhigender als all diese Brüller in ihren Streifenschals. Neben dem Schmerz, den er zu beschreiben versucht, verblaßten ihre Schreie zu einem Nichts. Er vergleicht ihn mit dem Gefühl, zu ertrinken oder zu ersticken, sagt aber gleichzeitig, daß diese Bilder nicht den Kern träfen. Diese Schwierigkeit verstand ich gut. Die Bilder, die ich für meine Verzweiflung gefunden hatte, glitten wie bei Styron so oft in etwas schrecklich Endgültiges ab. Was ich fühlte, erschien jenseits von allem, mit dem man leben kann, und doch saß ich hier und war lebendig. Styron war nie ertrunken oder erstickt, aber er konnte keine anderen Worte dafür finden. Ich hatte das Buch ausgelesen, bevor ich an meinem Ziel anlangte.

Ich war zu diesem Zeitpunkt sehr dünn und hatte meine Mütze tief in die Stirn gezogen, um eine Wunde zu bedecken, die ich mir mit einem Stein zugefügt hatte. Jesses Geburt lag jetzt neunzehn Monate zurück, und immer noch brachte ich es nicht fertig, vor dem Abend irgend etwas zu essen. Ich hatte an dem Tag ein Paar Jeans gekauft, und als ich mich in dem Geschäft im Spiegel betrachtete, fragte ich mich, ob ich dieses schlanke Bild vor mir liebte oder haßte. Aber egal, was es war, das mich dazu trieb, nichts zu essen und klaffende Wunden in meine Haut zu schneiden – es hatte etwas damit zu tun, wer oder was ich in meinem Selbstgefühl war. Es hing nicht von der Funktion meiner Synapsen ab, wie ich an diesem Tag in Styrons kleinem Buch gelesen hatte.

Es war eine Erleichterung, auf jemanden zu stoßen, der sonst mit Worten umgehen konnte, aber hier Schwierigkeiten hatte, die richtigen Worte zu finden. Aber die Erklärung, die Styron für das alles gibt, bestürzte mich. Fast das ganze Buch hindurch besteht er darauf, daß Depression etwas rein Körperliches sei. Es sei eine Krankheit, eine Erkrankung, eine Störung, eine Frage von Neurotransmittern und Hormonen, etwas, das man besser dem Biochemiker überlassen sollte als dem Biographen oder Autobiographen. Niemand, weder er noch andere, werde seinen Worten nach jemals etwas über seine Depression lernen, denn »Wahnsinn ist die Folge eines fehlgeleiteten biochemischen Prozesses«. Bemerkungen dieser Art machen Styron zum Sophisten, wenn er die moderne Psychiatrie als eine »bequemerweise unbeweisbare Wissenschaft« bezeichnet, aus ihr aber trotzdem eine Erklärung seines eigenen Leidens ableitet.

Erst ganz am Schluß deutet er die Existenz einer anderen Geschichte an, einer, wie ich sie brauchte und fand. Da gesteht er unwillig ein, daß seine Depression und Selbstmordneigung vielleicht einem schrecklichen Verlustgefühl entsprangen. Wenn Styron es sich gestattet hätte, wenn er sich selbst ein wenig mehr

Raum gewährt hätte, dann hätte er seinen Zustand weniger als klinischen Zustand gesehen denn als die Form, die er dem Kummer seines Lebens gegeben hatte. Aber das ist vielleicht auch der Grund dafür, daß sein Buch nur so kurz ist. Es läßt ihm keine Zeit, seine eigene Gestalt im Spiegel zu betrachten.

An einem düsteren Nachmittag in diesem selben März saß ich an meinem Küchentisch und fing ein anderes Buch an, auf das mich eine andere Freundin hingewiesen hatte. Nach wenigen Seiten hatte die Geschichte mich völlig gefangengenommen. Meine Kinder tobten mit ihrem Spielzeug um meine Beine und verlangten alle paar Minuten nach meiner Aufmerksamkeit. Wie immer begriffen sie nur allzu schnell, daß ich irgendwie in Anspruch genommen war. Und da sie sich nicht mit oberflächlichen Gesten der Zuwendung abspeisen ließen, kam ich an diesem Nachmittag nicht mehr zum Lesen.

In der folgenden Woche verschlang ich dieses Buch geradezu. »Schattenmund« von Marie Cardinal las ich genauso, wie ich etliche Jahre zuvor die Leben der Heiligen gelesen hatte. Die Symptome ihres Leidens hatten auf mich dieselbe Wirkung wie früher deren Wunder. Ihre Bekehrung zur Psychoanalyse bewegte mich wie eine Art »Versionstherapie«. Ich war von ihrer Sprache wie gebannt. Als ich das Buch las, hatte ich schon angefangen, selbst zu sprechen und zu schreiben, ich war schon auf der Suche nach meinen eigenen Worten. Was mir Marie Cardinals Darstellung mehr als alles andere bestätigte, war, daß man ein berechtigtes Interesse an der Erfindung hat, die das eigene Leben darstellt. Sie hatte es geschafft, also konnte ich es auch schaffen.

In ihrer ersten Analysesitzung sagt ihr der Analytiker, er interessiere sich nicht für das körperliche Symptom, das für sie ihren Wahn legitimiert. Einen Augenblick lang, eine kurze psychoanalytische Sekunde lang ist sie so schockiert, als hätte er sie ins Gesicht geschlagen. Aber diese Abfuhr setzt ihre Aufmerksamkeit frei – zum ersten Mal hat sie die Freiheit, ihren Körper und den unerklärlichen Blutfluß zu ignorieren. Und das sagt ihr, daß da etwas ist, das wichtiger ist und deshalb besser bewehrt und schwerer zugänglich, und daß es das ist, was ihn interessiert.

Marie Cardinal erzählt von ihrer tiefen Gespaltenheit, als sie den sicheren Hort ihrer Krankheit aufgibt. Sie muß zulassen, daß die Geschichte dahinter zum Vorschein kommt. Im Verlauf ihrer Analyse beschreibt sie den süßen und auch den bitteren Geschmack ihrer Kindheit und vor allem die Gestalt der Mutter, die sich ihrem Herzen von der ersten Erinnerung an eingebrannt hat. Ihre Analyse schwankt von Sitzung zu Sitzung zwischen traumähnlichen Beschwörungen, Tauchexpeditionen in die Erinnerung, unter hohem Druck, mörderischer Wut, Heiterkeit, Trägheit, Ausdruckslosigkeit, Verwunderung, Vergnügen und hellsichtiger Erkenntnis. In all dem findet sie die Worte, um es zu sagen. Sie entdeckt, daß sie schreiben kann, und sie tut es.

Ich fand es befreiend, nicht mehr krank zu sein. Aber es hat lange gedauert, bis ich den bitteren Dunstkreis meines eigenen Leidens verlassen konnte. Immer noch erscheint er mir manchmal verlockend. Marie Cardinals Buch war eine Inspiration, wie eine Einflüsterung, daß ich vielleicht gerade aus dieser Bitternis und Galle heraus anfangen sollte zu schreiben, was auch immer aus dem Papier emporwachsen würde.

Marie Cardinal beschreibt ihre eigene Zensur ihrer Vergangenheit. Langsam überlebt sie durch die Analyse ihre eigenen Erinnerungen, dann macht sie sie sich wieder zu eigen. Jemand hat mir vor kurzem erzählt, daß Marie Cardinal jetzt behauptet, vieles von dem, was sie in »Schattenmund« schreibt, sei erfunden. Zuerst war ich entsetzt. Aber dann wurde mir klar, daß das eigentlich gar nicht wichtig war. Nur eines war wichtig: Als ich begann, meinen eigenen Worten sowohl in meiner Therapie als auch in meinem Schreiben zu trauen, las ich ein Buch, in dem eine andere Person beschrieb, wie sie lernte, ihre Worte zu finden und ihnen zu trauen.

Als ich damals in die Klinik kam, fragten mich mehrere Psychiater bei der Aufnahme meiner »Geschichte«, worüber ich meine Doktorarbeit geschrieben hätte. Ich hatte den Eindruck, daß manche genauer zuhörten als andere. Als ich meine Krankenakte zugeschickt bekam, war dieser ein Brief beigelegt, den Dr. A.s Oberassistenzarzt Mitte Januar, also einen Monat nach meiner Entlassung, an meinen Hausarzt geschickt hatte. In meiner »persönlichen Geschichte« heißt es, ich sei an die Universität zurückgekehrt, um eine »Doktorarbeit über amerikanische nach-elisabethanische Bischöfe zu schreiben, die vor kurzem abgegeben worden« sei. Einerseits erheiterte mich dieses Mißverständnis in den Aufzeichnungen über meine Krankheit, andererseits war ich bestürzt. Ich weiß heute, daß die Substanz meiner Worte und Aussagen in der Klinik keine Rolle spielte. Andererseits ist es ärgerlich, die eigene intellektuelle Arbeit der letzten fünf Jahre als ein Stück abgelegener Kirchengeschichte beschrieben zu finden.

Dr. A. fragte mich bei unserer ersten Begegnung, worüber ich meine Doktorarbeit geschrieben hätte. Sie hörte ein bißchen genauer zu als ihr Assistenzarzt, aber nur um mir zu sagen, wie sehr ihr eine andere Schriftstellerin mißfiel. Ich sagte ihr, ich schriebe über eine moderne amerikanische Dichterin, und sie fragte mich, welche. Ich sagte es ihr, und sie meinte daraufhin, Gott sei Dank sei es nicht schon wieder diese Sylvia Plath. Sie hätte wirklich die Nase voll von den Patientinnen aus der Uni, die mit ihrer Plath-Besessenheit zu ihr kämen. Hugh erinnert sich an diese Unterhaltung, ich nicht. Aber nachdem ich »Die Glasglocke« vor kurzem wiedergelesen habe, halte ich Dr. A.s Aversion gegen Plath für begründet. Hätten sich die beiden je ins Auge gesehen, wäre es wohl eher Aug um Aug gegangen.

Zum ersten Mal las ich »Die Glasglocke« in meinem zweiten Studienjahr. Ich las es im Rahmen desselben Seminars über amerikanische Literatur wie »Die gelbe Tapete«. Das Seminar wurde von Hermione gehalten, der ich damals zum ersten Mal begegnete und die inzwischen eine meiner besten Freundinnen ist. Als ich zehn Jahre später wieder zu Sylvia Plaths Roman zurückkehrte, wußte ich, daß ich derselbe Mensch war wie damals. Aber wie anders hätte sich dieser Mensch von einundzwanzig Jahren beschrieben als heute, mit einunddreißig. Damals erschien mir der Roman von Sylvia Plath als ein wunderbar gestaltetes Kunstwerk, das aus einem Trauma entstanden war. Nicht wie eine Erfahrung, die ich jemals selbst durchmachen würde. Jetzt habe ich unter meiner eigenen Glasglocke gelebt, und die Metapher scheint mir nicht mehr übertrieben.

Ich mußte zu »Die Glasglocke« zurückkehren – nicht weil ich mich besonders mit Plaths Heldin Esther oder mit Plath selbst identifiziere, sondern weil Plath oder ihr Buch (schwer zu sagen, wer oder was oder ob beide) zu einem solchen Archetypus, einer so befrachteten Gestalt geworden sind. Wie kann sich eine englischsprachige Schriftstellerin mit Themen wie Geisteskrankheit, Nervenkliniken, Elektroschocktherapie und der Sprache der Verzweiflung befassen, ohne zumindest eine kurze Verbeugung vor Sylvia Plath zu machen? Hier saß ich Grünschnabel und arbeitete an meinem ersten Buch. Vielleicht konnte ich mir diese tote amerikanische Dichterin als eine Symbolfigur für meine eigene Erzählung aneignen. Aber als ich versuchte, über »Die Glasglocke« zu schreiben, kam dabei ein Vergleich im Stil von »Ich war aber schlimmer dran« heraus, vermischt mit etwas Literaturkritik. So vermerkte ich, daß Esther weniger Elektroschocks bekommt als ich, aber ihre schlimmer sind. Daß ich mehr Medikamente bekam als sie, und sie erhielt sogar eine Psychotherapie, ohne darum gebeten zu haben. Und ich beschrieb Esthers, oder meine ich vielleicht Plaths Entschlossenheit, an ihrer Alptraumerfahrung festzuhalten, als etwas, das auch ich kenne.

Es ist sonderbar, wie heftig die ersten Leser meines Buchs darauf bestanden, daß ich meine Interpretation der »Glasglocke« je nachdem beibehielt oder rauswarf. Ich tat weder das eine noch das andere. Ich habe den Roman zwar etwas unsicher zwischen die Bücher gleiten lassen, die ich um mich haben wollte, aber das Wiederlesen war ein wichtiger Schritt für mich. Es war wie eine Erklärung mir selbst gegenüber, daß auch ich mein Unglück zu etwas gestalten würde, das andere in den Händen halten konnten.

Ich fand es sehr schwierig, über die Sprache zu schreiben, in die andere Menschen ihre äußerste Fassungslosigkeit fassen. Aber es war wichtig für mich, diese Geschichten zu lesen – vielleicht aus demselben Grund, aus dem ich früher über die Leben furchterregender und gottesfürchtiger Christen las. Die Bücher, die ich beschrieben habe, bilden in meinem Denken jetzt ein sonderbar geschlossenes Gefüge. Es sind die Bücher, denen ich begegnete, als ich sie brauchte, die Bücher, in denen ich die Ermutigung dazu fand, meine eigene Stimme zu finden. Ich glaube, ich benutze meine Erinnerungen wie ein Echolot, um die Höhen und Tiefen der Erfahrung anderer Menschen zu vermessen. Vielleicht habe ich weiter nichts mit ihnen gemeinsam, aber es war ein Teil meiner Reise zurück, daß ich Geschichten aus anderen Kontinenten hören wollte, von anderen Reisen in die Unterwelt.

[illegible] die [illegible] war [illegible] nicht [illegible] daß [illegible] ich [illegible] wollte [illegible] war ein [illegible] schöne für mich. Es war [illegible] Erfahrung [illegible], daß auch ich [illegible] etwas [illegible] in den Händen halten konnte. [illegible] zu schreiben, in [illegible] gegen [illegible] zu lesen [illegible] über [illegible]. Die Bücher [illegible] jetzt ein [illegible] sind [illegible] Büchern, denen sich die [illegible] die Höhen und Tiefen [illegible]

Mein Schreibtisch

Wenig hat sich seit Elizas Geburt auf meinem Schreibtisch verändert, wie es scheint. Voll mit Büchern, Papieren, Notizzetteln für mich selbst und »übersät mit alten Briefwechseln«, wie es bei Elizabeth Bishop heißt, sieht er eigentlich so aus wie eh und je. Ich sitze am Schreibtisch vor einer Wand, über die sich quer, wie eine Treppe, die Darstellungen unterschiedlichster Frauen ziehen. Der Engel Gabriel, der Maria das Unglaubliche sagt, erscheint sicher zwanzig Mal auf Postkarten von unten auf der linken Seite der Wand bis rechts oben über meinem Schreibtisch. Diese Häufung von Verkündigungen wird nur einmal unterbrochen – zwischen Piero della Francesca und Jan van Eyck steckt ein Foto von mir, Minuten nach Elizas Geburt aufgenommen. Ich bin ganz rot im Gesicht und euphorisch, meine Arme sind blutig, als hätte ich ein unschuldiges Wesen massakriert und nicht zur Welt gebracht. Aber an meine pralle Brust schmiegt sich eine winzige Gestalt mit weißen Fäustchen. Die Haare kleben ihr noch am Kopf, und auf ihrer Stirn ist Blut. Sie hat die Augen so fest geschlossen, daß man meint, sie wünscht sich gerade etwas.

Dann macht die Jungfrau Maria, mit gesenktem Kopf und von stiller Furcht erfüllt, Platz für Eleonora Duse, Greta Garbo, Simone de Beauvoir, Virginia Woolf, Salome, Martina Navratilova, Emmeline Pankhurst, Anna Achmatowa, die Schauspielerin Fiona Shaw und eine ganze Reihe anderer Frauen, die stumme Zeugen meiner Bemühungen sind. Sie scheinen der Kamera, dem Meißel oder Pinsel mit ganz unterschiedlichen Zukunftsträumen entgegenzutreten. Manche tanzen, andere sitzen, einige halten Kinder im Arm. Jede ist in meinen Augen schön. Und, wichtiger noch, jede scheint im vollen Besitz ihrer selbst zu sein.

Über meinem Kopf führt die Treppe wieder hinab, und die Frauen, jene Alter Egos, die meine Phantasien so prägen und gestalten, machen Gelegenheitsaufnahmen aus meinem eigenen Leben Platz. Auf einem Foto bin ich selbst, drei Jahre alt, mit rotem Regenmantel und Gummistiefeln. Meine Mutter lehnt sich aus einem Autofenster, es ist Ende der fünfziger Jahre, und sie lächelt meinen Vater an, der auf der Motorhaube sitzt. Eliza, etwa zwei Monate alt, schläft auf der Brust ihres schlafenden Vaters. Meine Schwester Jules, kurz vor einer ihrer ausgedehnten Reisen an ferne Orte gegen ihren Willen geknipst, ihre Haare sind in Erwartung der indonesischen Sonne ganz kurz gestutzt. Ich lese »Lives of Girls and Women« von Alice Munro, auf meinem Schoß schläft Eliza satt getrunken, wenige Monate alt.

Da ist ein etwas verwackeltes Bild von einem meiner Lieblingsvögel, einer Seeschwalbe, die mit angelegten Flügeln nicht weit von der Mole von Brighton ins Meer hinabstößt. Meine Mutter lächelt mich an, die italienische Februarsonne wirft den Schatten eines mittelalterlichen Bogens auf die Wand hinter ihr. In einer Collage aus zwei Fotos sitzen mein Freund Adam und ich an den beiden Enden eines Tisches in Irland, Teekanne und Tischtuch stoßen an der Schnittstelle zwischen den beiden Bildern schief aneinander. Ein Augenblick gespielter Frivolität in einem ernsten Gespräch über den Entwurf für meine Doktorarbeit, vor uns beiden ein Stoß von Papieren. Hugh kommt immer und überall vor.

Auf einer der letzten Fotografien, die hier auf dieser Wand ihren Platz gefunden haben, hocke ich mit Eliza und Jesse vor dem dunklen Schatten eines Baumstamms. Das Blätterdach des ausladenden Baums verschwimmt im Hintergrund, und ganz unten vor dem Baumstamm sieht man den Umriß einer schmalen, noch nicht ausgewachsenen Katze. Als Kind kletterte ich oft, manchmal auch mit einem Buch, hoch in diese Rotbuche hinauf, bis ich für die Welt unsichtbar war. Meine ganze Kindheit hindurch sah ich aus dem Fenster meines Zimmers den Umriß dieses Baums, der für mich trotz der Veränderungen seiner Zweige im Wechsel der Jahreszeiten etwas Unwandelbares verkörperte. Mein

Gesicht auf diesem Bild sieht traurig aus. Im letzten Sommer, als dieses Bild aufgenommen wurde, ist das Haus verkauft worden, und damit konnte ich den Baum nicht mehr mein eigen nennen. Das Bild ist ein Zeugnis meiner Trauer beim Abschied.

Von Jesse gab es bis vor kurzem kein Bild aus ihrer ersten Babyzeit über meinem Schreibtisch, denn ich konnte den Schmerz der Erinnerung nicht ertragen, den dieses winzige Gesichtchen in mir wachrief. Aber dann bemerkte sie, daß sie fehlte, und verlangte, daß auch sie dort in Erscheinung trat. Das letzte Foto, das an diese Wand gekommen ist, zeigt deshalb Jesse in meinem Arm, als sie etwa drei Monate alt ist. Irgend etwas hat ihre Aufmerksamkeit gefesselt, und sie schaut aus der Fotografie heraus. Meine Augen sind nach unten, von der Kamera weg auf meine Tochter gerichtet. Ich weiß, daß ich es damals nicht ertragen konnte, in die Kamera zu sehen, denn das hat Hugh mir gesagt. Mein Gesicht scheint ruhig, bleich. Wenig verrät mich auf diesem Bild. Aber die Unergründlichkeit des Fotos gibt mir ein mulmiges Gefühl, als sei ich bei einer Lüge ertappt worden.

Und dann liegen da meine Steine. Als Kind sammelte ich die kleinen braunen und gelben Muscheln, die ich am Strand von Devon fand. Ich lackierte sie und steckte sie in Gläser. Meine Leidenschaft galt nur dem Finden der Muscheln. Wenn ich sie einmal hatte, verloren sie ihre Anziehungskraft, und ich beachtete sie nicht mehr. Jetzt habe ich Steine, auch alle dort gesammelt, wo die Flut sie hinterlassen hat. Auf meinem Schreibtisch steht eine Schale mit kleinen schwarzen, glatten Kieseln, die ich im letzten Sommer am Strand in Irland gefunden habe. Makellose Andeutungen geometrischer Formen: Rauten, Quadrate, Dreiecke und Ovale. Jeder unterscheidet sich durch etwas: eine abgeschabte Stelle auf der Oberfläche, eine kleine Entgleisung der geometrischen Form, die eine Seite eines Dreiecks teilt sich nach unten, einem Rechteck fehlt eine Ecke. Ich lege auf meinem Schreibtisch Bilder aus diesen Steinen, füge sie zu komplexen Mustern oder zu

Gesichtern zusammen. Ich habe ein Stück Schiefer dazugelegt, der leicht splittert und von dem Strand in Devon kommt, an dem ich mit dem Sammeln angefangen habe.

Die anderen Steine auf meinem Tisch sind viel größer und liegen hier in der fragwürdigen Funktion von Briefbeschwerern. Auch sie stammen von einem Strand in Westirland. Wenn ich einen solchen Stein in der Hand halte, versetzt er mich an einen Ort, an dem ich mich selbst denken höre. Immer ist da das Tosen der Brandung, die sich an dem steilen Kieselstrand bricht, und man vergißt leicht den Klang der Stimmen anderer Menschen und findet seine eigene Stimme. Und in Erinnerung an jenen Ort benutze ich diesen steinernen Widerhall, um meine Gedanken in einem kleinen Dorf in Nordengland zu verankern.

Ich habe jetzt auch eine Schlange auf meinem Schreibtisch. Es ist der Kopf einer indischen Kobra aus alter Bronze, etwa sechs Zentimeter hoch. Ich streiche oft über die Wölbung des Kopfes, vielleicht um damit Honig aus meinen gallebitteren Erinnerungen zu locken, so wie ich als Kind die Angst vor Schlangen in Liebe zu ihnen verwandeln konnte. Auch ein kleiner Zweig von meiner Buche liegt da. Und ein Foto von meinem Vater, als ich etwa sieben war, ich weiß noch, wie es aufgenommen wurde. Und eine Schachtel mit Stiften, Handcreme, ein Wörterbuch, mein Laptop und eine Reihe Bücher.

Bevor ich meinen ersten Computer kaufte, schrieb ich meine Referate mit dem Kugelschreiber und tippte nur die endgültige Version. Mein handschriftlicher Entwurf sah immer sehr chaotisch aus: Absätze waren durchgestrichen, andere am Rand hinzugefügt, alles schien durcheinander und verworren, umringt von Hinweissternchen. Und ich mußte darauf vertrauen, daß ich in meiner gewundenen, ungleichmäßigen Handschrift etwas Zusammenhängendes geschaffen hatte. Bis ich die Arbeit ganz abgetippt hatte, wußte ich nie genau, welche Form sie schließlich haben würde. Als ich mich an der Universität in Brighton auf den

Magister vorbereitete, wurde Hugh eines Tages Zeuge meiner Schreibtechnik und verfaßte einen Limerick darüber. Der Fünfzeiler hängt immer noch an der Wand über meinem Schreibtisch, rechts von Salome mit dem Kopf in der Hand und unter Caravaggios herrlicher rothaariger Maddalena:

There was a young girl with an essay
whose writing was dauntingly messy.
When they said ›What's your game?‹
She said ›Finn is my name
and this will soon be a most finished essay.‹

Meine Schreibtechnik hat sich nicht geändert. Wenn ich an etwas schreibe, weiß ich immer noch nicht, wie sich alles zusammenfügen wird, bis ich es zum Schluß ganz durchlese. Ich kann die einzelnen Teile nicht gleichzeitig im Kopf behalten oder sie in Gedanken in eine bestimmte Form bringen. Während ich jetzt die einzelnen Dinge auf meinem Schreibtisch beschreibe, wird mir bewußt, daß viele der Anliegen, die mir am wichtigsten sind, sich in ihnen wiederfinden. Bevor ich sie in diesem Abschnitt versammelt habe, hatte ich keine Ahnung davon. Mein Schreibtisch scheint eine außerordentlich greifbare Metapher für meinen Geist geworden zu sein, genau die Art von Speicher, eine Ansammlung verschiedenster Dinge, die ich hier brauche, an diesem Ort, den ich ganz mein eigen nenne.

Ich habe wenig von meinen Kindern gesprochen. Wenn ich in meinem Arbeitszimmer sitze, lasse ich sie hinter mir, und in meinem Schreiben habe ich das merkwürdigerweise auch getan. Vor einiger Zeit spielte Eliza ein So-tun-als-ob-Spiel, in dem sie alle Rollen übernahm. Als sie so tat, als sei sie ich, versteckte sie sich unter einer Decke und tat so, als schreibe sie auf einer Tastatur. Ich habe einen großen Teil dieses Buchs nachmittags geschrieben, wenn die Kinder im Fernsehen »Sesamstraße« anschauen, das ich ihnen morgens aufgenommen habe. Diese nachmittägliche Stunde kann ich mir vielleicht dreimal in der Woche ergattern. Ich setze sie mit Äpfeln und Reiskeksen vor den Fernseher, lasse mich von nichts ablenken und gehe die Treppe hinauf, dahin, wo meine eigene Musik spielt.

Nach der »Sesamstraße« kommen sie zu mir gerannt. Erst kommt Jesse, dann Eliza, sie stürmen ins Zimmer, ohne abzubremsen, und meine Zeit ist um. Manchmal kann ich ein paar Minuten mehr herausschlagen, wenn sie mit den Kieseln in einem Korb auf der Fensterbank oder ein paar alten Murmeln spielen. Aber wenn auch dieses Spiel vorbei ist, sind sie an der Reihe, an der Tastatur zu sitzen. Eliza tippt gern Namen ein, Eliza, Jesse, Papa oder Hugh, Mama oder Finn, Pangur (unsere Katze) oder andere. Dann erzählt jede von ihnen eine Geschichte, immer von Kindern und oft auch von Drachen und Prinzessinnen, und ich tippe die Geschichten für sie ein. Die Geschichten sind unterschiedlich lang, manchmal nur drei Zeilen, und wenn sie fertig sind, kann nichts in der Welt sie dazu bringen weiterzuerzählen. Sie ist fertig. Folgende Geschichte hat Eliza geschrieben, als sie fast vier Jahre alt war und ich gerade diesen Schluß hier schrieb:

Einmal war ein klitzekleines Mädchen namens Mama, sie war sechs oder sieben und sie lebte in einem Haus zusammen mit Eliza und Jesse und Papa. Sie bekam einen Geburtstagskuchen, und sie hatte eine große Party. Und dann konnte sie nur gehen und reden und essen und schlafen. Und dann wußten die Leute das. Sie war in Afrika, und die Geschichte ist auf Afrikanisch geschrieben, und deshalb kann man sie nicht verstehen. Jetzt ist mir langweilig. Das ist das Ende der Geschichte.

Wenn ich ihre Geschichten ausgedruckt habe, laufen sie die Treppe hinunter, jede mit ihrem Blatt in der Hand, stolz auf das, was sie gemacht haben, und begierig darauf, es Hugh zu zeigen, wenn er am Abend zurückkommt. Ich weiß, wie sie empfinden.

Abgesehen von diesen ergatterten Stunden, habe ich vielleicht viereinhalb Stunden Schreibzeit pro Woche, wenn jemand anders auf die Kinder aufpaßt. Und wenn möglich einen Morgen am Wochenende. Den Rest der Zeit über bin ich Mutter, abwechselnd erschöpft und erheitert. Meine Kinder können mich schneller zur Verzweiflung bringen, als ich es je angenommen hätte. Jesses Weigerung, noch einen Löffel Müsli zu essen, bringt mich fast zum Weinen. Wenn Eliza im Februar unablässig auf ihrem Dreirad um den Küchentisch fährt und dabei aus vollem Hals »Ihr Kinderlein kommet« singt, obwohl ich im Januar schon ein Weihnachtsliederverbot verhängt habe, dann bringe ich es fertig, mit schriller Stimme zu rufen, daß ich wollte, Herodes hätte sich damals durchgesetzt. Dann wird sie natürlich sofort neugierig, und ich wünschte, ich hätte nie von Kindermord geredet.

Es ist ermüdend, jeden Tag jeden Schritt wieder von neuem aushandeln zu müssen. Ich muß meine Kinder dazu überreden, ihre Mäntel anzuziehen, sie dazu bringen, bei den Mahlzeiten sitzen zu bleiben, Eliza bestechen, damit sie mit spazieren geht, obwohl sie zu Hause keinen Moment stillsteht, Jesse ins Bett locken, obwohl sie so müde ist, daß sie fast im Stehen einschläft, und so weiter. Und vieles davon finde ich sehr langweilig. Wenn ich mir selbst zuhöre, verabscheue ich die Monotonie dessen, was ich zu sagen habe.

Meine Kinder scheinen mich die meiste Zeit über mit Haut und Haar in Beschlag zu nehmen. Aber zum großen Teil liegt das an ihrer Fähigkeit, mich zutiefst zu rühren und zum Lachen zu bringen. Ihre Begeisterung über die Welt, in die ich sie geboren habe, ist ansteckend. Sie lassen mich die Dinge anders sehen, und ihre grenzenlose Neugier fordert meine Vorstellungskraft immer von neuem heraus. Noch leiden sie nicht an diesem Erwachsenensinn für Anstand, der dekretiert, was interessant ist und was nicht.

Und immer wieder und immer noch verblüfft mich das Maß der Liebe, das sie wecken. Ich werde zwar auf Eliza und Jesse schneller wütend als auf irgend jemanden sonst, aber diese Wut verraucht auch schneller als bei jedem anderen. Ich kann sie nie lange durchhalten, und meistens muß ich feststellen, daß meine Reue viel schneller kommt als ihre.

Als ich anfing, dieses Buch zu schreiben, geschah es in dem Bemühen, gegen das wirbelnde Chaos in meinem Kopf einen Wall zu errichten. Ich hatte Angst, mich aufzulösen, obwohl ich nie habe beschreiben können, was ich damit meine. Ich hatte keine Ahnung, daß meine Angst und mein Entsetzen ein Buch hervorbringen würden. Wichtig war dabei der Akt, Leere und Verwirrung in einen erzählerischen Zusammenhang zu bringen, wie provisorisch dieser auch sein mochte. Ich begann mit meiner Erfahrung nach Jesses Geburt, aber bald wandte ich dieselbe Methode auf mein früheres Leben an. Es ist zwar nicht im gleichen Maße aus meinem Gedächtnis getilgt wie meine jüngere Vergangenheit, erschien mir aber genauso zusammenhanglos. Bevor ich mit dem Schreiben begann, hatte ich keine Ahnung, wie ich diesen Zusammenhang finden würde.

Wenn ich lese, was ich im letzten Jahr geschrieben habe, bin ich erleichtert, daß ich nun am Ende bin. Ich glaube, ich könnte diese Erinnerungsarbeit nicht noch einmal ertragen. Würde ich in ein paar Jahren wieder über mein Leben schreiben, käme dabei etwas ganz anderes heraus. Wenn ich mir meine Vergangenheit als eine Art Glossar in meinem Kopf vorstelle, dann weiß ich, daß sich die Worte und Erinnerungen, die mir jetzt als Erläuterungen zur Gegenwart dienen, von Monat zu Monat und Jahr zu Jahr ändern werden. Jetzt, am Ende meines Buchs, versuche ich zu ergründen, wohin es mich geführt hat. Ich sitze immer noch an meinem Schreibtisch, wo ich angefangen habe, aber ich glaube, ich habe dennoch eine beträchtliche Entfernung zurückgelegt. Eine Reise in der Phantasie, wie Eliza und Jesse sie so lieben.

Ich kann keine Schlußfolgerungen ziehen, weil ganz offensichtlich nichts abgeschlossen ist. Wenn ich auf mein Schreiben zurückblicke, sehe ich es als einen Prozeß, in dem ich etwas erzählen will, das schon im Erzählen weit über die Seite hinausreicht. Ich habe meine Krankenakte gelesen und dabei mein eigenes Leben in der dritten Person erlebt. Ich habe mich mit den Sprachen auseinandergesetzt, die andere Menschen gefunden haben, um, wie Marie Cardinal, darzustellen, wie es ist, wenn man zusammenbricht und dann die eigenen Worte findet, um es zu beschreiben. Ich habe mit vielen anderen Frauen geredet, die wie ich nach der Geburt ihres Kindes ein Trauma durchlebt haben. Ich habe mich mit der Psychiatrie auseinandergesetzt, versucht, meine Notlage in ihrer Sprache wiederzufinden und gleichzeitig Abstand zu ihrem zwanghaften Fachjargon zu wahren. Und ich habe alle Bücher und Artikel über postnatale Depression gelesen, die mir untergekommen sind, und dabei auf einen gemeinsamen Ton gelauscht. Der Weg meines Bemühens, eine Sprache für meine eigene Erfahrung zu finden, ist in all diese Phasen eingezeichnet. Letzten Endes kann nur ich selbst mir mein Leben erzählen.

Manchmal fühle ich mich diesem Menschen, der sich nach Jesses Geburt in einer Ecke zusammenrollte, noch allzu nah. Aber diese Nähe erstickt mich nicht mehr. Manchmal kann ich die Schlange streicheln, sie nicht nur, vor Angst gelähmt, anstarren. Ich schlage mich nicht mehr so oft. Ich übergebe mich nicht mehr so oft, obwohl ich immer noch zu dünn bin. Ich habe keine Angst mehr davor, allein in meinem eigenen Zuhause zu sein. Ich will jetzt mein Leben und die Menschen, die zu diesem Leben gehören. Und ich weiß, daß ich weiterschreiben will. Als nächstes vielleicht einen Kriminalroman mit variablem Ausgang?

Ich scheine jetzt ein anderer Mensch zu sein als vor zweieinhalb Jahren. Das sagt man mir jedenfalls. Wohlgemerkt, das heißt nicht, daß ich nicht ich selbst bin. Das bleibe ich. Und gewiß habe ich etwas Lebenswichtiges wiedererlangt. Ich lache wieder gern, spiele mit meinen Kindern, beobachte die Welt jenseits der Grenzen meines Geistes und lebe darin. Ich habe Freude an den Dingen. Aber was auch immer es war, das nach Jesses Geburt offengelegt wurde – es liegt noch dicht unter meiner Haut, und irgendwie brauche ich es dort, obwohl es für andere vielleicht nicht so sichtbar ist. Wenn ich unglücklich bin, komme ich mir oft selbst wie eine Trauernde vor, der der Gegenstand ihrer Trauer fehlt. Bis ich diesen Gegenstand entdecke und verstehe, werde ich für mich und in mir selbst wehklagen. Ich bin – vorläufig – weder bereit noch in der Lage, mir meine eigene Verzweiflung abnehmen zu lassen.

Aber ich versinke nicht darin wie früher – nicht mehr so oft und nicht mehr so lange. Nicht mehr so wie früher und dennoch in allzu ähnlicher Weise. All diese Veränderungen erscheinen schrecklich bedingt, gefährdet – außer meinem Buch natürlich. Das habe ich aus mir herausgebracht. Ich habe etwas gesagt, von dem ich vorher nicht wußte, daß es da war. Es liegt hier vor mir auf dem Tisch, soviel Verwirrung und Durcheinander so fein säuberlich ausgedruckt und aufgeschichtet.

Literatur

Berman, Jeffrey, *The Talking Cure, Literary Representations of Psychoanalysis,* London (New York UP) 1985.

Bishop, Elizabeth, *The Complete Poems 1927-1979,* London (Chatto & Windus) 1983.

Bloom, Amy, *Come to Me,* London (Macmillan) 1994; dt.: *Liebe ist ein seltsames Kind. Erzählungen,* München (Goldmann) 1997.

Brockington, I. F. und Kumar, R., *Motherhood and Mental Illness,* London (Academic Press) 1982.

Cardinal, Marie, *Schattenmund,* Reinbek (Rowohlt) 1979; Originaltitel: *Les mots pour le dire,* Paris (Grasset) 1975.

Clare, Anthony, *Psychiatry in Dissent,* London (Tavistock) 1976, Neudruck Routledge 1992.

Cobb, John, Babyshock: *A mother's first five years,* London (Hutchinson) 1980.

Comport, Maggie, *Surviving Motherhood: Coping with Postnatal Depression,* Bath (Ashgrove Press) 1990.

Cooper, David, *Psychiatry and Anti Psychiatry,* London (Tavistock) 1967.

Cox, J.L., *Postnatal Depression: A guide for health professionals,* Edinburgh (Churchill Livingstone) 1986.

Cozens, Jenny, *Nervous Breakdown,* London (Piatkus) 1988, Neudruck 1993.

Dalton, Katharina, *Depression after Childbirth,* Oxford (Oxford University Press) 1980, Neudruck 1989.; dt.: *Mütter nach der Geburt: Wege aus der Depression,* Stuttgart (Klett-Cotta) 1984.

Dana, Mira und Lawrence, Marilyn: *Women's Secret Disorder: A New Understanding of Bulimia,* London (Grafton) 1988, Neudruck 1989; dt.: *Die verschwiegene Krankheit: Bulimie: warum Frauen zwanghaft essen,* München (Heyne) 1990.

Dix, Carol, *The New Mother Syndrome: Coping with postnatal stress and depression,* London (Allen & Unwin) 1986.

Frame, Janet, *Faces in the Water,* London (Women's Press) 1980, Neudruck 1993; dt.: *Gesichter im Wasser,* München (Piper) 1994.

– *To the Is-Land,* London (Flamingo) 1993.

– *An Angel at My Table,* London (Flamingo) 1993; dt.: *Ein Engel an meiner Tafel,* München (Piper) 1993.
– *The Envoy from Mirror City,* London (Paladin) 1987; dt.: *Der Gesandte aus der Spiegelstadt,* München (Piper) 1994.
Freud, Sigmund, *Die metapsychologischen Schriften,* in: S. F., *Studienausgabe, Bd.III: Psychologie des Unbewußten,* Frankfurt a. M. (S.Fischer) 1975.
Gelder, M., Gath, D., und Mayou, R., *Concise Oxford Textbook of Psychiatry,* Oxford (Oxford University Press) 1994.
Gilman, Charlotte Perkins, *The Yellow Wallpaper,* London (Virago) 1981, Neudruck 1993; dt.: *Die gelbe Tapete und andere Erzählungen,* Frankfurt a. M. (Ullstein) 1985.
Gorey, Edward, *The Listing Attic and The Unstrung Harp; or, Mr Earbrass Writes a Novel,* London (Abelard-Schuman) 1974.
Holmes Coleman, Emily, *The Shutter of Snow,* London (Virago) 1981.
Hughes, Jennifer, *An Outline of Modern Psychiatry,* Chichester (Wiley) 1991.
Kaysen, Susanna, Girl, *Interrupted,* London (Virago) 1995; dt.: *Seelensprung: ein Leben in zwei Welten,* München (Goldmann) 1996.
Kempe, Margery, *The Book of Margery Kempe,* trans. B.A. Windeatt, Harmondsworth (Penguin) 1985.
Klein, Melanie, *Selected Melanie Klein,* hg. v. Juliet Mitchell, Harmondsworth (Penguin) 1986; dt.: *Gesammelte Schriften,* hg. v. Ruth Cycon, Stuttgart-Bad Canstatt (Frommann-Holzboog) 1995.
Kumar, R. und Brockington, I.F., *Motherhood and Mental Illness 2: Causes and Consequences,* London (Butterworth) 1988.
Kumar, R., ›Childbirth and mental illness‹, *Triangle* 29 (2/3), 1990, S. 73-81.
Laing, R.D., *The Divided Self,* London (Penguin) 1965, Neudruck 1967; dt.: *Das geteilte Selbst. Eine existenzielle Studie über geistige Gesundheit und Wahnsinn,* Köln (Kiepenheuer & Witsch) 1994.
Laing, R.D. und Esterson, A., *Sanity, Madness and the Family,* London (Penguin) 1970.
Marshall, Fiona, *Coping with Postnatal Depression: Why it happens and how to overcome it,* London (Sheldon) 1993.
McCabe, Patrick, *Carn,* London (Picador) 1993.
Millett, Kate, *The Loony Bin Trip,* London (Virago) 1991, Neudruck 1993; dt.: *Der Klapsmühlentrip,* Köln (Kiepenheuer & Witsch) 1993.
Nickson, Elizabeth, *The Monkey-Puzzle Tree,* London (Bloomsbury) 1995.

Oakley, Ann, *Women Confined: Towards a Sociology of Childbirth,* Oxford (Martin Robertson) 1980.
Parker, Rozsika, *Torn in Two: The Experience of Maternal Ambivalence,* London (Virago) 1995.
Plath, Sylvia, *The Bell Jar,* London (Faber) 1966, Neudruck 1982; dt.: *Die Glasglocke,* Frankfurt a.M. (Suhrkamp) 1997.
– *Journals of Sylvia Plath,* New York (Ballantine) 1987; dt.: *Die Tagebücher,* Frankfurt a.M. (Frankfurter Verlagsanstalt) 1997.
Porter, Roy, *A Social History of Madness: Stories of the Insane,* London (Weidenfeld & Nicolson) 1989.
Price, Jane, *Motherhood: What It Does to Your Mind,* London (Pandora) 1988.
Rich, Adrienne, *Of Woman Born: Motherhood as Experience and Institution,* London (Virago) 1977, Neudruck 1992.
Rogers, Jane, *The Ice Is Singing,* London (Faber) 1987.
Sapsted, Anne-Marie, *Banish Post-Baby Blues,* Wellingborough (Thorsons) 1990.
Sedgwick, Peter, *Psycho Politics,* London (Pluto Press) 1982.
Showalter, Elaine, *The Female Malady: Women, Madness And English Culture,* 1830-1980, London (Virago) 1987, Neudruck 1993.
Stevens, Wallace, *Collected Poems,* London (Faber) 1955.
Styron, William, *Darkness Visible,* London (Picador) 1992.
Welburn, Vivienne, *Postnatal Depression,* Manchester (Manchester University Press) 1980.
White, Antonia, *Beyond the Glass,* London (Virago) 1979, Neudruck 1991.

Katharina Bareiter

Depression
Rückzug aus dem Leben

Aufzeichnungen

Band 10571

Nach außen eine Bilderbuchfamilie: zwei prächtige Eltern mit interessanten Berufen, zwei prächtige Kinder, keine Probleme. Katharina Bareiter versucht, mit der Dreifachbelastung als Ehefrau, Mutter und Journalistin fertig zu werden und perfekt zu funktionieren. Bis sie – scheinbar aus heiterem Himmel – in einer schweren Depression versinkt, die sie bis zur Selbstaufgabe treibt, bis zur Flucht in den Alkohol, zum Selbstmordversuch. Erst dann gibt sie das Versteckspiel auf und geht in die gefürchtete Psychiatrie. Hier endlich findet sie Hilfe bei einem verständnisvollen Arzt und Therapeuten, der ihr die Angst vor ihrem Leben nimmt.
Sie berichtet über die lange Vorgeschichte ihrer lebensbedrohenden Krankheit, über ihre leidvolle Odyssee auf der Suche nach Hilfe, über den Klinikalltag, die verschiedenen Therapien, die Ängste und Rückschläge und die mühevollen kleinen Schritte auf dem Weg zur Gesundung. Ihr Bericht endet zuversichtlich: Sie hat ihr Leben verändert, noch einmal mit einem Studium begonnen, von dem sie immer träumte, und hat gelernt, ja zu sich selbst zu sagen.